Apprentissage par problèmes et e

Mario Alexander Romero Gomez

Apprentissage par problèmes et environnements d'apprentissage virtuels

Un modèle d'enseignement et d'apprentissage à l'Université de Santo Tomás

ScienciaScripts

This book is a translation from the original published under ISBN 978-620-0-03231-7.

Publisher:
Sciencia Scripts
is a trademark of
Dodo Books Indian Ocean Ltd. and OmniScriptum S.R.L publishing group

120 High Road, East Finchley, London, N2 9ED, United Kingdom
Str. Armeneasca 28/1, office 1, Chisinau MD-2012, Republic of Moldova, Europe

ISBN: 978-620-7-00467-6

Table des matières :

Dédicace

À Kathy, ma femme, ma compagne dans ce long voyage ; combien de chutes, combien de trébuchements, combien de vicissitudes, mais dans tous les cas tu étais là, prête à me sauver, à me montrer à nouveau le chemin, ton amour, ta compagnie et ta fermeté, font que ce rêve se matérialise, merci de m'avoir tenu la main dans ces moments où les mots semblaient se cacher avant d'achever les idées. Maintenant, quand il y a un peu plus de temps pour réfléchir, je me demande qui d'autre pourrait supporter les longues journées, les éternels week-ends, le bruit constant d'un clavier, les éternelles corrections, les phrases des lecteurs et des jurys pleines d'incertitude, *"pour l'instant nous en restons là"*, seulement quelqu'un avec un immense amour, avec la fermeté nécessaire pour m'accompagner jusqu'à la fin, jusqu'à ce que Dieu le permette... !

Remerciements

Autour d'un projet de recherche de ce niveau, il est nécessaire d'associer les connaissances et l'expérience de professionnels qui apportent une vision complémentaire, une vision alternative à la réalisation des objectifs, il est donc nécessaire de remercier le Professeur Diela Moreno pour ses contributions dans le domaine statistique, le Professeur Yadira Ruiz, pour son soutien dans la mise en œuvre des focus groups, le Dr. Gilma Sanabria, pour ses énormes contributions dans les fondements pédagogiques et didactiques du scénario virtuel, au Professeur Julia Roberto, pour ses conseils avisés contre les techniques de représentation des connaissances, au Professeur Julia Roberto, pour ses conseils avisés contre les techniques de représentation des connaissances, au Professeur Yadira Ruiz, pour son soutien dans la mise en œuvre des focus groups. Gilma Sanabria, pour son énorme contribution aux fondements pédagogiques et didactiques du scénario virtuel, au professeur Julia Roberto, pour son orientation précise concernant les techniques de représentation des connaissances, au professeur Katherine Roa, pour les fondements et la socialisation des outils numériques les plus pertinents pour le travail de recherche, au professeur Carlos Pinilla, pour avoir partagé ses connaissances et son expérience dans la création d'environnements virtuels et, enfin, au professeur Alvaro Quiroga, pour avoir apporté au groupe d'étudiants son expérience dans le domaine de la communication et de la représentation créative d'idées.

Résumé

Le travail correspond au document pour opter pour le titre de "Docteur en éducation" du programme de doctorat en éducation de l'Université Santo Tomas. Il reprend l'étude du modèle d'apprentissage par problèmes (APP) sur environnement d'apprentissage virtuel (EAV), (APP-EAV) Romero (2011), proposé par la Fondation universitaire de la zone andine, pour être appliqué dans le domaine de la formation : philosophie des environnements d'apprentissage virtuels, espace éducatif transversal dans tous les diplômes de la Faculté d'éducation de l'Université de Santo Tomas, dans sa modalité ouverte et à distance.

L'objectif principal est d'établir la portée de la construction de la connaissance du modèle ABP sur l'AVA dans l'enseignement à distance, dans le domaine de formation de la philosophie des environnements d'apprentissage virtuels. À partir de cet objectif, deux stratégies pédagogiques représentées dans des environnements d'apprentissage virtuels sont conçues, la première avec la médiation du modèle ABP-AVA (groupe expérimental) et l'autre avec la méthodologie VUAD traditionnelle sans ABP (groupe de contrôle).

Sur la base de cet objectif, un cadre théorique s'articule autour de cinq axes : la pédagogie, discipline fondatrice de la formation des diplômés, le constructivisme, paradigme sur lequel repose conceptuellement le modèle ABP-AVA, le connectivisme, théorie pédagogique émergente, qui guide le modèle ABP-AVA dans la possibilité de relier les nœuds et les concepts de diverses disciplines dans le cadre de la formation des diplômés, l'apprentissage par problèmes (APP), en tant que stratégie pédagogique guidant la conception et la dynamisation de l'espace virtuel et des environnements d'apprentissage virtuels (EAV), en tant que scénario pédagogique dans lequel des réunions synchrones et asynchrones ont lieu dans le cadre de l'apprentissage à distance de l'UEVAD.

L'étude de l'objectif principal est abordée à partir d'une approche quantitative dans le cadre de la conception quasi-expérimentale, qui cherche à établir la portée de la construction de la connaissance du modèle ABP-AVA dans l'enseignement à distance, dans le domaine de la formation Philosophie des environnements d'apprentissage virtuels, pour cela et en suivant la méthodologie, deux groupes sont établis qui étudient simultanément le domaine de la formation mentionné ci-dessus, qui sont appelés dans cette recherche, Groupe expérimental avec le modèle ABP-AVA et Contrôle, avec la méthodologie traditionnelle VUAD.

Au début du semestre, l'instrument appelé pré-test est appliqué aux deux groupes à partir de l'approche quantitative, qui vise à connaître le degré de construction conceptuelle atteint jusqu'à présent dans leur formation en tant que diplômés, puis le post-test est appliqué, à partir duquel il est observé dans les deux groupes (expérimental et de contrôle) le degré d'acquisition, de participation et de création/construction Sanchez (2009) de connaissances dans chacune des catégories définies par le chercheur, les environnements d'apprentissage virtuels, l'apprentissage basé sur les problèmes et les outils numériques.

A partir de l'approche quantitative, dans le groupe expérimental, à la fin du processus, la technique de collecte d'informations appelée Focus Group est appliquée, cet instrument permet de corroborer dans la présente étude les résultats qui dans l'ordre quantitatif ont été générés, le groupe, à travers un entretien semi-structuré et orienté par des questions qui se rapportent aux catégories d'étude sélectionnées par le chercheur, atteint des résultats qui ratifient la portée dans la construction de la connaissance du modèle ABP-AVA.

Sur la base de ce qui précède, et après avoir appliqué le modèle ABP-AVA dans le groupe expérimental et dans le groupe de contrôle l'AVA sans ABP (modèle traditionnel VUAD) et observé les portées pédagogiques, cognitives et pratiques, selon les catégories Acquisition, Participation et Création/Construction, Sánchez (2009) a constaté qu'il existe des différences significatives entre les deux groupes sélectionnés pour l'étude.

Enfin, bien que cette recherche ne parvienne pas à tirer des conclusions définitives de manière généralisée, elle présente des contributions au discours sur la construction de connaissances sur les modèles éducatifs de l'apprentissage à distance, en proposant un modèle pédagogique et didactique alternatif pour la conception et la dynamisation de scénarios numériques à l'Universidad Santo Tomás dans sa modalité ouverte et à distance.

INTRODUCTION

Les pratiques traditionnelles telles que l'oralité et la mémoire, les concepts de temps et d'espace, ainsi que les fondements de l'information et de la connaissance, sont entrés en crise depuis que les médias virtuels tels que les ordinateurs, l'internet, les bases de données, les classes virtuelles, l'hypertextualité, le multimédia et l'interactivité, entre autres phénomènes de ce que l'on appelle la cyberculture, sont entrés dans le domaine de la gestion de l'information et, par la suite, dans celui de la connaissance.

Compte tenu de ce qui précède, il est nécessaire de faire appel aux pratiques pédagogiques traditionnelles, car elles ne peuvent être étrangères à ces transformations des médias virtuels. Par conséquent, parler de scénarios éducatifs aujourd'hui, c'est se référer à des espaces alternatifs où l'enseignement et l'apprentissage ont également lieu, où un nouveau rôle est assumé par les étudiants et les enseignants. Les espaces et les pratiques qui émergent grâce à l'extension du numérique, avec la médiation des dispositifs électroniques, affectent et modifient de plus en plus les dynamiques personnelles et sociales.

En ce sens, on peut affirmer que l'éducation conserve son essence, mais que le contexte dans lequel elle est apprise et socialisée a changé. L'enseignant est entré dans un rôle où il assume des tâches de gestion des connaissances et de motivation de l'apprentissage, en fournissant à la fois des scénarios et des pratiques pour que cela se produise. À partir du modèle d'apprentissage par problèmes (APP), l'environnement d'apprentissage virtuel (EAV) s'inscrit dans cette vision du monde et dans une position alternative ou différenciée par rapport à la tradition éducative, qui fournit des scénarios dans lesquels l'étudiant apprend seul et en communauté. Dans le processus d'apprentissage, on parle d'autorégulation, qui permet à son tour l'appropriation des connaissances. Dans le même ordre d'idées, le modèle établit que c'est la stratégie pédagogique de l'apprentissage par problèmes qui permet l'équilibre au niveau cognitif dans la mesure où elle favorise l'analyse de situations réelles dans leur contexte personnel et professionnel (Romero, 2011). De cette manière, l'étudiant assume de nouvelles positions qui se connectent à leur dynamique sociale d'interaction grâce aux réseaux, générant des débats et lançant des hypothèses collectives.

Compte tenu de ce qui précède, l'objectif principal de la recherche est d'établir la portée de la construction des connaissances dans le domaine de la formation Philosophie des environnements d'apprentissage virtuels[1] avec l'application du modèle ABP sur l'AVA, qui favorise la construction et la dynamisation des espaces synchrones et asynchrones dans le processus d'enseignement et d'apprentissage.

Sur la base de cet objectif, un cadre théorique s'articulant autour de cinq axes est abordé. Le premier est la pédagogie en tant que discipline fondatrice du travail des enseignants et qui guide cette recherche. À partir de ce premier axe, il est possible de commencer la réflexion pédagogique et sur laquelle le modèle ABP-AVA est basé, en comprenant que la connaissance n'est pas fermée et n'a pas d'objectif spécifique, de sorte qu'à travers les différentes positions et dialogues entre ses acteurs (enseignants et étudiants), de nouveaux scénarios éducatifs apparaissent, qui (ABP-AVA) nécessitent des connaissances disciplinaires et interdisciplinaires, où il promeut des espaces pour la construction collective de la connaissance (Romero, 2011).

L'étude du courant pédagogique constructiviste, compris comme l'espace d'assemblage, d'extension, de restauration et d'interprétation de nouvelles connaissances, qui, à partir des discussions et dialogues permanents entre ses acteurs, parvient à consolider des propositions

---

[1] Espace académique transversal dans tous les diplômes de la Faculté d'éducation de l'Université Santo Tomás dans sa modalité ouverte et à distance. Ce domaine de formation vise à responsabiliser et à guider les enseignants stagiaires dans la construction de scénarios pédagogiques soutenus par les TIC, qui contribuent au renforcement de la pratique professionnelle en tant qu'enseignants, à l'intérieur et à l'extérieur de la salle de classe. Sur la base de ce qui précède, cette recherche procédera à une caractérisation exhaustive de l'espace académique.

éducatives qui, dans le cas du modèle ABP sur l'AVA, vont au-delà de la transmission et de l'accumulation de connaissances, en essayant d'établir des connexions entre les différents apprentissages, à travers différentes disciplines pour apprendre et enseigner dans le contexte (Romero, 2011).

L'apprentissage par problèmes (APP), en tant que stratégie pédagogique permettant des scénarios de construction conceptuelle en contexte, est l'axe suivant à aborder, dans lequel le modèle APP - EAV est basé. Grâce à cette stratégie, l'étudiant aborde la connaissance par le biais de la résolution d'un problème, qui est identifié à partir des objectifs centraux du domaine de la formation en tant que philosophie des environnements d'apprentissage virtuels. Toutefois, lorsqu'elles sont transposées à d'autres scénarios d'apprentissage, les solutions sont construites de manière transversale[2] .

L'approche suivante vise à étudier les environnements d'apprentissage virtuels (EAV), grâce auxquels le modèle ABP-AVA parvient à dynamiser les espaces d'enseignement et d'apprentissage par le biais des TIC. Dans ce cadre, les EAV apparaissent comme un lieu de rencontre, de socialisation et de construction collective grâce à l'interaction avec des ressources, des liens Internet et des simulateurs qui, soutenus par les contributions de l'enseignant, du tuteur, des camarades de classe, des experts et des invités, parviennent à consolider un corps théorique pratique, qui va au-delà d'un scénario éducatif numérique, visant à être un lieu de rencontre où les concepts et les idées sont socialisés et construits.

La construction de la connaissance occupe le niveau suivant de ce cadre. C'est à partir de cet axe que le modèle ABP - AVA se manifeste sous trois catégories : la première acquisition, comprise comme le processus par lequel l'esprit humain agit comme un entrepôt, modifiant les structures précédentes et enregistrant de nouvelles structures, qui sont acquises individuellement ou en groupe, grâce à l'interaction sociale ou culturelle. Ce sont des catégories qui proposent un scénario éducatif médiatisé par les TIC, où il est possible de construire des connaissances.

La seconde participation, entendue comme le scénario d'interaction entre les membres d'une communauté ou de plusieurs d'entre eux, permet des espaces de construction de la fonctionnalité des concepts, afin de relier et de contextualiser leur apprentissage.

La troisième création ou construction fait référence à la création d'artefacts conceptuels, tels que des théories, des idées ou des modèles. Il s'agit ainsi d'innover, de créer des espaces pour aller au-delà des concepts ou des théories qui sont considérés comme acquis, mais qui nécessitent de nouvelles interprétations et relations.

Les sections précédentes soutiennent la proposition appelée ABP sur AVA dans le contexte du Vice-Rectorat de l'Université ouverte et à distanceVUAD, qui alimente le modèle ABP-AVA et permet la construction du scénario virtuel, qui sera appliqué dans le domaine de formation Philosophie des environnements d'apprentissage virtuels, cet espace de formation fonctionne au niveau national dans la Faculté d'éducation de l'Université de Santo Tomás dans son mode à distance.

La construction de la connaissance, ainsi que la génération de propositions qui permettent des changements significatifs dans les espaces éducatifs dans la façon dont l'enseignement et l'apprentissage (éducation traditionnelle) se déroulent, représente pour l'enseignant qui dirige ce processus, l'un des plus grands défis lorsqu'il est confronté à des propositions telles que celle décrite ci-dessous.

Cependant, il convient de noter qu'actuellement, à l'Université Santo Tomás, dans sa modalité ouverte et à distance, pour la conception des plans pédagogiques de classe (PPA), les contenus

---

[2] Ainsi, l'objectif est d'inclure de nouvelles alternatives pédagogiques dans les différents scénarios d'apprentissage afin d'intégrer une attitude de leadership chez les étudiants, en étant proactifs dans l'approche et la résolution de problèmes dans des contextes réels.

ont été structurés dans chacun des domaines de formation, sans interconnexion avec d'autres domaines, qui sont transmis à l'étudiant en fonction de son programme et de son niveau de connaissance dans chacun des diplômes.

La proposition de recherche s'inscrit dans le cadre de l'utilisation de stratégies pédagogiques constructivistes et connectivistes, où le point de départ est un problème, pour le résoudre, les connaissances et les outils de l'environnement d'apprentissage virtuel sont appliqués, dans lequel le protagoniste de l'acte éducatif est l'étudiant, accompagné et guidé par son tuteur. Le tuteur est défini comme la personne qui alimente les résultats en termes de connaissances et concentre les résultats sur la résolution de problèmes et la formulation d'hypothèses.

L'utilisation d'environnements d'apprentissage virtuels génère la possibilité de renforcer et de dynamiser, dans cette proposition, des scénarios dans lesquels il est possible d'enseigner et d'apprendre avec le soutien d'Internet et de l'immense quantité de ressources qu'il contient (communautés virtuelles, portails d'apprentissage et outils web 2.0, entre autres), en élargissant de manière importante les sources théoriques qui permettent d'avoir différentes visions de n'importe quel concept et la construction de ces nouvelles postures et offres éducatives.

La proposition générée à partir du modèle d'apprentissage par problèmes (APP) sur les environnements d'apprentissage virtuels (EAV), permet la création d'un scénario virtuel pour le domaine de formation Philosophie des environnements d'apprentissage virtuels, où à travers une méthodologie quantitative, nous cherchons à établir l'effet sur la construction de la connaissance en comparant deux groupes qui suivent le même sujet avec les deux méthodologies, APP-EAV et VUAD traditionnelle.

OBJECTIFS

Établir la portée de la construction de la connaissance du modèle ABP sur l'AVA dans l'enseignement à distance, dans le domaine de la formation Philosophie des environnements d'apprentissage virtuels à la Faculté d'éducation de l'Université de Santo Tomás - VUAD.

1. *Objectifs spécifiques*

- Caractériser la portée pédagogique, cognitive et pratique du modèle ABP sur l'AVA dans la construction de connaissances dans le domaine de la formation Philosophie des environnements d'apprentissage virtuels.

- Identifier, à travers les catégories acquisition, participation et création/construction, l'élaboration des connaissances avec le modèle ABP sur l'APV appliqué au domaine de la formation Philosophie des environnements d'apprentissage virtuels.

- Évaluer, au moyen d'une analyse comparative, la construction des connaissances dans le domaine de la formation Philosophie des environnements d'apprentissage virtuels avec un cours conçu selon le modèle ABP sur AVA comparé à un cours conçu selon la méthodologie traditionnelle dans la salle de classe virtuelle de la VUAD.

- Proposer un modèle pour la construction et la dynamisation de la salle de classe virtuelle dans des scénarios de formation analogues pour l'Université Santo Tomás dans sa modalité ouverte et à distance, sur la base des résultats obtenus avec l'application du modèle ABP - AVA dans le domaine de la formation Philosophie des environnements d'apprentissage virtuels.

2. *Formulation descriptive*

L'enseignement et l'apprentissage, en tant que forces dynamiques dans notre univers mental complexe, nous permettent de recréer n'importe quel scénario, aussi compliqué soit-il. De cette façon, les enseignants et les étudiants, en tant que protagonistes de l'acte éducatif, parviennent à utiliser des dynamiques conceptuelles de plus en plus proches de la réalité, soutenues par la science et la technologie. Grâce à cela, la connaissance est devenue la richesse la plus précieuse de toute société ; c'est ici que les centres éducatifs émergent avec une proposition dans laquelle la théorie et la pratique sont fusionnées pour construire une position pertinente dans la recherche de nouveaux schémas, de nouvelles propositions éducatives, qui au fil du temps sont devenues de nouvelles théories, de nouveaux paradigmes éducatifs.

Produire une pensée pédagogique en tant que produit de la praxis, comprise comme un reflet du travail lui-même, qui guide la construction d'une épistémologie ; et avec cela, former des professionnels qui répondent aux nouvelles conditions éducatives, technologiques, sociales, économiques et politiques auxquelles cette société en évolution permanente est évoquée, est peut-être un mouvement qui, ces derniers temps, a émergé avec une dynamique soutenue par l'utilisation des TIC[3] .

En ce sens, des scénarios tels que les TIC méritent une réflexion sur les pratiques éducatives actuelles. Il ne suffit pas de configurer des contenus sur des plateformes visuellement attrayantes, les scénarios éducatifs d'aujourd'hui doivent refléter une réflexion pédagogique profonde, il est nécessaire d'apporter des connaissances disciplinaires dans le cadre d'approches qui intègrent les connaissances, il est essentiel d'avoir une image globale du contexte afin de comprendre le particulier.

---

3 "Les technologies de l'information et de la communication peuvent être conçues comme le résultat d'une convergence technologique, qui s'est produite pendant près d'un demi-siècle, entre les télécommunications, l'informatique, la microélectronique et certaines idées de l'administration et de la gestion de l'information. Ses composantes sont le matériel, les logiciels, les services et les télécommunications" (Departamento Administrativo Nacional de Estadísticas [DANE], 2003, p.13).

Pour cette recherche, il est important de comprendre une approche qui permet l'intégration des connaissances par le biais de la conception des programmes d'études, qui est définie comme suit :

> ...est une sélection culturelle, un exercice d'"'appréciation et d'exclusion". Pour sa part, le curriculum doit répondre aux questions suivantes : qu'est-ce qu'un savoir valide, comment les connaissances, les aptitudes et les attitudes sont-elles acquises, et comment l'acquisition des compétences est-elle évaluée ?
>
> (Lafuente et al., 2007).

En ce sens, on peut comprendre que la conception du curriculum implique une remise en question permanente des modèles didactiques et méthodologiques : instructionnels, activistes et cognitifs, permettant, par le biais de l'exercice pédagogique, des enseignements et des apprentissages qui vont au-delà d'une définition et d'une contextualisation dans la salle de classe. Il s'agit de pouvoir guider la connexion des concepts et leur génération. L'utilisation sans discernement de ces modèles didactiques et méthodologiques est une constante dans la dynamisation des scénarios d'apprentissage numérique, ce qui se traduit par des environnements virtuels où l'utilisation des outils informatiques est privilégiée par rapport à la conception du cours et à la stratégie pédagogique qui convient le mieux au domaine d'étude.

La théorie pédagogique remplit d'innombrables fonctions dans la conception d'un environnement virtuel ; cependant, dans la plupart des cas, l'impact des TIC est réduit à l'utilisation de différents formats électroniques pour encapsuler les données et faciliter leur diffusion (Romero, 2011), Il est donc nécessaire d'impliquer l'enseignant dans la création d'un cours virtuel du point de vue du discours pédagogique et de dimensionner l'intentionnalité des plateformes informatiques, afin de passer de simples dépôts d'informations à des scénarios de discussion, d'analyse et de révision des informations pour la construction de la connaissance.

En ce sens, réfléchir aux alternatives qui permettent l'intégration de positions pédagogiques alternatives telles que l'apprentissage par problèmes[4] , pour la génération de connaissances, soutenues par les TIC et en particulier par l'utilisation de plateformes éducatives, c'est proposer une option éducative basée sur des modèles de formation qui génèrent, pour ceux qui apprennent et enseignent, de nouvelles voies dans la recherche et l'expérimentation de la connaissance.

Sur la base de ce qui précède, il est important de souligner le travail réalisé en 2014 à l'Université Santo Tomás - VUAD pour générer ce type de réflexion et à partir duquel apparaît un environnement virtuel dont l'impact visuel est cohérent avec le modèle éducatif, en établissant dans sa conceptualisation des éléments qui émergent de l'IPE ou qui le sous-tendent, comme la formation intégrale et en laissant de côté certaines dynamiques instrumentalistes dans lesquelles ces scénarios ont tendance à tomber (Rivera, n.d.).

C'est dans cette perspective que le modèle ABP sur l'AVA en tant que scénario alternatif d'enseignement et d'apprentissage propose, à partir des catégories Acquisition, Participation et Création/Construction des connaissances, les étapes de la construction des connaissances, qui progressent à chaque niveau grâce au travail continu des différents acteurs du processus : étudiant, enseignant/tuteur, experts et invités, qui accompagnent le processus en permanence et sont ceux qui sont indiqués pour connaître et reconnaître la contribution éducative du modèle ABP-AVA.

Cet espace implique que pour parvenir à la construction des connaissances, il est nécessaire de guider l'étudiant pour qu'il franchisse chacune des étapes, tout en sachant que

---

[4] Selon Vizcarro et Juárez (n.d.), l'apprentissage par problèmes (APP) est une stratégie pédagogique qui combine l'acquisition de connaissances et l'apprentissage de compétences, où les étudiants acquièrent des connaissances tout en apprenant à apprendre de manière progressivement indépendante, même si, bien sûr, ils sont guidés par un tuteur et une équipe d'enseignants.

chacune d'entre elles peut nécessiter plus ou moins de temps pour y parvenir.

Selon López, Patiño, Céspedes, Quiroga et Pinilla (2015), pour l'Universidad Santo Tomás dans sa modalité ouverte et à distance, les scénarios virtuels devraient faire progresser un processus de formation sans nécessiter une présence physique fréquente ou une relation en face-à-face avec l'enseignant, puisque le rôle de ce dernier consiste à conseiller et à servir de médiateur. Quant à l'étudiant, son rôle est d'être l'autogestionnaire de son apprentissage. Le document affirme également la nécessité de proposer de nouveaux modèles curriculaires centrés sur l'enseignement problématique, à partir desquels il est possible d'assouplir l'approche des contenus.

Sur la base des arguments ci-dessus, cette recherche utilise un groupe de contrôle composé d'étudiants inscrits dans le domaine de formation : Philosophie des environnements d'apprentissage virtuels, avec les ressources pédagogiques et techniques traditionnelles de la classe virtuelle VUAD.

Pour la conception et la construction de ce scénario numérique, les fondements théoriques décrits par López et al. (2015) sont pris en compte, où les compétences ou dimensions (Comprendre, Agir, Faire et Communiquer), comprises comme des savoir-faire en contexte et désignées par le modèle éducatif de l'USTA comme " la reconnaissance d'une multicasualité et d'une interdépendance de facteurs sociaux, institutionnels et cognitifs, en tension permanente, et qui nécessitent une méthodologie appropriée en fonction de ces exigences " (López et al., 2015, p. 2) sont signalées (López et al., 2015, p. 2).

Conformément à ces dimensions, la VUAD définit un modèle dans lequel les contenus sont abordés et dynamisés dans le groupe de contrôle, en envisageant une structure dans laquelle on peut observer des éléments tels que : Discipline, Ressources, Activités, Évaluation et Communication, qui sont décrits avec plus de précision dans la section 6.8 (Environnements d'apprentissage virtuel (EAV) à l'Université de Santo Tomás - VUAD).

Sur la base de ce qui précède, cette proposition de recherche est présentée comme une alternative pour la conception et la dynamisation des espaces éducatifs médiatisés par les TIC. Actuellement, l'Université travaille sur une posture émergente dans la construction de la connaissance, comme c'est le cas du modèle ABP-AVA, guidant l'étudiant à travers la solution d'un problème mais pas de manière disciplinaire ou isolée, il s'agit de promouvoir la solution avec des contributions ou des idées qui peuvent être situées dans différents champs de connaissance dans la formation des diplômés (pédagogique, humaniste, d'investigation, disciplinaire). La recherche de la solution la plus pertinente dépendra des besoins d'apprentissage et d'enseignement de chaque étudiant.

Le modèle ABP-AVA est présenté dans cette recherche comme le lieu de rencontre, d'apprentissage et de construction des connaissances dans le domaine de la formation Philosophie des Environnements d'Apprentissage Virtuels. Reprenant la position de Sánchez (2009) où il présente les schémas de construction des connaissances en trois catégories : acquisition, participation et création/construction, qui sont reprises par le modèle et définies pour son approche dans la perspective suivante :

La phase initiale, appelée *acquisition*, implique un premier moment de communication ou de transmission de concepts, qui sont traités individuellement ou en groupe. La manière dont ces apprentissages et enseignements sont organisés et dont de nouveaux sont développés dépend de chaque étudiant. Par conséquent, parler de ce premier moment implique de penser qu'il peut se produire ou non, cela dépendra de chaque personne, en fonction de ses représentations et schémas de pensée actuels (Sánchez, 2009).

Dans la deuxième étape, appelée *participation*, il sera possible de prendre en compte la fonctionnalité des concepts, où l'étudiant voit non seulement l'intentionnalité dans la pratique, mais aussi sa signification, en mettant en contexte les connaissances acquises dans les différents domaines de formation. Certains étudiants peuvent atteindre ce stade sans passer par le premier stade (acquisition), le rythme et les représentations des connaissances de chaque étudiant donnant la possibilité d'accéder directement à ce stade.

On peut en déduire que ce n'est pas seulement la connaissance qui se construit, mais aussi les identités avec l'apprentissage, qui est une question de transformation personnelle et sociale, où la pensée individuelle parvient à se connecter à des positions qui, à partir du collectif, génèrent des postulats enrichis et renforcés avec une vision communautaire.

Enfin, l'étape de *création/construction de connaissances* est conçue comme la création collective de connaissances pour la conception d'artefacts conceptuels tels que des théories, des idées ou des modèles ; en ce sens, il s'agit de guider l'étudiant vers l'innovation, en essayant d'aller au-delà des conceptions et des préceptes.

Le modèle ABP sur AVA comme scénario de renforcement de la classe virtuelle qui est actuellement utilisée à l'Université Santo Tomás - VUD comme ressource pour accompagner son mode à distance, est présenté comme une alternative à la construction de la connaissance, à son tour, permet des réflexions sur l'importance de générer des environnements d'apprentissage virtuels qui permettent une plus grande cohérence aux concepts abordés dans les différents domaines de formation, qui guident les étudiants dans leur réflexion et la construction de solutions à des problèmes réels de la connaissance.

3. *Question Problème*

Conformément à ce qui précède, la question suivante se pose : quels sont les champs d'application de la construction des connaissances du modèle ABP sur l'AVA dans l'enseignement à distance, dans le domaine de la formation Philosophie des environnements d'apprentissage virtuels à la Faculté d'éducation de l'Université de Santo Tomás - VUAD ?

3.1 *Justification*

Cela correspond à l'université à l'époque actuelle, où, pour des auteurs comme Brea (2007), on passe d'une mémoire principale composée de ce qui est lu et écrit à une culture basée sur les interconnexions et l'information numérique ou virtuelle. Inventer un nouveau rôle, qui lui permette de fonctionner dans les nouvelles réalités afin de remplir les objectifs qui lui ont été assignés, c'est ne pas perdre le lien entre la réalité et la contribution aux sociétés. Bien qu'elle n'ait pas pu échapper aux tensions économiques et politiques, le fait d'être à la fois témoin et protagoniste de la transformation actuelle de l'homme dans la manière dont il se rapporte à son environnement et interagit avec lui, sont des circonstances qui l'obligent à modifier son essence et, partant, à modifier substantiellement l'éducation.

Parler de transformations, c'est parler d'engagements, qui visent à fournir à la société des apports qui forgent des changements de fond et de forme, dans lesquels les avancées dans des domaines tels que les TIC nous permettent de visualiser un nouveau scénario éducatif, celui de la connaissance, qui a généré d'importantes transformations dans diverses activités humaines. Le domaine de l'éducation, l'un des plus avantagés ou peut-être lésés dans cette société de la connaissance, entre en tension lorsque ses acteurs et ses dynamiques ne sont plus les mêmes, lorsque parler d'un modèle ou d'une stratégie ne suffit plus, s'ils n'établissent pas de liens étroits avec le contexte social actuel, avec la nouvelle culture de l'information et de la connaissance (Romero, 2011).

Par conséquent, parler d'un modèle pédagogique unique acceptable dans différents scénarios éducatifs est risqué et décontextualisé ; pratiquement n'importe quel modèle pourrait être mis en pratique en utilisant les outils TIC, ce qui implique que les technologies ne sont pas en elles-mêmes des mécanismes de formation, mais plutôt des mécanismes de diffusion de l'information, qui à leur tour facilitent les relations et les communications. Par exemple, Kaplún (1998) affirme que les TIC doivent être considérées non seulement comme un média ou un outil technologique, mais surtout comme une composante pédagogique.

C'est ainsi que les stratégies pédagogiques permettent d'organiser les activités et les temps de formation, y compris les conceptions basées sur les problèmes, caractérisées par la manière d'aborder les sujets, les modèles d'évaluation, la relation des étudiants avec les contenus et les formes de communication et d'organisation interne pour répondre à tout ce qui précède, de sorte qu'il ne suffit pas d'identifier un seul modèle de travail, mais que ces caractéristiques doivent également être mises en scène pour vérifier leur efficacité lors de la conception consciente d'un cours virtuel.

Il est important de garder à l'esprit que pour créer ce type d'environnement, il est nécessaire d'être guidé par une perspective épistémologique définie, mais aussi d'effectuer un suivi technique des conditions du cours afin que le résultat final combine ces deux éléments avec la connaissance du domaine à enseigner (Caro, Velandia, Ruiz et Álvarez, 2004).

Sans une stratégie pédagogique définie et la construction d'une conception didactique et méthodologique, une classe virtuelle est réduite à un espace en ligne pour la diffusion de contenu, quelque chose comme un système de "messagerie", pour cette raison il est important de savoir comment la connaissance sera abordée, mais en plus de cela, la position épistémologique qui est prise sur l'apprentissage et donc les conditions qui sont censées exister dans l'espace académique. La stratégie pédagogique est l'ingrédient qui garantit que, dans un espace virtuel, les enseignants, les étudiants et les connaissances peuvent être en relation les uns avec les autres pour une réalisation significative de l'apprentissage.

Il convient de noter que, dans une large mesure, les outils disponibles en ligne et couramment utilisés dans les environnements d'apprentissage virtuels (EAV), tels que les blogs, les sites web, les pages web et les *wikis* (Solarte, 2009), coïncident avec les modèles pédagogiques basés sur les objectifs d'apprentissage, sur la mesure (quantification de l'activité de l'étudiant - notation) et sur le modèle d'enseignement-apprentissage de manière unidirectionnelle (l'enseignant enseigne). Cependant, des modèles alternatifs soutenus par les tendances contemporaines de l'apprentissage, tels que le PBL, promulguent la socialisation des connaissances, l'apprentissage par la découverte, la construction de structures mentales et la résolution de problèmes comme la raison d'être du processus académique.

Comprendre ces scénarios aujourd'hui, c'est visualiser une réflexion pédagogique qui reflète la pensée de Saint Thomas d'Aquin et qui s'incarne dans son Projet Educatif Institutionnel (PEI), qui favorise la formation intégrale et le développement de compétences ou de dimensions (Comprendre, Agir, Faire et Communiquer), le Modèle Educatif Pédagogique (Universidad Santo Tomás, 2011).

Compte tenu de ce qui précède, la réflexion pédagogique prend encore plus de sens, étant entendu que les modèles et les stratégies de formation n'ont pas de limite, en particulier lorsqu'ils doivent permettre de renforcer les concepts et de générer des dimensions avec lesquelles il est possible de produire de nouvelles idées. En partant d'une éducation qui prend en compte le rôle et les besoins particuliers de chaque étudiant, permettant d'entrevoir l'utilisation de la technologie et son applicabilité à partir d'un modèle novateur dans son exécution et motivant pour l'utilisateur final, qui dans le cas de cette étude, doit être tout le monde.

C'est le cas de modèles tels que ABP on AVA, qui découlent de cette recherche constante de transformation éducative, née de questions telles que : qui enseigne, qui apprend, à quoi sert l'enseignement, à quoi sert l'apprentissage, comment enseignons-nous, comment apprenons-nous (Romero, 2011). Ces préoccupations constantes des enseignants, qui dans leur réflexion pédagogique à l'intérieur et à l'extérieur de la salle de classe, les amènent à imaginer des scénarios plus proches de la réalité, peut-être conçus pour des espaces sociaux, économiques et politiques contextualisés, qui leur permettent de résoudre ou de se rapprocher de la résolution de ces questions.

L'Université de Santo Tomas - VUAD, comprend ce concept en définissant la salle de classe virtuelle comme suit

> "Il ne s'agit pas simplement d'un espace froid rempli d'informations sans importance pour leur processus d'apprentissage, mais au contraire d'un moyen qui les rapproche de la connaissance, qui les motive en permanence et avec lequel ils se sentent constamment soutenus, tant par l'institution que par les enseignants et les tuteurs " (Morales, 2013, p.50).

C'est dans ce sens que la théorie pédagogique émerge et que la dynamique exercée sur elle par les nouvelles technologies gagne en pertinence, en proposant des scénarios enrichis par la recherche de solutions à des approches problématiques qui, partant du général, en recourant à différents domaines de connaissance pour leur approche, parviennent à spécifier une solution dans un cas particulier.

Le modèle ABP sur l'AVA (Romero, 2011) s'inscrit dans cette vision et, dans une position contraire à la tradition éducative, conçoit le sujet comme un constructeur de sa réalité, qui apprend par lui-même, c'est-à-dire, dans le processus d'apprentissage, l'autorégulation qui permet l'appropriation des connaissances, où l'ABP permet l'équilibre au niveau cognitif dans la mesure où l'analyse de situations réelles dans son contexte personnel et professionnel est encouragée.

Sur la base de ce qui précède, il est possible de réfléchir à des alternatives éducatives pour renforcer l'enseignement à distance à l'Université Santo Tomás - VUAD, soutenu par les TIC, où l'étudiant est le protagoniste, tout en étant accompagné par son tuteur, qui est responsable de l'alimentation des résultats en termes de connaissances et de concentrer les résultats dans la résolution de problèmes et d'hypothèses.

Ainsi, le modèle ABP sur AVA est présenté comme une alternative pour soutenir et améliorer la réflexion actuelle dans ces environnements à l'Université Santo Tomás-VUAD, contribuant à la pensée critique dans le processus d'enseignement et d'apprentissage, cherchant à ce que l'étudiant comprenne et approfondisse de manière adéquate l'approche de l'hypothèse à des problèmes réels dans leur contexte professionnel, dans l'ordre philosophique, sociologique, psychologique, historique et pratique. C'est ainsi qu'une approche intégrale est recherchée, où la motivation pour l'apprentissage conscient et le travail de groupe systématique prévalent, soutenus par des expériences de collaboration médiatisées par l'utilisation des TIC.

Questions sur le statut

Une approche de l'état de l'art est générée sur la base des domaines d'analyse dans lesquels le projet est encadré, l'apprentissage par problème (APP), le constructivisme, le connectivisme, l'apprentissage collaboratif et coopératif, les environnements d'apprentissage virtuels, la didactique et leur application dans des scénarios d'apprentissage et d'enseignement.

Pour développer cette exploration, un parcours d'exploration des sources documentaires et numériques a été réalisé, à partir d'un inventaire reconnu de bases de données, de bibliothèques, de revues spécialisées, de documents de recherche et de livres.

Itinéraire d'exploration

Le parcours d'exploration des sources documentaires a consisté à consulter des revues scientifiques spécialisées dans les sujets, des ouvrages de référence et des ouvrages qui traitent du sujet abordé dans cette recherche.

- Livres : Biblioteca Luís Ángel Arango, Librería Nacional, Librería Universidad Pedagógica, Biblioteca Fray Luis J. Torres, O.P., Biblioteca Fray Bartolomé de las Casas, O.P.
- Revues spécialisées : Revista Iberoamericana de Educación, Revista Internacional Magisterio, Revista Esquemas pedagógicos, Revista Magistro.
- Autres travaux de recherche : thèses de maîtrise et de doctorat en éducation : Universidad Santo Tomás, Universidad Javeriana, Universidad de los Andes,

Universidad Pedagógica, Universidad de la Sabana, Universidad Nacional de Colombia, Universidad de Costa Rica, Universidad CEU San Pablo, Universidad San Martín de Porres, Universidad de Castilla-La Mancha.

Itinéraire d'exploration des sources numériques :

■ Bases de données en ligne : ScienceDirect, E-libro, Ebrary, Environment Complete, EBSCO, proquest.

■ Revues spécialisées en ligne : The Harvard Educational Review, The international Review of Research in Open and Distance Learning, Revista española de pedagogía, Revista electrónica de Investigación Educativa.

Sur la base de cette exploration, un inventaire des documents pertinents des cinq dernières années a été organisé pour chacune des catégories d'analyse proposées dans la recherche, qui sont analysés pour la construction de l'état de l'art.

Domaine de recherche : apprentissage par problèmes (APP), pour cette catégorie, le catalogue suivant a été trouvé et examiné :

■ Livres (10)

■ Magazines spécialisés (15)

■ Documents de recherche (10)

La littérature analysée pour ce domaine de recherche se réfère à des textes ou à des documents de recherche publiés au cours des six dernières années, dans lesquels la contribution à ce travail de recherche peut être observée en termes de :

■ La relation enseignement-apprentissage face aux pédagogies orientées vers les problèmes

■ L'efficacité de la mise en œuvre de l'apprentissage par problèmes dans l'enseignement à distance

■ L'approche humaniste, sociale et technologique, dans le cadre de l'enseignement orienté vers les problèmes.

■ Développements théoriques et didactiques de l'apprentissage par problèmes

Domaine de recherche : constructivisme, connectivisme et apprentissage collaboratif et coopératif.

■ Livres (18)

■ Magazines spécialisés (24)

■ Documents de recherche (20)

Pour ce domaine de recherche, une revue de la littérature et des travaux de recherche publiés au cours des six dernières années est effectuée, mettant en évidence pour ce travail les contributions en termes de :

■ Construction collective et socialisation des connaissances

■ Ressources de formation par le biais de logiciels libres et gratuits

■ Apprentissage significatif, distributif, dynamique, flexible et réflexif

■ Communautés de pratique et d'apprentissage

■ Environnements sociaux pour l'acquisition de connaissances

■ Construction individuelle et collective des connaissances

■ Apprendre en faisant, à partir d'approches socioconstructivistes

Domaine de recherche : environnements d'apprentissage virtuels

- Livres (7)
- Magazines spécialisés (11)
- Documents de recherche (10)

L'examen de ce scénario a permis à la recherche actuelle de trouver des contributions à partir des axes suivants :

- Intégrer les TIC aux besoins éducatifs contemporains
- L'enseignement à distance soutenu par des plates-formes basées sur les TIC
- Facteurs de qualité dans l'éducation médiatisée par les TIC
- Modèles et approches de l'apprentissage assisté par les TIC
- Gestion opérationnelle des processus de formation soutenus par les TIC
- Les réseaux d'apprentissage virtuels en tant qu'axe des processus d'interaction pour la construction collective des connaissances.

Domaine de recherche : didactique et son application dans des scénarios d'apprentissage et d'enseignement.

- Livres (5)
- Magazines spécialisés (15)
- Travaux de recherche (12)

À partir de ce domaine de recherche, une revue de la littérature des six dernières années a été réalisée, à partir de laquelle nous pouvons mettre en évidence les domaines qui contribuent à ce projet :

- Interaction entre les méthodes d'enseignement et les TIC
- Fondements didactiques de l'enseignement et de l'apprentissage soutenus par les TIC
- Stratégies d'enseignement centrées sur l'étudiant pour la création collaborative de connaissances
- La mise en réseau comme stratégie didactique pour l'articulation de concepts ou d'idées.
- Ressources TIC pour une intégration efficace et réfléchie dans les processus d'enseignement et d'apprentissage

Sur la base de cette exploration et après avoir analysé les documents trouvés dans les différentes sources documentaires et numériques, dix-sept études de recherche nationales et internationales sur le sujet proposé ont été sélectionnées, considérées comme pertinentes pour le travail, la voie proposée pour cette sélection étant la suivante :

- -Pertinence pédagogique et didactique par rapport à un ou plusieurs domaines de recherche sélectionnés pour ce travail (apprentissage par problèmes, constructivisme, connectivisme et apprentissage coopératif, environnements d'apprentissage virtuels, didactique et son application dans des scénarios d'apprentissage et d'enseignement).

- Constructions, contributions et approches dans la conception de modèles pédagogiques pour l'approche des contenus dans des scénarios éducatifs soutenus par les TIC.

- Stratégies didactiques soutenues par les TIC et améliorées par l'utilisation de plates-formes éducatives, en tant que soutien aux processus d'apprentissage à distance.

- Des expériences de recherche qui mettent en relation des modèles d'apprentissage et d'enseignement en réseau, comme le cas du connectivisme, qui est en phase avec les nouveaux modes d'apprentissage par l'utilisation des réseaux.

En même temps, les documents analysés nous permettent d'observer des points de convergence conceptuelle et de recherche basés sur les différentes expériences et perspectives abordées dans leurs contextes, favorisant ainsi la discussion, le débat et la réflexion sur des propositions qui, comme celle-ci, permettent de présenter des positions alternatives sur l'apprentissage à distance renforcé par les TIC.

Pour chacune des références présentées, les idées générales, l'objectif et les résultats obtenus dans la recherche sont exposés, soulignant la contribution à cette étude de ses résultats et conclusions, reconnaissant également, à partir de l'expérience acquise, la portée en termes de construction de connaissances avec le soutien des TIC, encadrée par des pédagogies et des didactiques qui étudient et remettent en question en permanence la dynamique de la formation et les espaces où elle se déroule.

Fontalvo et al. (2007) proposent dans leur recherche "Design of virtual teaching-learning environments and adaptive hypermedia systems based on learning styles models" un examen théorique des différents modèles et recherches développés autour du concept de styles d'apprentissage et de leur médiation par le biais d'environnements d'apprentissage virtuels.

Les auteurs abordent d'abord dans leur recherche une contextualisation de la naissance des différents styles d'apprentissage au niveau théorique, à partir de leurs principaux auteurs et modèles d'apprentissage ; ensuite, ils mettent l'accent sur les différentes études réalisées sur l'utilisation de divers modèles dans la conception et l'évaluation des environnements d'apprentissage virtuels et terminent par l'avancement du projet développé à l'Universidad del Norte (Barranquilla, Colombie), qui vise à établir les effets d'un modèle d'enseignement virtuel axé sur les styles d'apprentissage dans la performance académique d'un groupe d'étudiants universitaires.

L'importance de ces résultats pour la présente recherche réside dans la manière de mieux comprendre les spécifications didactiques qui permettent de concevoir des activités académiques virtuelles, ce qui peut être un facteur important dans la motivation et la construction de connaissances de la part des étudiants.

Le projet est basé sur le style d'apprentissage de Felder (1993) qui est appliqué aux modules à aborder dans les environnements d'apprentissage virtuels, basés sur des systèmes d'apprentissage hypermédia adaptatifs, se référant à l'adaptation au sein des contenus d'apprentissage, basée sur les besoins et les capacités des étudiants, c'est-à-dire que "l'idée de la présentation adaptative est de personnaliser les contenus des cours, de les modeler aux caractéristiques spécifiques des étudiants, en générant des modèles d'utilisateurs" (Chen & Paul, 2003).

Cette perspective ouvre de nouvelles voies aux avantages et au potentiel des TIC, mais montre également leur capacité à s'adapter aux différentes perspectives éducatives présentées par les étudiants à l'époque actuelle, à discerner la portée que peut avoir la modélisation des ressources, des activités et des processus éducatifs, discerner la portée que peut avoir la modélisation des ressources, des activités et des processus éducatifs en fonction des besoins ou des capacités d'un étudiant, c'est ouvrir une voie à l'interprétation et à la génération de constructions basées sur des besoins particuliers, sur l'apprentissage et l'enseignement réellement en contexte, à partir desquelles il est possible de transférer des constructions théoriques à des scénarios qui, enrichis par l'utilisation des TIC, ouvrent de nouveaux débats sur les manières d'apprendre et d'enseigner.

Alarcón, Pradas et Pais (2005) proposent, dans leur recherche sur l'innovation par le biais d'environnements virtuels d'enseignement et d'apprentissage, l'utilisation d'espaces virtuels d'enseignement et d'apprentissage pour le développement de l'innovation dans l'enseignement, la recherche et la gestion, pour la conception et le développement de pratiques efficaces, témoignant d'un changement important dans les rôles et les relations entre l'enseignant et l'étudiant, afin de parvenir à l'autonomie et à l'indépendance de l'étudiant dans son propre processus d'apprentissage.

Les résultats de cette recherche sont importants, car ils renforcent les expériences d'utilisation des environnements virtuels en tant que méthode efficace de transmission des connaissances et d'acquisition de compétences par l'étudiant, ce qui lui permet d'être plus autonome dans son processus, d'apprendre à un bon rythme, de gérer lui-même son temps et d'approfondir son apprentissage, qui construit ses propres connaissances en s'appuyant sur une méthodologie alternative.

Les auteurs Garmendia, Barragués, Zuza et Guisasola (2014) proposent dans leur projet de recherche pour la formation des enseignants universitaires en sciences, mathématiques et technologie aux méthodologies d'apprentissage par problèmes et par projets, la conception et la mise en œuvre du programme ERAGIN de l'UPV/EHU, pour la formation des enseignants universitaires aux méthodologies d'enseignement actif dans le cadre du modèle d'apprentissage par problèmes et par projets.

Le projet a impliqué la participation d'enseignants de différents domaines tels que les mathématiques, la technologie et les sciences naturelles, qui ont un mentor pour la conception du matériel didactique à utiliser en classe. Il y avait également un autre groupe d'enseignants des mêmes domaines qui abordaient leur sujet de manière traditionnelle. Les résultats des deux modèles d'apprentissage (ABPyP et traditionnel) ont été comparés, ce qui a permis d'obtenir, dans la grande majorité des cas, de meilleurs résultats selon les paramètres statistiques. Toutefois, une importance relative est attribuée à cette dernière comparaison, étant donné que les compétences évaluées, à l'exception du contenu conceptuel minimum, étaient différentes.

Dans toutes les mises en œuvre, les étudiants ont reconnu qu'ils apprenaient davantage avec cette méthode de travail (ABPyP) qu'avec des méthodologies plus traditionnelles ou habituelles.

Les chercheurs soulignent que l'apprentissage par problèmes, en tant que stratégie pédagogique actuelle, permet d'aborder la connaissance d'une manière didactique, en faisant passer l'étudiant par des chemins où, d'une manière constructive, il lui permet de générer des connaissances, mais ce n'est pas seulement la méthodologie qui influence cette construction, elle est également caractérisée par le matériel didactique et les moments qui sont abordés dans le processus du modèle.

Il convient de noter que le groupe participant au projet ne met pas seulement en évidence les avantages de la stratégie pédagogique PBL et P, en termes de possibilité d'aller au-delà de la résolution d'un problème, mais renvoie également ses conclusions à la génération de structures conceptuelles qui permettent l'appropriation de connaissances provenant de différentes disciplines et comment, grâce à elles, une solution à une question est obtenue, en présentant une position interdisciplinaire à une situation qui peut être réelle.

La recherche contribue à cette étude, en tant que point de référence au travail d'enseignement, qui devrait générer chez l'étudiant des préoccupations au-delà du contenu, où les stratégies pédagogiques permettent de s'étendre à d'autres niveaux d'apprentissage et d'enseignement, pour ce cas l'ABP et p, guider le renforcement d'une connaissance interdisciplinaire, qui converge pour générer des solutions à partir de différents points de vue.

Les positions éducatives telles que celles référencées par les auteurs Garmendia et al. (2014), guident un chemin qui depuis quelques années se développe avec la recherche qui concentre son attention sur la génération de modèles d'apprentissage à distance tels que ABP - AVA, exposés dans cette recherche, qui dirigent leur attention au-delà des contenus, et permettent à ceux qui apprennent et enseignent, des chemins inexplorés, dans la recherche de la meilleure solution à l'approche d'une situation problématique.

IV. Le projet Methodologies that optimise communication in virtual learning environments, publié par Salmerón, Rodríguez et Gutiérrez (2010) dans la revue Comunicar, propose un examen théorique des expériences d'apprentissage coopératif et collaboratif médiatisées par ordinateur avec des étudiants de différents niveaux d'enseignement, dans le but de démontrer les améliorations qu'une conception contrôlée et efficace du travail en équipe apporte au développement des apprenants, en utilisant la combinaison appropriée de méthodes d'apprentissage actif et d'outils d'apprentissage en réseau.

Les auteurs soulignent dans leur recherche que la communication est l'élément principal des processus d'apprentissage et d'enseignement, offrant un support innovant, permettant des environnements d'apprentissage virtuels, tels que ceux offerts par les plates-formes d'apprentissage collaboratif médiatisées par ordinateur qui offrent communication, médiation et construction de connaissances partagées.

Parler de cette perspective, où la communication tire profit des plateformes éducatives en tant que mécanismes d'interaction entre ceux qui apprennent et enseignent, c'est élucider d'une certaine manière des modèles tels que les mécanismes ABP-AVA de dialogue permanent, qui ne précèdent ni ne demandent aucune connaissance particulière pour le débat, car ils sont en eux-mêmes des gestionnaires, des précurseurs de dialogues, qui, grâce à l'utilisation de réseaux et spécifiquement de plateformes éducatives, permettent des écosystèmes éducatifs à partir desquels de nouvelles positions, de nouveaux mécanismes émergent, de sorte que l'apprentissage et l'enseignement sont une expérience encadrée par des réalités quotidiennes.

Les conclusions et les résultats de la recherche montrent une amélioration des compétences sociales et de communication, de la motivation et des résultats scolaires, indépendamment du type de modalité d'apprentissage partagé par les étudiants.

Les expériences analysées indiquent clairement que l'utilisation de plateformes virtuelles pour optimiser la communication facilite l'apprentissage collaboratif et coopératif, quel que soit le niveau d'éducation des étudiants. En général, toutes ces expériences ont été très positives en termes d'implication accrue des étudiants dans l'apprentissage. En particulier, et en se référant à d'autres variables éducatives, ils s'accordent à dire qu'ils ont permis d'améliorer les résultats scolaires et de développer des compétences sociales pour apprendre avec leurs pairs, en acquérant de nouvelles compétences sociales et citoyennes. Tous concluent à l'amélioration des compétences liées à la maîtrise de ces outils informatisés pour la compétence, le traitement de l'information et la compétence numérique.

Il ressort de ce qui précède que l'apprentissage collaboratif médiatisé par l'utilisation des TIC favorise la communication, la participation et la construction de connaissances d'une manière partagée, à son tour, dans l'exercice interactif de la communication, le partage d'idées, de positions ou de constructions collectives, permet de se référer aux différentes voies dans l'acte d'apprentissage et d'enseignement. Lorsque cela est soutenu par l'utilisation des technologies, les voies d'exploration augmentent leur interprétation, ce qui, pour l'enseignant-tuteur, posera de nouveaux défis dans la manière d'orienter les voies qui génèrent des explorations véritablement nouvelles.

Les contributions à la recherche actuelle sont insérées dans les différentes expériences d'apprentissage télématique, qui utilisent des modalités de travail collaboratif dans des environnements virtuels, d'où l'importance de souligner que la communication dans ces espaces est l'un des aspects les plus importants à la fois dans les processus de formation virtuelle et dans les processus de formation à distance.

Parler alors de modèles tels que l'ABP-AVA qui permettent l'intégration d'espaces d'apprentissage collaboratif avec le soutien des technologies, à la fois de manière synchrone et asynchrone, permet à son tour de générer un dialogue permanent entre les différents acteurs, ce qui renvoie à des scénarios tels que le forum d'experts et les vidéoconférences avec des experts, des espaces où l'étudiant sent que son processus est constamment accompagné et guidé, Par conséquent, se référer à des expériences telles que celles des auteurs Salmerón, Rodríguez et Gutiérrez (2010) revient à corroborer d'une certaine manière que les scénarios éducatifs médiatisés par les TIC doivent amener l'apprenant et l'enseignant à travers des espaces de dialogue et d'interaction constants, sans quoi la solidité de leurs contenus et l'engagement de leurs acteurs pourraient affecter d'une certaine manière l'approche et la réalisation des objectifs de la formation.

V. Les auteurs Gómez, Rojo, Lorenzo et Fernández (2012) proposent, dans leur recherche sur les nouveaux modèles d'apprentissage basés sur les technologies de l'information et de la communication dans les diplômes d'administration des affaires et de gestion et leur application à l'Université CEU SAN PABLO, une analyse des différentes possibilités d'enseignement par le biais des TIC dans la nouvelle approche d'apprentissage définie par l'EEES et l'utilisation qui en est faite à l'Université CEU San Pablo, en complément de l'enseignement en classe ; un autre point d'analyse fait par les auteurs est la formation que ces nouveaux outils requièrent de la part des enseignants d'aujourd'hui.

Les auteurs mettent l'accent sur les phases qu'ils mettent en œuvre dans les méthodes d'enseignement-apprentissage de ces compétences, ainsi que sur les procédures d'évaluation de leur acquisition. Les phases abordées sont la préparation des contenus par l'enseignant, la transmission aux étudiants, l'apprentissage par les étudiants des contenus développés en appliquant leurs propres stratégies et l'évaluation de l'apprentissage obtenu, sachant que les nouvelles technologies doivent être présentes dans toutes les phases.

L'intégration des TIC dans le processus d'enseignement et d'apprentissage a entraîné une transformation du rôle de l'enseignant, mais surtout de l'apprentissage de l'élève, qui est reconnu comme un apprenant actif. La recherche proposée conduit donc à la création d'environnements d'apprentissage plus flexibles, afin d'offrir aux élèves des scénarios interactifs qui éliminent les barrières de temps et d'espace et favorisent les processus d'auto-apprentissage.

Les scénarios éducatifs médiatisés par les TIC, qui emmènent l'étudiant dans des espaces éducatifs basés sur une conception et une construction alternatives, préparés pour l'apprentissage dans des contextes réels, sont peut-être l'une des contributions les plus significatives de ce type de recherche. Ils sont basés sur des références théoriques qui permettent de générer des lignes de travail claires en ce qui concerne l'apprentissage, mais en même temps, ils guident leurs participants à travers l'exploration constante de nouveaux chemins, générés à partir de l'hypertexte, que l'auteur du cours construit sur la base de sa planification initiale, mais qui sont ensuite reconstruits et améliorés avec l'accès et les nouvelles dispositions de ceux qui composent la communauté d'apprentissage.

VI. Les auteurs Roig et Martí (2012), dans leur recherche Indicadores de análisis de procesos de aprendizaje colaborativo en entornos virtuales de formación universitaria, affirment que l'apprentissage collaboratif se caractérise par le fait que les étudiants travaillent ensemble pour s'entraider dans la résolution de problèmes, l'échange et la production de connaissances et l'amélioration de l'interaction sociale. Ce qui précède provient de l'analyse des indicateurs des processus évalués d'apprentissage collaboratif virtuel menés sur un groupe d'étudiants universitaires, à partir duquel la prémisse suivante a été prise comme point de départ : un contexte d'apprentissage collaboratif qui utilise la communication médiatisée par l'utilisation des TIC doit mettre l'accent à la fois sur la dimension académique et sociale, pour aider à surmonter l'isolement qui peut être généré par les environnements en réseau.

Le défi de l'apprentissage collaboratif médiatisé par des environnements virtuels est de trouver des façons d'organiser les tâches et de configurer les ressources qui amènent les étudiants à changer leur point de vue en développant des aptitudes et des compétences afin de parvenir à des compromis et d'atteindre des objectifs communs ; et c'est exactement ce que nous voulons développer dans la recherche proposée, en tant que réflexion sur les implications des nouvelles pratiques et technologies dans tous les domaines académiques.

Parler de scénarios éducatifs où les connaissances sont partagées, les expériences sont partagées et de nouvelles significations sont explorées, c'est initier de nouvelles histoires sur la tâche ardue de l'enseignement, qui converge dans des espaces collaboratifs tels que ceux proposés avec la médiation des TIC, avec la génération de dynamiques renforcées par la construction collective, Cela a conduit les chercheurs à proposer de nouveaux défis, dans lesquels non seulement des scénarios sont générés pour cela, mais plus important encore, des dynamiques d'apprentissage collaboratif sont mises en scène, basées sur les expériences et l'apprentissage dans d'autres espaces, et qui s'intensifient jusqu'à des scénarios d'assemblage collectif de connaissances.

VII. Puente (2006), dans sa recherche sur l'enseignement à distance dans la formation initiale et continue à la Faculté d'éducation de l'Université catholique pontificale du Pérou, affirme que l'enseignement à distance est une modalité alternative en raison de sa flexibilité en termes de temps, de stratégies et de styles d'apprentissage, et qu'il permet aux étudiants de développer leur autonomie dans leur apprentissage, d'apprendre à leur propre rythme sans subir la pression du groupe ; de développer des compétences qui leur permettent de discriminer les informations pertinentes, d'identifier les sources de connaissances et de les utiliser, de confronter leurs données à la réalité, de construire des connaissances et de les appliquer de manière appropriée.

Cette étude nous permet de situer les façons dont les besoins de l'enseignement à distance doivent être affrontés et comment un environnement d'apprentissage virtuel influence un processus d'apprentissage ; il est essentiel de prendre en compte les fondements théoriques de la didactique et son application dans des scénarios médiatisés par les TIC. Ces éléments sont fondamentaux dans le cadre de la recherche actuelle, étant entendu que l'APP permet à ceux qui apprennent et enseignent d'être constamment motivés par le développement d'hypothèses qui contribuent à élucider un problème, générant ainsi une autonomie dans les processus de construction de nouvelles connaissances à leur propre rythme.

VIII. Les auteurs Cano, Garrido, Graván et López-Meneses (2015) dans leur recherche Conception et développement du modèle pédagogique de la plateforme éducative " Quantum University Project ", mettent l'accent sur le type de formation appelé MOOCs (Massive On-line Open Courses), en se développant à partir d'une perspective descriptive de la conception pédagogique et du fondement paradigmatique de l'environnement virtuel. Les fondements essentiels sur lesquels repose ce projet pédagogique sont le modèle intégratif socioconstructiviste et connectiviste, ainsi qu'une évaluation enrichie par la participation de l'enseignant-tuteur, un aspect différenciateur par rapport à d'autres modèles pédagogiques plus encapsulés.

Les méthodologies utilisées, sous la supervision du tuteur MOOC (le nom donné au tuteur dans ce modèle), permettent aux étudiants de générer des connaissances collectivement, appliquées à des problèmes académiques et/ou professionnels, les rendant protagonistes autonomes de leur processus de formation et les impliquant dans des situations d'apprentissage ouvert et de recherche réflexive. Ils acquièrent ainsi des compétences qui serviront au développement durable de l'apprentissage tout au long de la vie dans des contextes académiques, professionnels et personnels. Comme mentionné ci-dessus, le modèle intégratif socioconstructiviste, connectiviste et d'investigation permet l'utilisation de stratégies didactiques et d'activités électroniques de groupe qui facilitent l'apprentissage collaboratif, la création de communautés numériques et de ressources en ligne qui aident à la réflexion et à la création de connaissances.

Cela permet aux étudiants de se familiariser ou de s'approprier un processus massif d'apprentissage actif, basé sur leurs propres expériences avec l'information dans un environnement didactique numérique, parrainé par la perspective paradigmatique intégrative. De cette manière, le " MOOC didactique " (Cano et al., 2015) permet aux processus de formation d'être plus interactifs et constructifs, les étudiants sont les protagonistes de leur processus d'apprentissage, de sorte que les actions de formation intègrent les idées et les expériences des étudiants, dans des situations de collaboration.

En ce sens, la recherche nous permet de réfléchir aux axes de la construction des connaissances, de l'expérimentation collaborative et de la résolution de problèmes, à l'échelle individuelle et collective, ainsi qu'à l'utilisation d'outils de communication qui facilitent l'apprentissage collaboratif entre les étudiants, où chaque participant a un rôle défini et où l'enseignant participe en tant qu'autre collaborateur, mais avec des fonctions de guide et de médiateur, garantissant ainsi l'efficacité de l'activité collaborative.

IX. Sobrino (2014), dans sa recherche intitulée "Contributions of connectivism as a post-constructivist pedagogical model", identifie les contributions du connectivisme dans le processus d'enseignement non pas tant comme une théorie de l'apprentissage que comme une proposition pédagogique, en prenant comme référence que le connectivisme décrit l'apprentissage comme un processus de création d'un "réseau personnel de connaissances", une idée cohérente avec la façon dont les gens enseignent et apprennent sur le web 2.0.

Cette recherche propose un parcours à travers les différents rapports de l'enseignement supérieur où ils mettent en relation l'*e-learning* avec la méthodologie constructiviste et comment le connectivisme en est issu, en plus d'identifier les différents postulats des auteurs qui ont travaillé ou proposé le connectivisme comme méthode pédagogique, certains d'entre eux sont : Johnson, Adams Becker, Estrada et Freeman, (2014), Bell (2011), Downes (2005) et Siemens (2006b).

Ce type de projet permet de canaliser l'information et de voir comment le constructivisme, qui est né dans le travail des processus face à face, est amené dans un autre espace tel que l'ère numérique, en utilisant des outils technologiques dans les processus d'apprentissage ; et comment cela donne lieu à un nouveau terme "connectivisme", qui relie l'*apprentissage en ligne* au constructivisme ; considéré pour la recherche actuelle comme une référence qui permet de relier les conceptions pédagogiques traditionnelles à l'utilisation et à l'appropriation des TIC.

X. Les auteurs Huaman Castro et Cueto (2014), dans leur article Primer MOOC en el Perú : Experiencia y resultados de una nueva forma de generar conocimiento con un enfoque pedagógico conectivista en la Universidad de San Martín de Porres, ont pour objectif de rapporter les résultats et l'expérience du développement du premier MOOC péruvien créé à l'USMP, et mis à disposition de la communauté sur la plateforme MiriadaX d'Universia, Espagne. L'expérience a été menée dans le cadre des principes de la théorie pédagogique du connectivisme.

La recherche relate l'expérience d'un cours qui prépare les enseignants à la gestion des stratégies méthodologiques appliquées aux cours virtuels, telles que la recherche, la sélection et l'organisation de ressources éducatives pour l'enseignement virtuel, la conception d'activités virtuelles en utilisant les outils offerts par la classe virtuelle Moodle et la mise en œuvre d'activités Web 2.0 dans les plates-formes virtuelles.

La méthodologie des classes virtuelles est basée sur les principes fondamentaux du constructivisme, dans lequel l'enseignant n'est pas au centre du processus d'apprentissage, pas plus que le contenu, comme dans le behaviorisme. Il n'y a pas de dictée ou de transfert de connaissances, mais un accompagnement par le tuteur/enseignant, afin d'obtenir un apprentissage significatif tout au long du processus.

En ce sens, la recherche permet d'identifier les bonnes pratiques issues de l'expérience acquise dans l'application de l'approche pédagogique connectiviste dans l'enseignement supérieur.

Université San Martín de Porres, de ce point de vue, les conclusions et les résultats obtenus permettent à la recherche actuelle d'établir de nouvelles références pour la construction de la connaissance basée sur des modèles tels que le modèle connectiviste, qui guident de nouvelles voies pour la conception de didactiques et d'e-activités de groupe qui facilitent l'apprentissage collaboratif et la création de communautés numériques pour les étudiants.

XI. L'auteur Bartolomé (2011), dans sa recherche "aprender em rede e na rede" (p. 3), expose la naissance du connectivisme en tant que théorie de l'apprentissage initialement proposée par Downes (2005) et Siemens (2006a), en présentant un voyage épistémologique sur les postulats de ces deux auteurs, et comment cette théorie a gagné des adeptes dans la blogosphère. L'auteur affirme que cette théorie convient aux personnes travaillant dans l'enseignement à distance, étant donné qu'elles sont renforcées par l'utilisation des technologies dans l'apprentissage. L'auteur affirme que dans le connectivisme, l'apprentissage se produit à travers un processus de connexion et de génération d'informations dans le contexte d'une communauté d'apprentissage, où, grâce à l'échange d'informations entre un groupe de personnes, il est possible de générer de nouvelles connaissances et compétences de l'étudiant au fil du temps.

Le concept de connectivisme permet de guider et de transcender les postulats constructivistes, en proposant des scénarios où il est possible d'inclure les TIC en tant que médiateur et améliorateur de l'apprentissage et de l'enseignement, ce qui est projeté dans la recherche actuelle, permet d'adhérer aux stratégies, ressources et activités du modèle ABP sur l'AVA, promouvant ainsi des scénarios d'échange et de construction collective de la connaissance.

Les auteurs Morales-López, Muñoz-Comonfort, et Fortoul-van der Goes, (2016) proposent dans leur recherche Évaluation du tuteur dans l'application de la stratégie d'apprentissage par problème dans les matières d'intégration clinique de base I et II, les différentes didactiques d'apprentissage qu'un tuteur travaillant avec la stratégie d'apprentissage par problème (APP) devrait avoir et comment il/elle devrait interagir avec un groupe d'étudiants dans le cadre de cette méthodologie.

Le projet est basé sur l'évaluation donnée par les étudiants des différents groupes où le modèle a été appliqué. Les auteurs ont utilisé l'instrument proposé par Martínez-González (2010), où ils ont utilisé une échelle de Likert pour évaluer le rôle du tuteur en tant que facilitateur dans la stratégie PBL, en évaluant les catégories suivantes : guidage de l'étudiant dans le processus d'apprentissage, participation à la construction des contenus travaillés par les étudiants et leur engagement dans l'apprentissage du groupe.

L'une des conclusions les plus importantes pour cette recherche est l'identification du rôle du tuteur qui travaille avec une stratégie d'apprentissage telle que l'APP, qui se concentre sur la stimulation du travail de groupe, l'identification des thèmes d'apprentissage, l'analyse des problèmes et des cas, la participation aux sessions de tutorat et comme axe fondamental, être très bien ancré dans le processus de formation avec cette méthodologie.

De ce point de vue, le modèle formulé dans cette recherche ABPAVA s'inscrit dans la dynamique d'accompagnement et de motivation permanente du processus, permettant à l'étudiant, au tuteur et aux experts d'établir des dialogues synchrones et asynchrones au cours de leur approche, à partir desquels des espaces tels que "Sus recomendados" un wiki qui est construit au moment de la "Fundamentación" permet à tous les participants d'exposer et de discuter les résultats en termes de connaissances face à un problème posé.

Dans Análisis de ambientes virtuales de aprendizaje desde una propuesta semiótico integral de Álvarez Cadavid et Álvarez (2012), ils exposent "les considérations supplémentaires qui devraient être prises en compte dans la conception d'un environnement d'apprentissage virtuel où tout ne devrait pas se référer à la perspective verbale (communication), mais rarement prendre en compte les autres ressources indispensables pour le développement de l'EAV, telles que les images, l'hypermédialité, l'interface graphique, entre autres.

La recherche expose une proposition d'analyse sémiotique complète des environnements d'apprentissage virtuels qui a été développée par les auteurs et mise en œuvre pour tester sa viabilité dans la formation en ligne. L'une des principales réflexions de ce type d'analyse est que les aspects organisationnels des cours sont liés à la manière dont les dispositions d'entrée pour un processus d'enseignement et d'apprentissage sont construites.

L'une des conclusions les plus importantes du travail de recherche concerne les réflexions sur l'importance de savoir et de reconnaître comment transmettre des informations par le biais d'environnements d'apprentissage virtuels, pour lesquels il est nécessaire d'envisager la conception du cours et sa mise en œuvre, ainsi que l'intégration de formats communicatifs qui permettent de renforcer l'interaction entre les enseignants et les étudiants.

Sur la base de ce qui précède, les auteurs proposent que les enseignants et les étudiants soient formés à la compréhension et à l'autonomisation des hypermédias communicatifs, ce qui permettrait de meilleures interactions entre la "triade pédagogique" (enseignants-étudiants-contenu), en précisant qu'il ne s'agit pas seulement d'utiliser des outils, des documents, des liens, des vidéos, etc. mais aussi de comprendre le potentiel symbolique que chacun d'entre eux représente et rend possible dans le cadre des processus d'enseignement et d'apprentissage. mais aussi de comprendre le potentiel symbolique que chacun d'entre eux représente et rend possible dans les processus d'enseignement et d'apprentissage.

Uribe (2014) propose dans sa recherche What are virtual learning environments so virtual ? Une réflexion à partir de Pierre Lévy et Edgar Morin, une approche du terme virtuel d'une compréhension antagoniste à une compréhension commune, en analysant les contributions de deux grands penseurs Pierre Lévy et Edgar Morin.

La recherche développée par l'auteur commence par l'analyse de trois plates-formes technologiques où les environnements d'apprentissage virtuels Eleven, Moodle et AVES-FD de l'Université de Cordoba-Colombie sont mis en œuvre, afin de trouver les similitudes entre eux et la façon dont chacun aborde la virtualité. Après avoir analysé chacun des VLE, nous procédons à une comparaison de ce qui a été caractérisé comme virtualité selon les penseurs Pierre Lévy et Edgar Morin.

L'auteur conclut dans sa recherche que " la virtualisation de l'existence et l'existentialité de la connaissance " (2014, p.10), par conséquent, le virtuel ne doit pas être supposé comme le contraire ou l'absence de réalité, mais comme une autre façon de concevoir la virtualisation, c'est-à-dire la compréhension humaine du réel. Il n'y a donc pas d'opposition, mais plutôt une extension de la virtualisation.

Sur la base de ce qui précède, l'auteur propose quelques caractéristiques fondamentales pour la conception, la construction et la mise en œuvre d'environnements d'apprentissage virtuels fondés sur les propositions conceptuelles de Lévy et Morin, afin qu'ils soient appliqués avec succès et qu'ils correspondent pleinement à ce à quoi se réfère le terme "virtualité". Certaines de ces caractéristiques se rapportent aux processus de communication et à la socialisation des connaissances, qui sont conçus dans leur première phase comme un processus de dialogue entre leurs acteurs, entre ceux qui fréquentent l'espace d'apprentissage virtuel et la façon dont les dynamiques qui en découlent commencent à développer de nouveaux parcours d'apprentissage, qui peuvent s'éloigner ou être contraires aux objectifs initialement définis par leurs auteurs.

D'autre part, Onrubia (2015) présente sa recherche Aprender y enseñar en entornos virtuales : actividad conjunta, ayuda pedagógica y construcción del conocimiento (Apprendre et enseigner dans les environnements virtuels : activité conjointe, soutien pédagogique et construction de connaissances) à partir de deux axes fondamentaux, le cadre théorique et les implications du cadre. Dans le premier, elle propose un cadre théorique constructiviste et socioculturel pour l'étude et l'analyse des processus d'enseignement et d'apprentissage virtuels, structuré autour des trois concepts mentionnés dans le titre de sa recherche : "activité conjointe", "soutien pédagogique" et "construction des connaissances". Dans la deuxième partie, il décrit certaines des implications de ce cadre pour la conception et l'évaluation des environnements virtuels d'enseignement et d'apprentissage en général, et pour la conception et l'évaluation des "objets d'apprentissage" en particulier.

Par conséquent, le projet fournit des éléments pour l'élaboration d'un cadre théorique sur les processus d'enseignement et d'apprentissage virtuels, des approches analytiques et explicatives de ces processus ainsi que des tâches de conception et d'évaluation d'environnements, de matériels et de propositions d'enseignement et d'apprentissage virtuels.

L'auteur expose également les risques qui peuvent survenir lorsqu'on enseigne dans un environnement d'apprentissage virtuel. Le premier de ces risques est de ne pas suffisamment reconnaître et considérer la complexité des relations entre les nouvelles technologies de l'information et de la communication (TIC) et les pratiques éducatives, en adoptant une vision linéaire et simpliste selon laquelle l'incorporation des TIC dans ces pratiques constitue, en soi et nécessairement, une amélioration de la qualité de ces pratiques.

Le deuxième risque est de centrer la discussion sur l'incorporation des TIC dans les processus d'enseignement et d'apprentissage sur les aspects technologiques plutôt que sur les aspects éducatifs, ce qui transformerait l'APV en une plate-forme de structuration des ressources numériques sans aucun parcours pédagogique et dont les objectifs d'apprentissage et d'enseignement seraient médiatisés par l'utilisation de l'outil mais pas par son lien avec le processus d'acquisition et d'amélioration de différents types de connaissances.

Silva (2011) présente dans son livre Design and moderation of virtual learning environments (EVA), les aspects les plus importants de l'union de l'enseignement et de l'apprentissage dans les environnements technologiques, en particulier dans la conception d'interventions didactiques dans ces environnements et la génération, le développement de la communication et la facilitation de l'apprentissage, tout cela dans le but d'innover dans le processus d'enseignement.

D'un autre point de vue, l'auteur expose les caractéristiques fondamentales des environnements virtuels, parmi lesquelles le contexte, la situation, le scénario d'apprentissage, l'endroit où se déroulent les processus d'enseignement, les méthodologies de séparation et les relations de communication.

L'auteur met en évidence chaque situation didactique, en particulier du point de vue de l'apprentissage, qui offre une combinaison unique et non reproductible d'éléments curriculaires, et dans chacune d'elles, la stratégie unique qui résultera de l'ensemble des décisions que l'enseignant développera dans les phases de planification et d'application de la méthodologie.

De même, l'auteur présente sa position sur le rôle du tuteur dans un environnement d'apprentissage virtuel du point de vue de la gestion de la communication, de la facilitation de l'élaboration, de la construction, de la collaboration et de l'échange, aspects qui constituent la modération dans un environnement virtuel.

De ce point de vue, le livre offre un regard alternatif sur le processus de médiation pédagogique dans les méthodes d'apprentissage déployées dans les environnements virtuels, permettant à la recherche actuelle d'incorporer des scénarios pédagogiques et didactiques qui diffèrent des méthodologies traditionnelles dans la construction d'espaces virtuels d'enseignement et d'apprentissage. Parmi ceux-ci, nous pouvons souligner la mise en relation de plusieurs tuteurs dans un espace académique unique, qui, à partir de leurs différentes spécialités académiques et expériences de recherche, guident et contribuent au groupe d'étudiants dans la résolution d'un problème formulé.

Batista, M. (2011) présente dans sa recherche Consideraciones para el diseño didáctico de ambientes virtuales de aprendizaje : una propuesta basada en las funciones cognitivas del aprendizaje, une proposition pour la conception didactique d'environnements d'apprentissage virtuels dans le cadre d'un modèle pédagogique, basée sur la recherche développée sur le sujet à l'Universidad Autónoma Metropolitana, Azcapotzalco, Mexico City, Mexique.

La proposition déploie certaines particularités de la conception pédagogique, mais a également sa propre approche, définie par l'auteur, qui s'articule autour des fonctions de base des technologies de l'information et de la communication dans l'apprentissage, telles que la fourniture de stimuli sensoriels et la médiation cognitive.

Le modèle présenté par l'auteur peut servir de référence pour la conception d'environnements d'apprentissage virtuels appliqués à différentes disciplines, dans n'importe quelle modalité éducative, qu'elle soit en ligne, en face-à-face ou mixte. Il repose sur deux éléments conceptuels fondamentaux que les environnements d'apprentissage virtuels devraient contenir : la conception pédagogique et la conception de l'interface. Le modèle souligne le rôle de l'interface en tant qu'élément fondamental pour mettre en œuvre la fourniture de stimuli sensoriels et la médiation cognitive.

La proposition pédagogique est basée sur les théories cognitives de l'apprentissage, elle cherche donc à générer les conditions nécessaires pour promouvoir l'apprentissage à travers des activités didactiques qui permettent de confronter les structures cognitives de l'apprenant avec d'autres structures mentales, où l'étudiant doit traiter l'information et construire ses propres connaissances. L'utilisation appropriée de stratégies didactiques basées sur la psychologie cognitive, telles que celles énumérées ci-dessous, favorise l'apprentissage : a) Promouvoir le déséquilibre cognitif. b) Promouvoir l'interaction de haut niveau. c) Promouvoir le développement des capacités de réflexion et d'apprentissage. d) Promouvoir l'apprentissage collaboratif. e) Gérer les ressources attentionnelles. f) Gérer les ressources motivationnelles.

Dans ce modèle pédagogique, il est important de mettre en avant l'interface dans la conception des environnements d'apprentissage virtuels, c'est pourquoi elle est considérée comme l'élément central, valorisant ainsi le rôle des graphistes et des infographistes dans la construction de ces espaces éducatifs.

Bautista Pérez, Borges Sáiz et Forés i Miravalles (2012) présentent dans leur livre Didáctica universitaria en entornos virtuales de enseñanza-aprendizaje, une réflexion approfondie sur les stratégies et pratiques éducatives utiles et efficaces dans le processus d'enseignement et d'apprentissage dans des environnements virtuels, tout cela dans l'environnement social dans lequel la technologie est développée et imposée, dans de nombreuses occasions, elle n'a pas été accompagnée par une vision ou une pensée pédagogique adéquate.

De même, l'auteur présente trois visions principales de l'intégration des technologies de l'information et de la communication (TIC) dans les environnements universitaires : la première est la technologie comme fin, en lui attribuant les capacités et le potentiel de celle-ci ; la deuxième est la technologie comme mode, où elle est utilisée sans discernement et sans tenir compte de son adéquation didactique ; enfin, la vision critique-pédagogique, où l'important est l'innovation et l'amélioration méthodologique, en tirant parti des différentes possibilités technologiques.

Sur la base de ces contributions, la réflexion sur la manière de concevoir et de construire des scénarios éducatifs numériques médiatisés par les technologies ajoute au débat des éléments qui sont appropriés dans la recherche actuelle, en tenant compte de considérations telles que l'inclusion de stratégies pédagogiques telles que l'APP, qui obéissent à la recherche constante de positions alternatives pour construire des concepts, qui, lorsqu'elles sont intégrées à des espaces d'apprentissage virtuels, renvoient à une manière différente et contextualisée d'orienter les concepts sans perdre la profondeur et la rigueur requises, ajoutant à son tour, la richesse et les avantages des réseaux et leurs multiples possibilités en termes d'utilisation d'outils et de ressources.

La délimitation du champ de l'état de l'art et son processus de sélection se concentrent sur les questions suivantes, qui ont été établies pour observer le développement du travail ou de la recherche effectué au cours des six dernières années, ces questions sont référencées dans le guide pour la construction de l'état de l'art par Londoño, Maldonado et Calderón (2014) :

- Quelle est l'ampleur des recherches effectuées ?
- Qui a enquêté ?
- Quelles sont les lacunes ?
- Quels sont les résultats obtenus ?
- À partir de quelles dimensions ?
- Quels sont les aspects qui doivent encore être abordés ?

Tout d'abord, en ce qui concerne la question "Quelle est l'ampleur des recherches effectuées ? il est évident que les domaines de recherche de l'apprentissage par problèmes (APP), du constructivisme, du connectivisme, de l'apprentissage collaboratif et coopératif, des environnements d'apprentissage virtuels, de la didactique et de leur application dans des scénarios d'apprentissage et d'enseignement, bien qu'ils ne soient pas présents dans tous les travaux examinés dans la présente recherche, sont abordés dans un contexte éducatif, à partir de modèles d'enseignement traditionnels, qui commencent à être insérés dans l'apprentissage avec des théories pédagogiques émergentes telles que le connectivisme, qui contribuent à l'éducation médiatisée par les TIC.

Ceux qui ont étudié ces questions sont des chercheurs qui abordent ces scénarios dans une optique qui cherche généralement à établir des liens entre l'éducation et les TIC. Le profil académique de ces chercheurs est axé sur les étudiants de troisième cycle et les spécialisations dans le domaine de l'éducation, soit en tant que chercheurs principaux, soit en tant que co-chercheurs dans le cadre de projets.

Les articles qui découlent généralement des travaux de recherche se concentrent sur des articles académiques, composés de revues théoriques liées à des expériences d'apprentissage et d'enseignement, à partir desquelles ils ont innové dans la manière de construire et de partager la connaissance, en la transformant en un processus collaboratif, mais surtout participatif.

Les principales lacunes se concentrent sur la manière d'articuler la pédagogie et ses modèles avec les pratiques éducatives dans les environnements virtuels, où il reste encore beaucoup à faire, en particulier dans la mise en œuvre de stratégies pédagogiques qui permettent de résoudre des problèmes réels dans divers contextes sociaux. De même, bien que certains travaux mentionnent la manière dont les phases du processus d'enseignement et d'apprentissage devraient être appliquées, l'écart est évident lorsqu'il s'agit de présenter les résultats complets de l'application dans le domaine d'étude, du point de vue du renouvellement de la méthodologie d'enseignement basée sur les technologies de l'information et de la communication.

Il existe également des lacunes dans la reconnaissance et la diffusion des travaux et des recherches sur les environnements d'apprentissage virtuels et les modèles émergents pour la construction et la dynamisation de ces espaces, ce qui permet à ce travail d'apporter une contribution à la conception de modèles permettant de recréer des scénarios pour l'échange de connaissances et de savoir-faire.

Les résultats de cette recherche nous permettent d'observer des réalisations importantes en termes de renouvellement des connaissances grâce à l'utilisation de la technologie pour l'évaluation et le suivi des activités d'enseignement, ainsi que la consolidation de la stratégie d'enseignement PBL dans les scénarios éducatifs de premier cycle et de troisième cycle, en tant qu'élément important de la stimulation du travail de groupe et de collaboration, sur la base de l'analyse et de l'observation des problèmes et des situations présents dans la société.

En ce sens, des progrès significatifs ont été réalisés en termes de portée obtenue par l'utilisation de la communication soutenue par les TIC comme axe principal pour le développement de processus pédagogiques de manière optimale, en améliorant la formation et la préparation des enseignants et des étudiants au cours du processus de formation.

D'un autre point de vue, les travaux et les recherches abordent les dimensions pédagogiques et didactiques soutenues par les TIC, à leur tour, à partir d'une dimension virtuelle et en lien avec d'autres domaines de connaissance. Cependant, il est considéré comme important de travailler sur les effets possibles qui peuvent être produits dans les processus de formation à partir du virtuel, en se basant sur l'importance pour l'étudiant d'expérimenter directement les changements, les contributions ou les transformations qui peuvent se produire dans les scénarios réels où il y a un problème à résoudre. C'est à ce stade que le tuteur ou la personne qui dirige le processus pédagogique doit avoir une préparation alternative des différentes réactions des étudiants à ce changement dans la méthodologie d'enseignement et d'apprentissage, afin de ne pas interrompre un certain processus éducatif, déjà établi dans une institution ou un lieu particulier.

1. Cadre théorique

Pour cette recherche, six catégories d'étude sont énoncées, qui sont considérées comme des axes permettant d'établir la portée de la construction des connaissances dans le domaine de la formation : Philosophie des environnements d'apprentissage virtuels à la Faculté d'éducation de l'Université de Santo Tomás - VUAD.

La première section traite de la pédagogie en tant que discipline fondatrice de l'enseignement. Le chapitre commence par une réflexion, qui est pertinente pour cette recherche, lorsqu'on considère, à partir d'une situation problématique, les multiples solutions qui peuvent être proposées, encadrées dans le travail pédagogique dans des contextes réels ; le chapitre évolue vers une contextualisation épistémologique de cette connaissance à partir de quelques références, qui soutiennent et guident la recherche.

Le constructivisme, en tant que courant pédagogique qui guide et sous-tend le modèle ABP - AVA, permet dans cette section d'entrer brièvement dans quelques conceptualisations et positions de certaines références théoriques, qui guident le travail à l'intérieur et à l'extérieur de la salle de classe, ainsi que de relier ce courant au processus de formation.

Le connectivisme, en tant que théorie émergeant des postulats constructivistes, est abordé dans le chapitre suivant. Dans cette perspective, certaines prémisses sont définies et présentées pour son approche et sa mise en œuvre dans les communautés d'apprentissage et de pratique, en soulignant le lien avec les environnements d'apprentissage virtuels et les stratégies pédagogiques telles que l'apprentissage par problèmes pour son application ultérieure.

La stratégie pédagogique, l'apprentissage par problèmes (APP), est abordée à partir de son concept, ce qui permet d'établir, à partir de différents auteurs tels que Araujo et Sastre (2008), Enemark et Kjaersdam (2008) et Majmutov (1983), les éléments fondamentaux de la construction d'une proposition pédagogique qui permet l'enquête, la désagrégation conceptuelle comme point de départ pour la construction de nouvelles connaissances.

La section suivante fait référence aux environnements d'apprentissage virtuels (EAV), qui permettent de réfléchir à cette nouvelle dynamique d'interaction soutenue par les TIC. Des auteurs tels que Silva (2011), Caro, Rivas, Velandia et Ángel (2006) présentent diverses positions qui alimentent la proposition et guident la logique qui présente actuellement ces scénarios d'enseignement et d'apprentissage.

L'approche du cadre théorique se termine par l'analyse des trois catégories proposées pour la construction des connaissances, l'acquisition, la participation et la création/construction. A partir de là, quelques théories constructivistes sont présentées et définissent ces concepts qui dynamisent le modèle ABP - AVA.

1.1 C'est cela la pédagogie

Lettre envoyée au journal "La Prensa" de Montréal, Canada, par Alexandre Calandra, professeur à l'université de Washington, l.

Il y a quelque temps, j'ai reçu un appel d'une collègue qui m'a demandé d'arbitrer la correction d'un examen. Elle était sûre de noter un étudiant avec un zéro pour sa réponse à une question de physique, alors que l'étudiant prétendait qu'il aurait dû recevoir une note complète, à moins que le "système" ne soit contre lui.

Le professeur et l'étudiant s'étaient mis d'accord pour soumettre l'affaire à un tribunal impartial, et j'ai été choisi comme tel.

Je me suis rendu dans le bureau de mon collègue et j'y ai lu la question de l'examen : "Montrez comment il est possible de déterminer la hauteur d'un grand bâtiment à l'aide d'un baromètre".

L'étudiant avait répondu :

Montez le baromètre sur le toit du bâtiment, attachez-le à une longue corde et descendez-le dans la rue. Remontez-le et mesurez la longueur de la corde. La longueur de la corde est égale à la hauteur du bâtiment.

J'ai noté que l'étudiant avait un argument tout à fait plausible pour se voir attribuer la totalité des points, puisqu'il avait répondu à la question de manière complète et correcte. Mais si une telle note lui était attribuée, il serait avantagé par rapport aux autres étudiants. J'ai suggéré que l'on donne à l'étudiant une autre chance de répondre à la même question. Je n'ai pas été surpris que mon collègue soit d'accord, mais j'ai été étonné que l'étudiant adopte une position similaire.

Je lui ai alors donné six minutes pour répondre à la question, en l'avertissant que sa réponse devait démontrer une certaine connaissance de la physique. Cinq minutes se sont écoulées et il n'a rien écrit. Je lui ai demandé s'il voulait abandonner le test, mais il a dit "non". Il avait plusieurs solutions au problème et essayait de trouver la meilleure. Je me suis excusé de l'avoir interrompu et je lui ai demandé de continuer. Au bout d'une minute, il a griffonné cette réponse :

Apportez le baromètre sur le toit du bâtiment, penchez-vous par-dessus le bord, laissez tomber le baromètre et mesurez le temps de sa chute à l'aide d'un chronomètre. Calculez ensuite la hauteur du bâtiment à l'aide de la formule S=a.t2. Cette fois, j'ai demandé à mon collègue s'il acceptait. Il a accepté et a donné à l'élève presque la totalité de la note.

Je m'apprête à partir, mais l'étudiant m'arrête en me disant qu'il a d'autres réponses. Je lui ai demandé quelles étaient ces réponses : "Ah, oui", m'a répondu l'élève. Il y a plusieurs façons de déterminer la hauteur d'un grand bâtiment à l'aide d'un baromètre. On peut, par exemple, sortir le baromètre un jour ensoleillé, mesurer sa hauteur, la longueur de son ombre et la longueur de l'ombre du bâtiment, puis, à l'aide d'une simple proportion, calculer la hauteur du bâtiment.

Très bien", ai-je répondu, "et les autres ?

Oui, me dit-il, il existe une méthode de mesure fondamentale que tu vas adorer. Selon cette méthode, tu prends le baromètre et tu montes l'escalier. En montant, tu marques la longueur du baromètre le long du mur. Vous comptez ensuite le nombre de marques et vous obtenez la hauteur du bâtiment, en "unités barométriques". C'est une méthode très simple.

Naturellement, si l'on veut une méthode plus sophistiquée, on peut attacher le baromètre à une ficelle, le faire osciller comme un pendule et déterminer la valeur de "g" au niveau de la rue et au niveau du toit du bâtiment. La hauteur du bâtiment peut, en principe, être calculée à partir de la différence entre les deux valeurs obtenues.

Enfin, elle a conclu qu'il existait plusieurs façons de résoudre le problème, en plus de celles déjà mentionnées.

Le mieux est sans doute de prendre le baromètre et de frapper à la porte du gérant de l'immeuble. Lorsqu'il répond, vous lui dites ceci : Monsieur le gérant, voici un excellent baromètre. Si vous me donnez la hauteur de l'immeuble, je vous le donnerai.

Je lui ai alors demandé s'il connaissait la réponse conventionnelle au problème. À cette question, il a répondu par l'affirmative, mais a fait valoir qu'il en avait assez de tous les professeurs de l'enseignement secondaire qui prétendaient enseigner comment penser, comment utiliser la méthode scientifique, comment explorer les profondeurs de la logique d'un sujet étudié, et tout cela d'une manière pédante, comme c'est souvent le cas en mathématiques modernes, sans montrer la structure même de la matière.

De retour dans mon bureau, j'ai longuement réfléchi à cet élève. Mieux que tous les rapports sophistiqués que j'avais lus jusqu'à présent, il venait de m'enseigner la vraie pédagogie, celle qui colle à la réalité.

Avec des jeunes comme ça, je n'ai pas peur de l'avenir (1979, 27 septembre, p. 60).

1.1.1 La pédagogie comme discipline fondatrice.

Il ne peut y avoir de théorie pédagogique qui soit exempte d'une conception de l'homme et du monde. Le propre de l'homme, sa position fondamentale, comme le dit Marcel (1967), cité par Freire (1967), est celle d'un "être en situation - situé et daté - un être inscrit dans l'espace et le temps que sa conscience intentionnelle transcende en concrétisant son caractère historique et sa double dimension" (p. 10).

La pédagogie et l'objectif de l'éducation aujourd'hui est la recherche du plein épanouissement de la liberté humaine ; cette recherche ne peut se faire que par l'homme lui-même.

Et lorsque des intérêts personnels ou de groupe y sont présents, elle devient une quête contre les autres et donc une fausse quête. Plus l'homme prend conscience de son contexte historique et de sa réalité, plus il est en mesure de mener cette quête et de transformer la réalité. En étant capable de se tourner de manière réflexive vers sa situation et de critiquer sa réalité, il s'y inscrit de plus en plus. A son tour, plus l'étudiant est inséré et non purement adapté à sa réalité concrète, plus il deviendra un sujet de changement, plus il s'affirmera comme un être d'options (Freire, 1967, p. 13).

C'est une chose de connaître la réalité et c'en est une autre de la vivre et d'expérimenter les changements et les transformations de la situation problématique d'une manière pédagogique.

1.1.2 Épistémologie et pédagogie.

La reconstruction de la pensée pédagogique implique nécessairement un processus de rénovation des schémas de pensée consolidés, c'est-à-dire qu'il est nécessaire de renouveler les obstacles épistémologiques qui ont été incorporés à partir de l'idéologie pédagogique dominante dans la pensée, le sentiment et l'action des enseignants. C'est pourquoi, pour Pérez (1993), ce qui précède permet de construire, plus ou moins, une pensée pédagogique pratique consciente et tacite. Ainsi que la clarté des théories et des croyances implicites sur la connaissance, l'élève, l'école, la société et l'éducation.

Le défi de la réflexion sur la pratique pédagogique est lié à l'acte communicatif des individus à la recherche d'une connaissance globale basée sur eux-mêmes. Leur contexte de connaissances spécifiques. Une réflexion qui conduit à la formulation de théories qui enrichissent une épistémologie de la pédagogie. En fin de compte, c'est le pédagogue qui, à partir de son travail, doit générer des connaissances pédagogiques.

Pour sa part, la connaissance pratique a été développée par saint Thomas, sur la base des idées d'Aristote. Saint Thomas défend l'entendement humain comme une puissance capable de deux types d'actes : spéculatifs et pratiques. Ces actes se différencient selon les fins qui les guident : alors que les actes spéculatifs ont pour fin la vérité, les actes pratiques sont orientés vers l'action. Le domaine du spéculatif est l'intelligible et le domaine du pratique est l'action humaine.

De cette façon, Saint Thomas entrevoit d'une certaine manière le chemin de la pédagogie et donc le chemin de transit du pédagogue, qui recourt au spéculatif quand il s'insère dans sa réflexion, dans son analyse de la situation problématique, quand il est capable de relier l'intérêt, le besoin et de planifier les stratégies de solution au problème, mais va plus loin et de l'intelligible pour s'engager dans des actions concrètes, pour faire de ces hypothèses une réalité à la recherche d'une solution aux problèmes.

De ce qui précède, comprendre la connaissance pédagogique, c'est comprendre qu'elle n'est pas certaine, fermée, dogmatique, parce que l'objet sur lequel elle se réfléchit est l'homme, un être inachevé, mais qu'au contraire, elle se présente comme une construction constante. De ce point de vue, la proposition de recherche est formulée comme une alternative pour renforcer les capacités individuelles, sans ignorer la fonction sociale de l'homme.

C'est ainsi que l'éducation comme praxis est l'éducation de la personne dans toutes ses dimensions, comme l'affirmait Saint Thomas, la personne devient le sujet, l'acteur de sa propre éducation, et appartient donc au domaine de l'action humaine responsable. C'est ainsi que la connaissance pédagogique en tant que praxis se définit comme une réflexion inachevée, non prescriptive, qui doit constamment réinterpréter sa compréhension de la tâche éducative.

La pédagogie n'appartient ni au domaine de l'activité théorique, ni au domaine de la poièsis. Elle n'est pas une activité théorique, car son objet et son sens sont constitués par l'homme dans sa possibilité de s'éduquer, de se perfectionner. Cet homme, que nous définissons entre autres comme un être historique, n'est ni éternel ni immuable, comme le but de la vie théorique au sens grec. L'homme, au contraire, se présente comme un "mystère", comme le dit Guardini (1973), comme un être contingent et changeant.

L'éducation n'est pas non plus une poièsis. C'est-à-dire un acte productif ou une activité visant à atteindre des objectifs préalablement sélectionnés et validés sur la base d'une théorie scientifiquement construite, par le biais d'hypothèses, qui légitime la connaissance, en la positionnant comme universellement valide. L'éducation en tant que praxis, contrairement à tout type de réductionnisme - tant individuel que social -, part du concept de l'homme en tant que personne. Merino (2005) souligne que :

> La formation culturelle, professionnelle ou scientifique de base a traditionnellement donné lieu à l'idée qui confond ou identifie l'éducation avec les activités d'enseignement-apprentissage réalisées dans les écoles, académies, instituts, universités ou autres établissements d'enseignement supérieur (...). Cette confusion s'est produite et est encore fréquente aujourd'hui dans le langage familier ou de la rue. Bien qu'il s'agisse d'une contradiction dans les termes, elle apparaît également dans le langage technique de manière sous-jacente et parfois explicite. De plus, certains manuels pédagogiques, rédigés dans les années 50 et 60 du siècle dernier, l'élèvent au rang de concept, confondant éducation et école (Merino, 2005, p. 113).

L'affirmation selon laquelle l'éducation est une praxis prend ici tout son sens, car elle est comprise comme une activité médiatisée entre les personnes, où le dialogue est positionné comme la méthode pédagogique par excellence. L'éducation apparaît comme une activité inter- et inter-subjective qui, étant anthropologique, se réfère toujours à l'homme, le considérant comme l'œuvre de lui-même ; un sujet libre, responsable, avec la capacité de choisir.

Mais comment une connaissance issue d'un processus d'autoréflexion sur la pratique peut-elle être qualifiée de scientifique ? La théorie sociale contemporaine, en particulier la soi-disant "théorie critique" de la science, nous donne la clé. Pour Habermans (1994), comme pour beaucoup d'autres penseurs contemporains, l'aspect le plus inquiétant de la culture contemporaine réside dans la menace qu'elle fait peser sur l'avenir de la raison humaine, qui est devenue une "raison instrumentale", privée de toute fonction significative dans la formulation des objectifs humains ou des finalités sociales.

Habermas (1994) a donc entrepris de réfuter les hypothèses épistémologiques de cette conception des sciences sociales et de justifier philosophiquement une science sociale qui récupère le rôle de la raison humaine dans le social. Dans son ouvrage *Knowledge and Interest,* il développe ces idées. Vérifiant que les sciences naturelles n'offrent qu'un type de connaissance parmi tant d'autres, il réfute l'idée que ces sciences puissent fixer les critères épistémologiques d'évaluation de tout type de connaissance. Il défend une épistémologie plus générale, prouvant qu'il existe différentes formes de recherche scientifique, chacune ayant sa propre épistémologie et étant orientée pour répondre à différents besoins et intérêts humains.

Le troisième intérêt humain de l'émancipation, selon Habermas (1994), donne lieu à l'idée d'une science sociale critique, une science qui cherche à "éclairer" les gens sur les origines de leurs intentions, croyances et actions, développant ainsi une connaissance émancipatoire, acquise par la réflexion, qui les rend plus conscients des fondements sociaux et idéologiques de leur compréhension de soi, et leur donne ainsi le pouvoir de penser et d'agir d'une manière plus rationnellement autonome. Il est intéressant de noter que les objectifs et les valeurs de cette critique des sciences sociales, tels que définis par Habermans (1994), sont presque identiques aux objectifs et aux valeurs de l'éducation tels que définis par Richard Peter (1994), qui affirme que ce qui distingue les êtres humains est le fait qu'ils possèdent le langage, qui leur permet d'évaluer le caractère rationnel de leurs actions et de leurs croyances.

Par conséquent, en plus de dire que Habermans réussit à libérer les sciences sociales des limites de l'empirisme, on peut également dire qu'il fournit les ressources épistémologiques pour développer une théorie pédagogique qui ne sera plus une science empirique-analytique à la poursuite d'un intérêt technique de prédiction et de contrôle, mais une science critique qui poursuit l'intérêt pédagogique du développement de l'autonomie rationnelle et des formes démocratiques de la vie sociale. Ainsi comprise, la théorie pédagogique critique ne portera pas sur l'éducation mais pour l'éducation, et donc pour les objectifs de l'éducation. Autrement dit, les pratiques pédagogiques et celles de la théorie pédagogique seront les mêmes. Cette théorie est ce que l'on a appelé la "praxéologie pédagogique" Juliao (2011).

Seule une culture véritablement engagée dans des objectifs éducatifs menant à l'émergence d'une nouvelle société plus démocratique pourrait permettre à cette théorie pédagogique d'être une possibilité pratique. Sur la base de ce qui précède, on peut dire que la pédagogie est la connaissance théorico-pratique produite par les enseignants à travers une réflexion personnelle et dialogique sur leur propre pratique pédagogique. Par conséquent, l'une des tâches fondamentales de la pédagogie est de développer des compétences qui augmenteront la compétence communicative des enseignants pour leur permettre d'être des composants dans l'exercice de leur praxis dialogique et de participer aux espaces dans lesquels les décisions qui les concernent sont prises.

Ainsi, la pédagogie, plus qu'une théorie, devient le moyen de guider les processus éducatifs. Cette recherche se concentre sur la formation des diplômés et fournit une orientation dans la reconnaissance de la relation enseignant-étudiant, où le rôle de l'enseignant est assumé en tant que guide et facilitateur dans le processus d'apprentissage à distance, en s'appropriant les valeurs humaines dans tout type d'espace où se déroulent l'enseignement et l'apprentissage. La contribution de la pédagogie dans cette recherche est fondamentale dans la reconnaissance et l'intégration des différentes manières d'apprendre et d'enseigner, qui à leur tour convergent vers un concept qui guide ce travail, la construction de scénarios pédagogiques qui renforcent le développement pratique du contenu, à partir duquel la problématisation est utilisée comme un dispositif pour activer des idées alternatives dans la conception et la construction d'espaces d'apprentissage.

Dans cette même perspective, la formation des diplômés de l'Universidad Santo Tomás dans sa modalité ouverte et à distance, la pédagogie est considérée comme une discipline fondatrice du travail des enseignants, comme le considérait le sage Saint Thomas, lorsqu'il affirmait que le pédagogue doit s'insérer dans l'analyse des situations problématiques qui l'amènent à mettre en relation les intérêts et les besoins. Mais il doit aussi prendre parti et mener des actions concrètes qui permettent de les résoudre.

1.2 Constructivisme

L'essence du constructivisme est que l'individu est une construction de soi qui résulte de l'interaction de ses dispositions internes et de son environnement ; ses connaissances ne sont pas une copie de la réalité, mais une construction de la personne elle-même. Au cours du processus d'apprentissage, l'apprenant construit des structures, c'est-à-dire des manières d'organiser l'information, qui facilitent grandement l'apprentissage futur, sont vastes, complexes et interconnectées. Il s'agit également de "représentations organisées d'expériences antérieures, relativement permanentes et qui servent de schémas pour filtrer, coder, catégoriser et évaluer activement les informations reçues par rapport à une expérience pertinente" (Clifton, 2011, p. 23). Ainsi, la connaissance est un produit de l'interaction sociale et de la culture où tous les processus psychologiques supérieurs sont d'abord acquis dans un contexte social et ensuite internalisés (Cuero, 2005).

Cela signifie que l'apprentissage n'est pas une simple question de transmission, d'internalisation et d'accumulation de connaissances, mais un processus actif d'assemblage, d'extension, de restauration et d'interprétation, et donc de construction de connaissances à partir des ressources de l'expérience et des informations reçues. Aucune expérience ne déclare d'emblée sa signification, mais les significations doivent être assemblées, organisées et extrapolées. L'option constructiviste, en rejetant la possibilité d'une vérité unique, contient une éthique de l'opportunité, au cœur de laquelle se trouve la tolérance. Lorsque personne ne se sent autorisé à prétendre avoir le bon point de vue et lorsque le dialogue et la discussion ne sont pas imposés, alors il existe une base pour le respect que la coexistence sociale exige.

1.2.1 Conceptions constructivistes.

Le paradigme constructiviste a commencé à prendre forme au début du 20e siècle grâce aux travaux du psychologue et épistémologue suisse Jean Piaget (1977) dans les années 1920.

Piaget vient de la biologie, il s'intéresse à la philosophie, à l'épistémologie et à la psychologie. Il dit de lui-même "...je ne suis pas psychologue, je suis épistémologue...", mais son œuvre est incontournable pour la compréhension du développement psychique humain. Il hérite et synthétise dans son œuvre de multiples courants qui vont jusqu'aux modèles logico-mathématiques de la pensée.

Les idées centrales de sa théorie sont les suivantes :

La connaissance humaine est une forme spécifique et très active d'adaptation biblique d'un organisme vivant complexe à un environnement complexe. Cette adaptation est interactive, c'est-à-dire que la connaissance humaine naît dans la relation du sujet avec son environnement (Piaget, 1977). Pour comprendre cette relation d'un système vivant avec son environnement, la notion fondamentale est l'équilibre dans des milieux très changeants, pour qu'un organisme reste stable et ne disparaisse pas, il doit produire des modifications à la fois dans son comportement (adaptation) et dans sa structure interne (organisation).

L'organisme cognitif que Piaget postule sélectionne et interprète activement les informations de l'environnement pour construire ses propres connaissances, plutôt que de copier passivement les informations telles qu'elles sont présentées à ses sens. Toute connaissance est donc une construction active du sujet et de ses structures et opérations mentales internes.

Les mécanismes de ce processus d'adaptation dans la construction de la connaissance sont deux aspects simultanés, opposés et complémentaires : l'assimilation et l'accommodation. L'assimilation désigne le processus d'adaptation des stimuli externes à ses propres structures mentales internes, déjà formées. L'accommodation, quant à elle, désigne le processus d'adaptation de ces structures mentales à la structure de ces stimuli.

Le cheminement de cette construction de la connaissance commence par les actions externes avec des objets que l'enfant réalise, par un processus d'internalisation, se transformant progressivement en structures intellectuelles internes. Cette intériorisation est le processus du développement intellectuel du sujet, qui comprend trois périodes principales : l'intelligence sensori-motrice, la préparation et la réalisation d'opérations concrètes et, enfin, la pensée logique formelle.

- Le développement intellectuel est la prémisse et l'origine de toute la personnalité, et l'on conçoit également que le développement moral et affectif de l'enfant découle du développement de la pensée.

- Biologique : de la croissance philosophique, maturation naturelle et spontanée des structures de l'organisme.

- De l'expérience individuelle acquise dans les actions avec les objets sociaux, de la coordination interindividuelle, de la relation avec l'autre (partenaire) qui peut être un enfant, un adulte ou l'espace où le sujet est socialisé.

Piaget (1978) conçoit l'apprentissage comme la construction de structures mentales par le sujet. L'enseignement doit aussi aider, il doit favoriser le développement de la logique de l'enfant, stimuler la découverte personnelle des connaissances, éviter les transmissions stéréotypées, proposer des situations stimulantes et des contradictions qui incitent l'élève à chercher des solutions.

Compte tenu de ce qui précède, le constructivisme en tant que théorie de l'apprentissage apporte une contribution significative à ce travail, car il comprend la construction de la connaissance à partir du sujet lui-même, qui n'est pas seulement la personne qui reçoit un certain type de connaissance ou d'idée, mais qui devient également un émetteur d'idées. Pour le cas spécifique du sujet en question, la prise en compte de ce qui est établi dans la théorie du constructivisme facilite l'orientation des objectifs du travail avec les étudiants, de sorte que l'idée centrale est de les rendre plus proactifs, plus collaboratifs et, à leur tour, plus humains.

1.3 Pédagogie dialectique

Au moment où Piaget publie ses premiers travaux, une autre conception du développement de la connaissance humaine apparaît indépendamment, avec ses points de contact et de divergence, que l'on appellera l'épistémologie dialectique de Vygotsky (1979).

Vygotsky rejette totalement les approches qui réduisent la psychologie et l'apprentissage à une simple accumulation de réflexes ou d'associations entre stimuli et réponses. Il existe des traits spécifiquement humains non déductibles des associations, comme la conscience et le langage, qui ne peuvent être étrangers à la sociologie. Contrairement à d'autres positions (gestaltiste, piagétienne), Vygotsky ne nie pas l'importance de l'apprentissage associatif[5], mais il le juge nettement insuffisant.

La connaissance n'est pas un objet qui se transmet d'une personne à l'autre, mais une construction au moyen d'opérations cognitives et d'aptitudes qui sont introduites dans l'interaction sociale. Vygotsky (1979) souligne que le développement intellectuel de l'individu ne peut être compris comme indépendant de l'environnement social dans lequel il est immergé. Pour Vygotsky, le développement des fonctions psychologiques supérieures se produit d'abord au niveau social et ensuite au niveau individuel.

Vygotsky (1979) formule la *loi génétique générale du développement culturel* : toute fonction présente dans le développement culturel de l'enfant apparaît deux fois ou à deux niveaux différents. Elle apparaît d'abord au niveau social, puis au niveau psychologique. Elle apparaît d'abord entre les personnes et comme une catégorie intersicologique, puis elle apparaît

---

[5] Ce principe est établi sur la base du principe stimulus-réponse et de l'intérêt du chercheur à obtenir une réponse aux résultats obtenus dans le cadre du processus d'étude. Rescorla et Wagner (1972).

chez l'enfant (sujet de l'apprentissage) comme une catégorie intrasiologique. Comme d'autres auteurs tels que Piaget (1978), Vygotsky conçoit l'internationalisation comme un processus où certains aspects de la structure de l'activité qui a été réalisée sur un plan externe, sont ensuite réalisés sur un plan interne. Vygotsky affirme que toutes les fonctions psychologiques supérieures sont des relations sociales intériorisées.

Vygotsky distingue deux types d'instruments médiateurs selon le type d'activité, l'outil et les signes. L'outil modifie matériellement l'environnement, tandis que le signe est un élément constitutif de la culture et agit comme un médiateur dans nos actions. Il existe de nombreux systèmes de symboles qui nous permettent d'agir sur la réalité, parmi lesquels : le langage, les systèmes de mesure et l'art. Contrairement à l'outil, le signe ou le symbole ne modifie pas matériellement le stimulus, mais modifie la personne qui l'utilise en tant que médiateur et agit finalement sur l'intention d'une personne avec son environnement.

On peut conclure que, selon Vygotsky, la structuration cognitive ne demande pas une réponse spécifique, mais fournit plutôt une structure pour organiser les éléments les uns par rapport aux autres. La structuration cognitive consiste à fournir une structure pour la pensée et l'action. Il peut s'agir d'une structure de croyances, d'opérations mentales ou de compréhension. C'est une structure organisationnelle qui évalue, regroupe et séquence les opérations, la mémoire et l'action, ce qui fait de ce travail un concept essentiel pour construire le dynamisme pédagogique. Pour cette recherche, le paradigme constructiviste devient la source conceptuelle sur laquelle est construit le modèle ABP-AVA mis en œuvre dans l'espace de formation Philosophie des Environnements d'Apprentissage Virtuels, à partir de positions telles que Piaget (1978) où il affirme que la connaissance humaine naît de la relation du sujet avec l'environnement, d'où l'interaction d'idées ou de concepts dans différents domaines de formation est nécessaire. En ce sens, un lien nécessaire est généré entre les scénarios étudiant-connaissance-pratique. À travers eux, l'apprentissage se définit comme la construction de structures mentales.

D'un autre point de vue, la pédagogie dialectique proposée par Vygotsky (1979) formule que la connaissance théorique doit être orientée en conjonction avec la pratique, de cette manière, l'établissement de connexions qui permettent l'approche de nouvelles idées, proches des contextes actuels, sera plus réalisable. Pour cette recherche, les contributions de ce paradigme d'apprentissage sont à la fois pertinentes et complémentaires. Ils permettent de reconnaître et de concevoir de nouveaux outils ou modèles pédagogiques en phase avec les nouvelles méthodes d'apprentissage et d'enseignement.

La pédagogie dialectique et la relation entre le sujet et l'environnement intègrent un ensemble de connaissances qui enrichissent la construction théorique autour du modèle ABP-AVA inclus dans ce travail de recherche. Bien que Piaget et Vygotsky aient des positions opposées, ils présentent des points de confluence qui permettent la discussion, tout en enrichissant la base contre les modèles éducatifs émergents soutenus par l'utilisation des TIC, qui génèrent des scénarios de dialogue, d'interaction et de pratique, contribuant à l'application des connaissances théoriques par le biais d'activités participatives et collaboratives.

1.4 Le connectivisme, une théorie issue des postulats constructivistes

Avec le développement du *World Wide Web* (WWW) en 1989, la dynamique de l'apprentissage et de l'enseignement a changé de manière significative. Les applications Open Source ont généré de nouveaux paradigmes de travail et de construction collectifs, conduisant dans de nombreux cas à des projets de création de scénarios éducatifs numériques, comme dans le cas des systèmes de gestion de l'apprentissage (LMS) tels que *Moodle*.

Cette plateforme de création et de gestion de contenus éducatifs appelée Moodle est un exemple qui recrée la nouvelle dynamique du travail et de l'apprentissage en ligne, à partir de laquelle il est possible de créer des scénarios éducatifs du point de vue de plusieurs auteurs qui, depuis n'importe où dans le monde et avec des connaissances particulières dans un domaine spécifique, améliorent ou ajoutent des éléments que l'un des auteurs n'avait peut-être pas envisagés.

Siemens (2004) définit le connectivisme comme suit :

> (,...)l'intégration des principes explorés par les théories du chaos, des réseaux, de la complexité et de l'auto-organisation, où l'apprentissage est un processus qui se produit dans des environnements flous d'éléments centraux changeants - qui ne sont pas entièrement sous le contrôle de l'individu.(p. 8).

Cette perspective établit la valeur de l'apprentissage lorsqu'il est lié à des points de vue multiples, lorsqu'il est déterminé par la possibilité de se connecter, de partager et de construire, comme c'est le cas avec les projets open source mentionnés ci-dessus.

Les ressources éducatives ouvertes, telles que celles proposées par le MIT[6] , sont une autre possibilité de se connecter, de partager et de construire ; les utilisateurs, quel que soit leur domaine de formation ou de travail et sur la base d'intérêts particuliers, peuvent apprendre ou approfondir leurs connaissances, ce qui leur permettra d'établir de nouvelles connexions à partir de différents domaines de connaissance dans l'exercice de leur profession.

Siemens (2004) établit certains principes du connectivisme, à partir desquels il est possible de créer des environnements éducatifs où la mise en réseau est encouragée, mais au-delà de cela, les prémisses de sa conception sont établies, en soulignant les points suivants :

- *L'apprentissage est un processus de mise en relation de nœuds spécialisés ou de sources d'information.*

  L'auteur fait référence à la possibilité de relier des experts de différents domaines dans la construction d'un espace commun, comme dans le cas de cette étude. De même, il s'agit de comprendre que la connaissance est l'intégration de différents points de vue, de différentes approches, où à travers l'interprétation et l'étendue particulière de ses possibilités, il est possible de générer de nouvelles propositions éducatives qui, analysées par le collectif, permettront une construction plus pertinente.

- *L'apprentissage peut résider dans des dispositifs non humains.*

  Dans ce principe, l'auteur réfléchit aux résultats en termes de connaissances, présentes dans les dispositifs, qui, dans leur construction, ont utilisé des théories et des expériences antérieures pour atteindre leurs objectifs. De ce point de vue, l'exploration et la déconstruction en tant qu'espaces de transformation ou d'amélioration de ce qui a déjà été créé est un scénario qui permet au connectivisme d'établir de nouveaux dialogues en termes d'apprentissage et d'enseignement.

- *La capacité d'en savoir plus est plus importante que les connaissances actuelles.*

  Face à ce postulat, l'auteur se réfère à la capacité des êtres humains à améliorer ou à atteindre de nouvelles connaissances, des propositions telles que l'Université ouverte, qui rendent visible le pouvoir de la mise en réseau, permet à tout internaute la possibilité de se former dans différents domaines ou compétences. Les matériels éducatifs numériques dont la dénomination est cataloguée comme Creative Commons, cherchent à partager la connaissance ou le travail à travers le réseau, permettant à ceux qui le font de protéger leurs droits en tant qu'auteurs intellectuels, mais en même temps permettant au monde de connaître leurs positions, leur portée par rapport à l'exploration de la connaissance.

- *Il est nécessaire d'entretenir et de maintenir les liens pour faciliter l'apprentissage continu.*

---

[6] MIT - Massachusetts Institute of Technology qui offre une publication gratuite de matériel et de cours sur le site web http://ocw.mit.edu/courses/translated-courses/spanish/.

Le connectivisme, en tant que théorie émergente de l'apprentissage face à la nouvelle dynamique de l'interaction sociale dans le réseau, comme tout scénario ou communauté, nécessite une dynamique pour sa durabilité et sa solidité, il est nécessaire pour ceux qui l'intègrent d'établir des dialogues constants qui motivent l'apprentissage, en explorant des alternatives pour l'acquisition de concepts et leur relation avec d'autres.

Ces possibilités, qui consistent à nourrir et à maintenir les connexions, sont explorées et mises en scène dans la recherche actuelle, la tâche de dynamisation et d'interaction est la responsabilité de tous ceux qui composent la communauté d'apprentissage, les espaces synchrones, tels que les vidéoconférences avec l'enseignant tuteur et les experts, et les espaces asynchrones tels que les forums et les *wikis, permettent de* maintenir les connexions et d'en favoriser de nouvelles.

- *La capacité à identifier les liens entre les domaines, les idées et les concepts est essentielle.*

Barabási (2002) souligne que "les nœuds sont toujours en concurrence pour les connexions, parce que les liens représentent la survie dans un monde interconnecté" (p. 6), les gens, comme les réseaux, apprennent dans la mesure où leurs connexions sont établies de manière pertinente, lorsque des concepts simples parviennent à trouver un sens et à s'imbriquer dans des concepts plus complexes.

De ce point de vue, le connectivisme se concentre sur l'apprentissage connecté, qui est basé sur la conversation et l'interaction, en utilisant des appareils électroniques qui connectent l'apprenant au reste du monde.

- *L'actualisation (connaissances précises et actuelles) est l'objectif de toutes les activités d'apprentissage connectivistes.*

Wenger (1998) définit les communautés de pratique comme "des personnes qui partagent une préoccupation commune, un ensemble de problèmes ou un intérêt pour un sujet, et qui approfondissent leurs connaissances et leur expertise dans ce domaine grâce à une interaction permanente" (p. 4), une proposition qui permet de renforcer les connaissances pratiques grâce à l'interaction avec d'autres. À leur tour, ces communautés qui trouvent des alliés et des intérêts communs dans le monde entier, relient leur apprentissage et leurs expériences à de nouvelles solutions qui ont été élaborées d'un autre point de vue, dans des lieux géographiquement éloignés, mais qui, grâce aux possibilités de la connectivité, permettent un accès immédiat à leurs postulats.

Des outils tels que les blogs, le podcasting, les mods de jeu, sont utilisés pour mettre à jour en permanence tout type de connaissances, qu'il s'agisse du partage de connaissances, d'expériences ou d'opinions, et sont considérés comme une habitude et une priorité dans les théories d'apprentissage connectivistes.

- *La prise de décision est elle-même un processus d'apprentissage.* L'interaction, l'utilisabilité et la pertinence sont des principes que le connectivisme utilise pour se référer à l'apprentissage personnel. Le premier, l'interaction, est lié à la participation à une communauté d'apprentissage ou à une communauté de pratique, ce qui sera impliqué dans le deuxième principe. L'utilisabilité, qui consiste à appliquer ces nouveaux concepts et ces nouveaux apprentissages de la manière la plus appropriée et la plus pertinente possible.

Enfin, la Pertinence a trait à ce qui est pertinent, aux connaissances qui sont considérées comme utiles dans une situation, ou à la solution d'un problème, il s'agit alors de prendre des décisions concernant les processus d'apprentissage, pour lesquels il faudra évoquer des situations et des réponses possibles afin de trouver les connaissances les plus appropriées.

- *L'acte de choisir ce que l'on veut apprendre et la signification des informations que l'on reçoit sont perçus à travers le prisme d'une réalité changeante.*

Siemens (2004) souligne que "l'information est un flux, pas une collection d'objets" (p. 12), ce qui signifie que l'information circule constamment, qu'elle n'est pas statique et que ce qui est pertinent aujourd'hui ne le sera peut-être plus demain. En ce sens, le connectivisme établit que l'apprentissage devrait être orienté vers des processus d'ouverture, où il existe des mécanismes d'accès à de nouvelles perspectives, qui peuvent alors être entendues et faire partie de l'interaction de tous.

- *Une bonne décision aujourd'hui peut s'avérer erronée demain en raison de l'évolution de l'environnement d'information qui affecte la décision.*

A cet égard, Gleick (1987) déclare que :

> Dans le domaine du climat, par exemple, cela se traduit par ce que l'on appelle à demi-mot l'effet papillon : l'idée qu'un papillon battant des ailes aujourd'hui à Pékin peut transformer les systèmes de tempête le mois prochain à New York (p. 5).

Dans ce principe, il a été souligné que le flux constant d'informations est le premier élément permettant de comprendre que l'apprentissage est dynamique. De ce point de vue, l'approche de ce principe invite à une réflexion sur la prise de décision et la compréhension des conditions initiales. Lorsque la solution la plus pertinente a été choisie, on constate que les conditions peuvent varier et que, par conséquent, cette décision n'est plus cohérente ; l'invitation est orientée vers la reconnaissance et l'adaptation à de nouvelles circonstances.

Le connectivisme, en tant que théorie émergente de l'apprentissage en réseau, apporte d'importantes contributions à cette recherche. Ces contributions sont de l'ordre du renforcement du modèle ABP-AVA face aux nouvelles structures de génération de connaissances. Cette théorie reconnaît que les nouveaux paradigmes de construction en réseau obéissent à la dynamique de connexion entre les nœuds qui, spécialisés dans différents domaines de connaissance, parviennent à satisfaire la construction collective de nouveaux concepts.

De ce point de vue, le modèle ABP-AVA établit pour sa dynamisation des possibilités de connexion entre différents domaines de connaissance pour la résolution d'un problème. Des experts dans des domaines tels que la pédagogie et la didactique, les environnements virtuels d'apprentissage, les outils numériques pour la construction d'APV, les techniques de représentation des connaissances et les techniques de soutien, viennent dans l'espace virtuel pour guider et donner des indices pour la construction d'hypothèses, qui permettent la construction de solutions d'une manière particulière, basée sur les besoins de connaissances de chacun des étudiants.

Pour ce travail de recherche, le connectivisme représente une position pédagogique visant la connaissance et l'apprentissage dans des scénarios numériques, clairement influencée par le cognitivisme et le constructivisme, mais qui est ancrée dans les besoins actuels de formation, où il est possible d'apprendre et de se préparer dans n'importe quel domaine de connaissance en accédant simplement à l'internet. Des modèles tels que l'Université ouverte, mentionnée ci-dessus, permettent à tout internaute d'améliorer ses compétences dans n'importe quel domaine de connaissance grâce aux conseils d'experts, d'où la possibilité d'apprendre davantage et d'accéder à des connaissances qui, il y a quelque temps, ne résidaient que chez les experts et qui, aujourd'hui, ne sont accessibles que par un simple "don".

Compte tenu de ce qui précède, penser à des alternatives de formation renforcées par l'utilisation des TIC, ce n'est pas seulement se concentrer sur les outils pour y parvenir, c'est s'approprier des positions pédagogiques qui permettent d'identifier des connexions entre différentes connaissances et de fournir des ressources pour l'exploration et la construction de nouvelles connaissances, des modèles tels que ABP-AVA sont en phase avec cette façon de dynamiser les connaissances, en guidant l'étudiant à travers des chemins d'acquisition, de nouveaux apprentissages, mais aussi des scénarios référencés de création de nouveaux apprentissages.

1.5 *Apprentissage par problèmes (APP)*

Araujo et Sastre (2008) définissent l'apprentissage par problèmes (APP) comme une nouvelle perspective de l'enseignement à l'université, une stratégie qui apparaît comme l'une des approches les plus innovantes de la formation professionnelle et académique actuelle et qui gagne de plus en plus d'espace dans les universités du monde entier. Le chercheur Majmutov (1983) le définit comme un système didactique basé sur les régularités de l'assimilation créative des connaissances et une forme d'activité qui intègre des méthodes d'enseignement et d'apprentissage, caractérisées par les caractéristiques de la recherche scientifique. Dans ce système, les étudiants, les tuteurs et les experts tournent autour de la solution d'un problème, les stratégies utilisées pour l'approche des différents concepts sont élaborées dans le but d'approcher, de guider et d'orienter vers la solution du même problème. Ce type d'enseignement donne la priorité à l'étudiant qui, en tant qu'axe du processus, construit ses propres connaissances à partir des interactions réalisées avec le groupe et des idées préconçues que chacun possède en tant qu'étudiant et professionnel en formation.

1.5.1 *Contexte historique.*

L'apprentissage par problèmes (APP) a fait ses premiers pas à la fin des années 1960 à l'université McMaster, dans la ville de Hamilton, au Canada (Araujo & Sastre, 2008), où il y avait un problème de santé publique causé par des maladies respiratoires qui affligeaient la population, sans qu'une solution concluante ne soit trouvée. C'est pourquoi l'adoption de problèmes réels issus de l'environnement a été retenue pour développer des compétences pertinentes afin d'apporter des solutions aux problèmes de santé. Une vingtaine d'enseignants de différentes universités, sous la direction de Jhon Evans, ont débattu de la stagnation des méthodes d'enseignement et de la nécessité de modifier le processus d'enseignement et d'apprentissage dans le domaine de la médecine. C'est dans ce domaine de la connaissance que l'approche de l'enseignement basé sur les problèmes a été la plus évidente, en particulier la présentation de cas cliniques pour la compréhension et l'application du contenu des matières médicales.

Le terme "apprentissage par problèmes" a été inventé par James Anderson, professeur d'anatomie dans cette université, qui a utilisé la méthodologie de l'apprentissage autodirigé, amenant les étudiants de première année à se pencher sur le concept des problèmes pour apprendre la médecine. C'est ainsi qu'est né le terme d'apprentissage par problèmes. Les fondateurs du programme PBL ne se sont pas seulement appuyés sur la méthodologie d'enseignement de James Anderson, à savoir l'apprentissage autodirigé ; cette méthode était déjà utilisée il y a de nombreuses années par Confucius (500 av. J.-C.), qui ne cherchait pas à ce que les étudiants apprennent en répétant, mais les encourageait à réfléchir, à apprendre par eux-mêmes et à chercher leurs propres réponses en s'appuyant sur leurs propres conseils.

À l'université McMaster, l'apprentissage par la résolution de problèmes a d'abord été appliqué au programme de médecine, puis étendu aux autres programmes de la faculté des sciences de la santé, et enfin à certaines matières d'ingénierie appliquée. Pour le groupe de travail de l'université McMaster, l'apprentissage par la résolution de problèmes n'est pas synonyme d'apprentissage par la résolution de problèmes, car l'étudiant ne possède pas au départ l'ensemble des connaissances ou des compétences nécessaires pour résoudre les problèmes. L'objectif de cette approche est d'imiter ce qu'ils rencontreront dans leur réalité professionnelle. Au fur et à mesure que l'étudiant progresse dans le programme. Bien entendu, il devra intervenir et finalement résoudre ces problèmes (Araujo & Sastre, 2008).

1.5.2 *Conceptions de l'approche-programme.*

Au fil des années, grâce à l'expérience et à la pratique de cette méthodologie, plusieurs conceptions peuvent être identifiées avec lesquelles les éléments présents dans la stratégie PBL sont élargis, ce qui permet d'augmenter le degré de précision lors de l'approche d'une étude, dans laquelle des dynamiques d'apprentissage orientées vers cette méthode sont construites.

Enemark et Kjaersdam (2008) définissent l'APP comme un terme générique désignant différentes approches de l'enseignement et de l'apprentissage. Ce terme peut se rapporter à des concepts éducatifs basés uniquement sur la résolution de problèmes, ou à des concepts qui combinent des cours traditionnels avec la résolution de problèmes par le biais de projets, mais ils ont tous en commun de se concentrer sur le processus d'apprentissage de l'étudiant. Dahle, Forsberg, Segerstad, Wyon et Hammar (2008) ont constaté que le principe de base d'une étude basée sur la résolution de problèmes est que l'étudiant identifie clairement un problème ou une question, recherche de manière indépendante les connaissances nécessaires pour répondre à cette question et applique ensuite les connaissances nécessaires acquises au problème initial. Le concept éducatif de l'apprentissage par problèmes déplace la perspective d'une compréhension des connaissances communes vers une capacité à développer de nouvelles connaissances, en remplaçant les manuels traditionnels par les concepts nécessaires pour résoudre des problèmes théoriques (Enemark & Kjaersdam, 2008).

L'apprentissage par problèmes est une stratégie pédagogique utilisée dans de nombreuses écoles de médecine pour faciliter l'apprentissage de concepts scientifiques dans des cas cliniques (Boud & Feletti, 1997). Les étudiants travaillent sur des problèmes réels issus de leur domaine professionnel et non résolus dans le monde réel, qu'ils tentent de résoudre au sein de groupes de projet et à l'aide de technologies sous la direction d'un tuteur ; cela oblige les étudiants à appliquer des connaissances issues de différents domaines et disciplines, ce qui favorise les solutions interdisciplinaires, la créativité et l'innovation, ainsi que les compétences en matière de communication.

1.5.3 *Apprentissage basé sur la méthode PBL.*

L'évolution de l'enseignement vers une approche basée sur les problèmes génère un changement majeur pour l'enseignant et l'apprenant, parmi les aspects les plus importants étant la préparation d'un programme qui reflète les nouveaux objectifs d'apprentissage, la description du problème ciblant de manière adéquate le contenu du cours, l'introduction des étudiants aux processus d'auto-apprentissage et au constructivisme, et la gestion de l'incertitude qui accompagne souvent une approche différente dans la salle de classe (White,2004). L'introduction des étudiants aux processus d'auto-apprentissage et au constructivisme, et la gestion de l'incertitude qui accompagne souvent une stratégie différente en classe (White, 2004).

Lorsque l'on commence un cours avec une approche PBL, il est souvent difficile d'imaginer comment développer une classe avec cette méthodologie. C'est pourquoi un programme d'études est créé, qui reflète les aspects les plus importants pour l'apprentissage des étudiants. Araujo et Sastre (2008) identifient les sept principaux aspects que le programme d'études doit comporter : informations sur le cours, informations sur l'enseignant, textes, lectures et matériel, description et objectifs du cours, calendrier et horaires du cours, règles du cours et services de soutien disponibles. Si les étudiants qui commencent le cours n'ont que peu ou pas d'expérience en matière d'APP, le programme est le bon endroit pour que l'enseignant explique ce qu'est l'APP (White, 2004), qui est centrée sur l'étudiant, ce qui signifie que l'apprentissage de l'étudiant est au centre des préoccupations.

Étant donné que l'APP cible les aspects comportementaux en plus du contenu, les objectifs du cours sont susceptibles de varier en fonction de la manière dont le cours est conçu et organisé. Par exemple, les compétences en communication orale ou écrite, ou la capacité à trouver et à utiliser de nouvelles sources, deviennent souvent des objectifs explicites, plus que dans d'autres formats, autres que l'APP (White, 2004).

À l'exception de quelques disciplines, notamment la médecine et l'économie, les bons problèmes d'APP ne figurent pas dans les manuels. L'enseignant doit donc les trouver, les modifier ou en développer de nouveaux qui correspondent aux objectifs théoriques du cours et aux objectifs d'apprentissage (White, 2004). Le problème doit permettre à l'apprenant d'être associé à des situations réalistes sous la forme d'études de cas ou de situations. Celles-ci peuvent être présentées sous forme d'images, de vidéos ou de descriptions écrites. Sur la base de l'étude de cas, les apprenants identifient le problème et définissent les objectifs d'apprentissage supplémentaires nécessaires pour comprendre et développer l'étude de cas (Margetson, 1998).

Au cours de la matière, les conseils du tuteur sont essentiels. Le rôle du tuteur est de stimuler et d'aider le groupe d'étude et, si les étudiants s'embrouillent dans leur travail ou perdent le fil, le tuteur doit les ramener à des domaines d'étude pertinents et à des niveaux de connaissance réalistes (Svedin et Koch, 1990).

1.5.4 *PBL dans le contexte de l'Université de Santo Tomás -VUAD.*

L'université de Santo Tomás, premier cloître universitaire de Colombie, fondée par l'ordre des prêcheurs (pères dominicains) le 13 juin 1580 et inspirée par la pensée humaniste chrétienne de saint Thomas d'Aquin, consacre la formation intégrale des personnes dans le domaine de l'enseignement supérieur, par le biais d'actions et de processus d'enseignement et d'apprentissage, de recherche et de projection sociale.

C'est ainsi qu'est défini son modèle pédagogique, qui articule et dynamise les moyens et les médiations, les environnements et les contextes, les relations entre l'enseignement et l'apprentissage dans les processus d'éducation, de recherche, de projection et d'extension. Pour sa part, le projet éducatif institutionnel (PEI) de l'université de Santo Tomás définit et développe les composantes du modèle pédagogique à travers six aspects : la mission, l'histoire, les objectifs statutaires, la formation intégrale et le curriculum, conformément au modèle pédagogique inspiré de la pensée de Thomas d'Aquin, qui promeut la formation intégrale.

Le document Modèle pédagogique de l'Université de Santo Tomás, dont la dernière édition a été publiée en 2010, présente dans son quatrième chapitre intitulé "Orientations de base du modèle pédagogique de l'IPE" une réflexion et une contextualisation de la pédagogie de la résolution de problèmes en tant qu'agent de la recherche de solutions alternatives pour résoudre les problèmes. Dans cette perspective, le document affirme que "l'éducation problématique est considérée comme une option institutionnelle qui englobe tous les niveaux du modèle pédagogique, y compris dans le domaine de la recherche" (2010, p. 62), ajoutant que cette méthodologie a été utilisée dans la recherche et l'exposition dans l'œuvre de Thomas d'Aquin, en particulier dans la Somme théologique. Le penseur partait d'un problème, énoncé de manière claire et concrète, qu'il divisait ensuite en sous-problèmes développés de manière systématique et logique, puis soumis à des opinions et à des résolutions argumentées, pour finalement adopter une position résolue face au problème central et aux sous-problèmes générés.

Dans ce contexte, nous pouvons observer certaines implications qui ont été prises comme option pour l'enseignement de l'éducation par problèmes. Il s'agit, par exemple, des systèmes modulaires, qui impliquent un nouveau curriculum centré sur les problèmes, comme on l'a vu à la Faculté de droit et, plus récemment, à la Faculté de communication sociale et à la Faculté de philosophie et de lettres. Ces facultés travaillent à la formulation de problèmes dans les domaines de formation, où, à travers une perspective holistique qui prévaut sur une vision partielle et spécialisée, elles cherchent à articuler les différents domaines de connaissance. De même, cette formulation de problèmes donne lieu à des intérêts de recherche, qui cherchent à focaliser leur attention sur des enjeux et des questions, mais pas sur des contenus.

Ce qui précède envisage la conception d'un programme d'études au sein d'une équipe d'enseignants, permettant des espaces de réflexion et d'analyse de ces éléments convergents, qui génèrent des scénarios inter et transdisciplinaires, à partir desquels les problèmes de recherche sont dérivés. Cette nouvelle perspective de l'enseignement, de l'apprentissage et de la recherche, alignée sur la pensée thomiste, en termes de formation intégrale, permet des scénarios où il est possible de réorienter les fonctions d'enseignement, en obtenant une vision globale des problèmes et de leurs interactions. D'un autre point de vue, la projection sociale est liée aux autres fonctions substantielles de l'université et a pour objectif principal de relier l'académie à la communauté. En ce sens, les problèmes réels dans des contextes de même ampleur sont dimensionnés et abordés sous l'angle de la pédagogie de la résolution de problèmes. C'est à partir de cette approche que les enseignants et les étudiants des différentes facultés et programmes universitaires commencent à chercher des solutions pertinentes dans les projets de développement communautaire où la pauvreté et la marginalisation sont plus accentuées.

Dans ce travail, la stratégie PBL (Enemark & Kjærsdam, 2008) a permis d'intégrer à la fois les étudiants et les enseignants dans le processus pédagogique, en mettant en œuvre une dynamique d'apprentissage orientée PBL comme base pour un leadership individuel et collaboratif.

1.6 Environnements d'apprentissage virtuels

Parler du binôme Éducation et Technologie, c'est trouver une position transformatrice qui, à partir des pratiques éducatives conventionnelles, s'appelle une réflexion et une analyse face à l'étudiant et à l'enseignant actuels, qui sont plongés dans une interaction constante avec l'utilisation de plateformes éducatives et de réseaux sociaux, et qui attendent peut-être bien plus qu'un contenu organisé ou catégorisé basé sur des emplois du temps.

Il s'agit donc de comprendre, dans des environnements d'apprentissage virtuels, des scénarios de rencontre entre l'enseignant-tuteur et le groupe d'étudiants, dans des postures pédagogiques contemporaines, en recréant des dispositifs didactiques où l'apprentissage et l'enseignement se déroulent dans des contextes actuels, en partant de besoins réels et en nourrissant de manière transversale leur formation intégrale en tant qu'êtres sociaux.

Silva (2011) définit un environnement d'apprentissage virtuel comme "une application informatique conçue pour faciliter la communication pédagogique entre les participants à un processus éducatif, qu'il soit entièrement à distance, en face-à-face, ou de nature mixte, combinant les deux modalités dans des proportions différentes" (p. 24). Cette définition, très complexe, doit être envisagée, comme le fait l'auteur, sous différentes perspectives, ou plutôt en abordant chacun de ses termes séparément.

Dans une autre définition des environnements d'apprentissage virtuels, l'auteur Miguel Ángel Herrera (2004) souligne qu'il s'agit d'environnements informatiques numériques et immatériels qui fournissent les conditions nécessaires à la réalisation d'activités d'apprentissage. Ces environnements peuvent être utilisés dans l'éducation selon toutes les modalités (face à face, non face à face ou mixte). On peut distinguer deux types d'éléments dans les environnements d'apprentissage virtuels : les éléments constitutifs et les éléments conceptuels. Les premiers se réfèrent aux moyens d'interaction, aux ressources, aux facteurs environnementaux et aux facteurs psychologiques ; les seconds se réfèrent aux aspects qui définissent le concept éducatif de l'environnement virtuel : conception pédagogique et conception de l'interface. Les éléments constitutifs des environnements d'apprentissage virtuels sont les suivants

a. *Moyens d'interaction* : alors que l'interaction dans les environnements d'apprentissage non virtuels est principalement orale, l'interaction dans les environnements virtuels est, pour l'instant, principalement écrite, mais elle peut être multidirectionnelle (par le biais du courrier électronique, de liens vidéo, de groupes de discussion, etc.) ou unidirectionnelle (principalement par le décodage ou la lecture de matériel informatique, où l'information ne circule que dans une seule direction, comme un dialogue). Lorsque l'information circule dans deux directions ou plus, comme un dialogue, ou unidirectionnelle (principalement par le décodage ou la lecture de matériel informatique, où l'information circule uniquement dans le sens émetteur-récepteur).

b. *Ressources* : alors que dans les environnements d'apprentissage non virtuels, les ressources sont généralement imprimées (textes) ou écrites (notes, annotations sur le tableau), dans les environnements virtuels, les ressources sont numérisées (texte, images, hypertexte ou multimédia). Dans les deux cas (face à face ou virtuel), des supports supplémentaires tels que des bibliothèques, des bibliothèques de journaux, des bibliothèques virtuelles, des sites web, des livres électroniques, etc. peuvent être utilisés.

c. *Facteurs physiques* : bien que les facteurs environnementaux (éclairage, ventilation, disposition des meubles, etc.) soient très importants dans l'enseignement en face à face, dans les environnements d'apprentissage virtuels, ces conditions peuvent échapper au contrôle des institutions et des enseignants, mais elles n'en sont pas moins importantes. Si l'environnement d'apprentissage virtuel est situé dans une salle informatique spéciale, il est possible de contrôler les variables de l'environnement physique. Dans le cas contraire, les conditions dépendent des ressources ou des possibilités de l'étudiant ou du soutien qu'il peut recevoir d'une institution. D'autre part, les NT peuvent contribuer à rendre un environnement d'apprentissage plus confortable en stimulant les sens par de la musique ou des images qui aident à créer des conditions favorables.

d. *Relations psychologiques* : les relations psychologiques ont été mesurées par l'ordinateur à travers l'interaction. C'est ici que les TN agissent dans la médiation cognitive entre les structures mentales des sujets participant au projet éducatif. Pour nous, c'est le facteur central de l'apprentissage.

1.6.1 *Les éléments conceptuels des environnements d'apprentissage virtuels sont les suivants :*

a. *Conception pédagogique*. Il s'agit de la manière dont l'acte éducatif est planifié. Elle exprime, d'une certaine manière, le concept d'apprentissage et l'acte éducatif. La définition des objectifs et la conception des activités, la planification et l'utilisation des stratégies, les techniques didactiques, l'évaluation et le retour d'information sont quelques-uns de ses éléments, en fonction du modèle pédagogique adopté.

b. *Conception de l'interface*. Il s'agit de l'expression visuelle et formelle de l'environnement virtuel. C'est l'espace virtuel dans lequel les participants doivent coïncider. Les caractéristiques visuelles et de navigation peuvent être décisives pour le bon fonctionnement du modèle pédagogique.

Le concept d'apprentissage ou d'enseignement est important pour comprendre la raison d'être des interfaces des plates-formes, des médiateurs et des innombrables caractéristiques que les technologies de l'information et de la communication (TIC) sont venues introduire dans le monde de l'éducation et qui ont été encadrées par l'adjectif "virtuel" mentionné plus haut. Pour le professeur Lévy (1999), "le virtuel est le déplacement du centre ontologique d'un objet considéré" (p. 10). Avec cette définition, Lévy interprète le virtuel comme une manière différente de faire les choses, en amenant le concept à l'éducation, lorsque les variables du temps et de l'espace sont intégrées, non seulement les scénarios sont modifiés, mais aussi les pratiques et les relations, les matériaux et même les contenus, ce n'est pas seulement la salle de classe qui perd sa pertinence, mais elle devient aussi plus vivante parce qu'elle devient plus dynamique dans le réseau et, étant dans le réseau, la construction de la connaissance est permanente et associative.

Ainsi, la classe virtuelle et les scénarios qui en découlent ne sont pas seulement la traduction d'une école traditionnelle dans laquelle les technologies de l'information jouent un rôle de médiateur, mais le déplacement ontologique dont parle Lévy (1999) doit être pensé à la lumière des relations dans une société de la "connaissance".

Caro, Rivas, Velandia et Ángel (2006) définissent l'environnement d'apprentissage virtuel comme la représentation académique qui permet de générer des espaces flexibles et interactifs pour toutes les personnes impliquées dans le processus éducatif. Il est docile, en fonction des besoins personnels en matière de temps et d'espace dans un contexte éducatif. Un environnement d'apprentissage virtuel est considéré comme tel lorsque certaines conditions minimales sont remplies, à savoir Des espaces d'interaction, considérés comme ceux où la communication directe entre pairs et entre enseignants et apprenants est encouragée. Les espaces d'interaction ont des caractéristiques synchrones et asynchrones, leur fonction est dimensionnée par la capacité à faciliter les processus de communication entre l'étudiant, son groupe et son enseignant ou tuteur.

La conception de la communication est un facteur important pour assurer la fluidité de la communication et l'interaction entre les membres de la communauté virtuelle, mais aussi avec les activités proposées par le modèle didactique et avec le matériel fourni pour l'apprentissage. Cette communication mérite la création d'une iconographie qui facilite ces interactions, permettant à l'étudiant, surtout à l'élève, ainsi qu'à l'enseignant d'identifier les espaces, les activités et les messages d'intérêt, entre autres caractéristiques de la fluidité de la communication dans le processus d'apprentissage. La conception de la communication répond aux besoins du modèle éducatif et fournit les outils pour faciliter l'autonomie de l'étudiant.

L'environnement virtuel se caractérise par la définition d'un modèle didactique, où les activités, le matériel et les méthodes sont présentés de manière cohérente avec un modèle ou une tendance pédagogique qui peut expliquer comment l'apprentissage se déroule chez les étudiants. Tobón (2007) part des questions suivantes pour définir l'environnement virtuel : à qui enseigne-t-on ? à quoi enseigne-t-on ? qu'enseigne-t-on ? comment enseigne-t-on ? avec quoi enseigne-t-on ? comment détermine-t-on ce qui a été appris ?

Les environnements virtuels d'apprentissage pour la recherche, comme celui qui a été réalisé, deviennent un nouvel outil de transmission des connaissances, améliorant la portée pédagogique en termes de nombre de personnes et minimisant le temps de déplacement. Il est également évident que dans un monde globalisé et modernisé, il est nécessaire de s'approprier ces environnements virtuels afin d'accompagner les avancées technologiques.

1.7 Environnements d'apprentissage virtuel (EAV) à l'Université de Santo Tomas - VUAD

Le développement incessant des nouvelles technologies et leur introduction rapide dans les systèmes de communication et les médias ont conduit à la création de nouveaux services impliquant le son, les données, le texte, la vidéo, les services mobiles, les réseaux intelligents, les systèmes à large bande et par satellite, qui sont presque immédiatement rattachés à des plates-formes numériques dédiées à l'apprentissage en ligne.

Ce qui précède invite à adopter une position alternative dans la nouvelle dynamique de l'apprentissage et de l'enseignement avec le soutien des TIC, où les ressources en ligne, l'accès aux bases de données et la communication synchrone et asynchrone avec le tuteur et les camarades de classe sont disponibles. L'Université de Santo Tomas ne pouvait pas être éloignée de cette incidence, avec sa "salle de classe virtuelle", qui est soutenue par la plate-forme Moodle, considérée comme un système de gestion de cours en ligne librement distribué, qui soutient le travail qui est développé dans l'apprentissage à distance dans tous les diplômes de la Faculté d'éducation.

Dans le document Manuel de bonnes pratiques pour les classes virtuelles 2015 publié au premier semestre 2015, la structure et les composantes minimales pour son développement sont soutenues et contextualisées, ce qui permet de comprendre que l'utilisation des TIC dans l'éducation augmente les possibilités de solutions dans des situations problématiques de toute nature.

En ce sens, le document est basé sur le concept de promotion de l'éducation intégrale tel qu'il est défini dans l'IPE et décrit comme suit :

> L'éducation intégrale est comprise comme le développement de toutes les dimensions de la vie personnelle, de sorte que les élèves acquièrent une conscience supérieure qui leur permet de comprendre leur propre valeur historique, leur propre rôle dans la vie, leurs propres droits et devoirs, et les rend capables d'intervenir et de participer de manière lucide et responsable à la vie sociale, culturelle, économique et politique, en contribuant à leur attitude créative et à leur aptitude à la critique et à l'investigation (USTA, Î.-P.-É., 2004, p. 63).

En même temps, cette posture éducative permet de remettre en question l'environnement et ses concepts, conduisant l'apprenant et l'enseignant sur de nouveaux chemins de la connaissance, établissant des connexions entre les connaissances antérieures, les nouveaux préceptes et les visions alternatives soutenues par l'utilisation des TIC. C'est là que la classe virtuelle devient un stimulateur d'idées, où, au-delà du contenu, des activités ou des évaluations, elle fait place à la génération de communautés.

De même, il est important de souligner que l'un des fondements théoriques de ce manuel est le développement de compétences ou de dimensions (Comprendre, Agir, Faire et Communiquer), comprises comme un savoir-faire en contexte et désignées par le modèle éducatif de l'USTA comme "la reconnaissance d'une multicasualité et d'une interdépendance de facteurs sociaux, institutionnels et cognitifs, en tension permanente, et qui requièrent une méthodologie appropriée en fonction de ces exigences" (p. 36), qui permettent aux personnes de résoudre des problèmes dans leurs environnements changeants et, sans être exclusivement d'ordre pragmatique-instrumental, apportent une réponse du système éducatif aux exigences de la modernisation et des nouvelles formes d'éducation. 36), qui permettent aux personnes de résoudre des problèmes dans leur environnement changeant et, sans être exclusivement d'ordre pragmatique-instrumental, apportent une réponse du système éducatif aux exigences de la modernisation et des nouveaux modèles de développement en perfectionnant les "compétences critiques de discernement humaniste" qui transcendent les systèmes économiques, d'entreprise et de marché et visent à "la formation d'un type de personne et de professionnel requis et d'un modèle de société recherché" (USTA,

Modèle éducatif, p. 54)

En comprenant ces dimensions comme des étapes pour l'acquisition et la construction de la connaissance dans le contexte, il est possible d'observer la contribution et l'incidence que les TIC et en particulier les classes virtuelles ont dans les processus de formation, le modèle d'éducation à distance soutenu par ces outils, appelle à un nouvel ordre conceptuel et peut-être permet de répondre à la dynamique actuelle en termes de paradigmes éducatifs soutenus par la technologie. La compréhension de ces scénarios éducatifs nécessite, comme nous l'avons mentionné plus haut, certains éléments minimaux dans leur construction, et c'est ainsi que l'USTA l'a compris.

Ainsi, les éléments suivants ont été pris en compte pour structurer les classes virtuelles de la VUAD :

- Structure de la discipline (vue d'ensemble, structure)
- Livre guide
- Lectures complémentaires Actualités et dates des tutoriels Leçons vidéo
- Questions problématisées pour chaque unité ou connaissance de la discipline
- Outils pour le développement de la discipline (simulateurs, logiciels, laboratoires virtuels, études de cas, entre autres).

- Activités visant l'apprentissage autonome et collaboratif Réglementation sur l'utilisation des salles de classe
- Chronologie de l'élaboration des guides de travail sur les activités
- Système d'évaluation (auto-évaluation, co-évaluation, hétéro-évaluation, grilles d'évaluation).
- Communication avec la communauté.

C'est pourquoi la VUAD construit un environnement numérique d'apprentissage et d'enseignement pour soutenir son modèle d'apprentissage à distance, considéré dans cette recherche pour l'approche et la dynamisation des contenus dans le groupe de contrôle, qui prend le domaine de formation "Philosophie des environnements d'apprentissage virtuels". Sur la base de ce qui précède, les éléments suivants sont pris en compte :

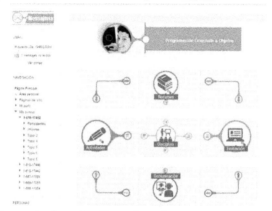

Figure 1 : *Composantes des modèles d'apprentissage à distance.*

La **discipline** est l'axe de l'espace académique, où les enseignants et les étudiants trouveront la question problématique, le syllabus, la carte des contenus, le guide, le chronogramme, avec lesquels on s'attend à ce que l'étudiant commence son processus de formation.

Figure 2 : Discipline.

Source : élaboration propre

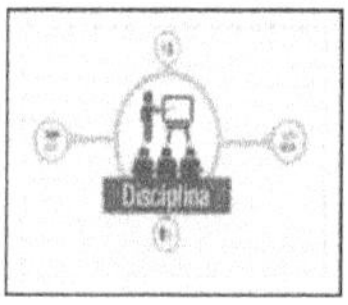

Les ressources, les concepts qui guident le développement du champ de formation constituent cette section, l'enseignant pourra y placer des éléments tels que : lectures, vidéos, laboratoires, simulations, études de cas et accès à des bibliothèques et bases de données.

Figure 3 : Ressources.

Source : élaboration propre.

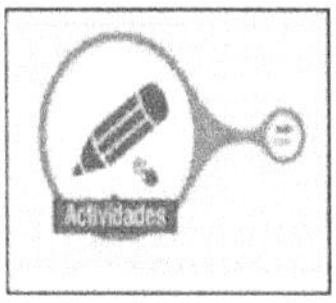

Les activités, appelées stratégies d'apprentissage dans cet environnement virtuel, guident l'enseignement et l'apprentissage dans le domaine de la formation par le biais de guides didactiques, où l'enseignant partage les produits de formation livrables pour le processus.

Figure 4 : Activités.

Source : élaboration propre.

L'évaluation, considérée dans cette section à partir des axes suivants, la co-évaluation, l'hétéro-évaluation et l'auto-évaluation, qui orientés sous des rubriques permettent à chaque étudiant de connaître les critères dans leur processus d'évaluation.

Figure 5 : L'évaluation.

Source : élaboration propre.

Communication, l'espace permet des scénarios d'interaction entre l'enseignant tuteur et les étudiants. Ici, vous pouvez trouver des outils de classe tels que le chat, le forum, la vidéoconférence, avec lesquels vous pouvez échanger des idées et partager des concepts.

Graphique 6 : Communication.

Source : élaboration propre.

La structure de la classe virtuelle mise en place pour soutenir l'apprentissage à distance à l'USTA-VUAD recrée d'une certaine manière les concepts décrits dans le PEI et dans le modèle éducatif, mais contribue en même temps au concept avec une dynamique soutenue par l'utilisation des TIC, qui n'est pas considérée comme une recherche en tant que contribution à ces efforts pour soutenir et améliorer cette dynamique de formation.

Il ressort de ce qui précède que l'Universidad Santo Tomás, dans sa modalité ouverte et à distance, dans laquelle s'inscrit ce projet, a transformé ses postures méthodologiques face à l'avancée des technologies de l'information et, avec elle, à la nécessité d'accéder plus rapidement aux connaissances générées dans tous les domaines du savoir et, plus important encore, à un moyen, comme c'est le cas pour l'université en question, d'obtenir un diplôme de premier cycle ou de troisième cycle.

Dans cette perspective, la formation des diplômés, des nouveaux enseignants, est intégrée à cette dynamique actuelle d'apprentissage et d'enseignement, où les environnements d'apprentissage virtuels ont renforcé leur travail pédagogique et didactique dans tous les domaines de formation (humaniste, recherche, spécifique), recréant dans leur apprentissage des modèles de travail qu'ils reproduiront plus tard dans leur rôle d'éducateurs.

C'est dans ce scénario qu'émergent des propositions telles que le modèle ABPAVA, qui cherche à répondre aux besoins de formation et d'accompagnement dans les processus de construction des connaissances, bien que dans les sections précédentes on ait observé l'effort de l'Universidad Santo Tomás dans sa modalité ouverte et à distance pour améliorer sa dynamique, il y a encore des lacunes dans la proposition pédagogique et méthodologique dans la conception et la construction de ses scénarios numériques. Il est important de préciser qu'à l'heure actuelle, le problème de l'enseignement et, par conséquent, la question du problème, guident la conception des espaces numériques, mais l'articulation avec les activités, les ressources, l'évaluation et la relation avec d'autres domaines de la formation n'est pas totalement liée à une certaine limite, ni à des modèles finis.

Les concepts ci-dessus cherchent à comprendre les positions pédagogiques qui émergent des activités d'apprentissage et d'enseignement dans les espaces numériques, dans cette recherche et spécifiquement dans l'approche des modèles qui entrent dans cette voie comme l'ABP-AVA. Il génère des espaces de réflexion sur l'utilisation des environnements numériques où se déroulent également des apprentissages, des enseignements et des constructions conceptuelles, mais qui s'éloignent des modèles traditionnels de formation en recourant à d'autres domaines et savoirs pour leur représentation. Il s'agit de rassembler des positions telles que le connectivisme et ses postulats sur la possibilité d'exploration conceptuelle en réseau.

1.8 Développement des connaissances

Aujourd'hui, nous sommes confrontés à de nouveaux défis qui nécessitent une révision des paradigmes d'apprentissage qui ont prévalu (Sánchez, 2009). Il est nécessaire d'aborder une nouvelle complexité et de tirer parti de nouvelles formes de communication. La perspective de "construire la connaissance" semble être un besoin commun et une approche adéquate pour faire face à la complexité actuelle.

Cette approche nécessite un nouveau paradigme d'apprentissage. Les paradigmes qui prévalent aujourd'hui ne semblent pas être axés sur cet objectif et pourraient devenir obsolètes (Sanchez, 2009).

En gardant à l'esprit que tout apprentissage implique une construction réalisée à travers des processus mentaux, qui commence dans les phases d'acquisition de nouvelles connaissances, on peut comprendre que les connaissances antérieures que l'étudiant possède seront la clé de la construction de ces nouvelles connaissances. Grâce à elles et aux conseils de leur enseignant tuteur, des phases seront abordées qui permettront d'établir des connexions entre les connaissances antérieures et les nouvelles connaissances, à partir desquelles de nouvelles compréhensions et de nouvelles significations émergeront.

Sánchez (2009), aborde une conception de la construction des connaissances qui a été prise comme référence pour l'évaluation de chacune des catégories déterminées pour la recherche. L'auteur classe l'apprentissage en trois catégories : l'acquisition, la participation et la création/construction de connaissances, dans chacune d'entre elles. Trois notions épistémologiques, psycho-éducatives et socio-cognitives sont mises en relation.

La première catégorie "Acquisition", en relation avec l'épistémologie, est basée sur les théories des structures mentales et des schémas de connaissance. La connaissance est considérée comme une possession de l'esprit individuel ; dans les notions psychopédagogiques, l'esprit est conçu comme un entrepôt et suppose un constructivisme dans lequel le processus d'apprentissage modifie les structures de l'esprit. On apprend individuellement. On apprend et on stocke ; dans les fondements socio-cognitifs, l'apprentissage est un processus qui remplit le contenant et est conçu comme une question de construction, d'acquisition et aboutit au processus de transfert et d'application des connaissances dans de nouvelles situations. La collaboration est conçue comme un facilitateur de l'apprentissage individuel et les technologies comme un artefact structurant (Sanchez, 2009).

De ce point de vue, il convient de tenir compte du fait que le processus de construction des connaissances commence par la transmission ou l'acquisition de concepts abordés individuellement ou en groupe, par le biais d'interactions sociales et culturelles, dans différents domaines tels que les environnements d'apprentissage virtuels, les technologies de l'information et de la communication et la didactique de l'apprentissage.

Le deuxième paradigme de "participation" se réfère à la notion épistémologique de cognition située qui souligne que les activités cognitives sont toujours intégrées dans des contextes sociaux et culturels et ne peuvent être comprises de manière isolée. À partir de la notion psycho-cognitive, au lieu d'étudier le contenu des esprits individuels, l'accent est mis sur les processus d'interaction, de discours et de participation qui émergent parmi et autour des membres d'une ou de plusieurs communautés dans des contextes physiques et sociaux particuliers ; les contextes socio-cognitifs déterminent divers modes de participation tels que les systèmes d'activités préétablis. L'enculturation et la participation guidée sont des moyens d'accéder aux meilleures pratiques culturelles. Les technologies sont conçues comme une pratique sociale. Leur utilisation implique non seulement la fonctionnalité, mais aussi l'intentionnalité et la signification. Elles ne s'intéressent pas principalement à l'apprentissage individuel, mais à ce qui émerge des processus participatifs (Sanchez, 2009).

L'activité mentale (perceptions, mémoire, pensée, etc.) est considérée par Vygotsky (1979) comme la caractéristique fondamentale qui distingue uniquement l'homme en tant qu'être humain. Cette activité est le résultat d'un apprentissage socioculturel qui implique l'internalisation d'éléments culturels, parmi lesquels les signes ou symboles, tels que le langage, les symboles mathématiques, les signes d'écriture et, en général, tous les types de signes qui ont une signification socialement définie, occupent une place centrale (Briones, 2009).

Par conséquent, la participation au processus de construction des connaissances est un processus fondamental qui doit être pris en compte dans la fonctionnalité des concepts, où l'individu voit non seulement l'intentionnalité de la pratique, mais aussi sa signification, en parvenant à relier les connaissances acquises dans les différents domaines. Cela signifie que non seulement les connaissances sont construites, mais aussi les identités et que l'apprentissage est une question de transformation personnelle et sociale. L'individu n'est pas une donnée, mais émerge à travers les activités collectives.

Dans le dernier paradigme présenté par Sánchez (2009), "Création/Construction de connaissances", du point de vue des notions épistémologiques, la création de connaissances est un travail collectif pour l'avancement et l'élaboration d'artefacts conceptuels tels que des théories, des idées et des modèles. L'apprentissage, quant à lui, est orienté vers les changements dans les structures mentales des individus, ce qui, dans cette perspective, est considéré comme un sous-produit du processus de construction des connaissances. La question centrale est de favoriser "l'apprentissage expansif", dont le point central est l'innovation : des situations et des séquences d'actions dans lesquelles les acteurs tentent d'aller au-delà de ce qui est donné, de ce qui existe, pour réaliser quelque chose qui n'existe pas encore. La notion sociocognitive cherche à expliquer le fonctionnement des organisations qui font progresser la connaissance et à rendre compte de la manière dont elles peuvent aller au-delà des "pratiques réussies" (Engestrom, 1987).

Cycles d'apprentissage incrémentaux ou expansifs, modification des systèmes d'activités d'apprentissage, ces séquences consistent en : la remise en question des pratiques existantes, l'analyse des pratiques existantes, la construction collaborative de nouveaux modèles, concepts et artefacts pour de nouvelles pratiques, l'examen et la discussion des nouveaux modèles, artefacts et concepts (matériels et immatériels), la mise en œuvre des modèles, concepts et artefacts, la réflexion et l'évaluation du processus, la consolidation des nouvelles pratiques ; dans les notions psychopédagogiques, l'importance des activités individuelles est soulignée, mais non pas en tant qu'individus séparés, mais en tant que partie d'un flux social d'activités. La coévolution des individus et des collectifs permet de surmonter la dichotomie entre les perspectives d'acquisition individuelle et le paradigme de la participation qui situe l'expérience et la compétence dans les pratiques culturelles.

Il est possible de reconnaître, après l'estimation des trois catégories établies par Sánchez (2009), que l'activité de l'étudiant peut typiquement être orientée de différentes manières. Premièrement, en acquérant des concepts à travers des rôles sociaux et individuels au moyen d'interactions avec le soutien d'outils technologiques où les concepts et les conceptions de situations réelles sont transférés, afin de mener à bien un processus d'apprentissage plus constructif. Deuxièmement, une fois que cette interaction a été réalisée et que l'étudiant possède des connaissances préalables, il participe plus collectivement à son rôle, en articulant des idées et des concepts non seulement du domaine spécifique, mais aussi de tous les domaines de la connaissance ; par conséquent, l'étudiant commence à avoir une perspective plus large, ce qui fait que sa structure mentale se modifie et génère des connaissances.

La raison de ce caractère créatif de la connaissance est que pour connaître, le sujet ne se contente pas de percevoir les objets et d'y réagir, mais il agit sur eux et, par conséquent, les transforme ; c'est l'action où la relation entre l'objet et le sujet qui génère la connaissance. C'est dans l'action que se produit la relation entre l'objet et le sujet qui génère la connaissance. Le sens est le lieu où se produit la combinaison nécessaire des composantes subjectives et objectives qui sont à la source de la connaissance. Piaget va jusqu'à dire que "dans toute action, le sujet et les objets se fondent" (1983, p. 104), ce par quoi il entend, en somme, souligner l'idée que la connaissance, à son origine, ne provient ni des objets ni des sujets, mais des interactions entre le sujet et les objets (Gutiérrez, 2004).

La conception de la construction des connaissances a également été influencée par la nouvelle perspective du constructivisme. C'est le cas des théories sur le développement, en particulier de l'attribution d'un rôle actif au sujet. Parmi ces théories, il convient de souligner celles de Piaget (1978) et de Vygotsky (1979), la première à partir d'une approche essentiellement individuelle, tandis que la seconde s'inscrit dans une perspective résolument sociale et contextuelle (Gutiérrez, 2004).

La théorie de Piaget (1978) est sans aucun doute la théorie du développement cognitif la plus élaborée, la plus systématique et la plus complexe qui ait été proposée à ce jour. Pour cette raison, elle est certainement aussi celle qui a exercé la plus grande influence à tous les niveaux de la psychologie du développement.

Piaget part d'une critique des conceptions innéistes et empiristes sur l'origine de la connaissance, qu'il considère comme biaisées et erronées parce qu'elles supposent une vision passive du phénomène. Plus précisément, il reproche à ces deux approches de concevoir la connaissance comme si elle était prédéterminée, soit dans les structures internes du sujet, soit dans les caractéristiques préexistantes de l'objet.

Au cours des différents stades de développement, l'enfant effectue des opérations en fonction de ces schémas ou connaissances. Les schémas complexes sont dérivés des schémas sensori-moteurs par un processus d'internalisation, c'est-à-dire par la capacité de l'enfant à réaliser mentalement ce qu'il avait l'habitude de faire avec son corps. Ces opérations se réfèrent à la capacité d'établir des relations entre les objets, les événements et les idées (Briones, 2002).

Une autre caractéristique de l'intelligence est l'adaptation, qui consiste en deux processus simultanés : l'assimilation et l'accommodation. Le premier consiste à assimiler de nouveaux événements ou de nouvelles informations dans les schémas existants. L'accommodation est le processus de changement que ces schémas subissent à travers le processus d'assimilation (Briones, 2002).

Mais s'il n'y a qu'assimilation, il n'y a pas de possibilité de changement, les structures restent inchangées, sans acquérir de nouveaux éléments et de nouvelles formes d'organisation, de sorte qu'il ne peut être question d'évolution ou de développement (Briones, 2002).

Gutiérrez (2004) conclut que le processus d'adaptation, tant biologique que cognitif, implique une interaction ou une transaction entre les composantes d'assimilation et d'accommodation, entre lesquelles il doit y avoir un équilibre plus ou moins stable. En d'autres termes, plus l'équilibre est grand, moins il y a d'erreurs dans l'interprétation des cas présentés à l'expérience de la personne. D'autre part, l'apprentissage ou le changement cognitif naît de situations de déséquilibre entre l'assimilation et l'accommodation.

Pour Vygotsky (1979), les capacités psychologiques se développent par le biais des fonctions mentales, où il parle d'une fonction mentale inférieure et d'une fonction mentale supérieure ; les fonctions mentales inférieures sont celles avec lesquelles nous naissons, ce sont les fonctions naturelles et elles sont déterminées génétiquement. Le comportement dérivé des fonctions mentales inférieures est limité. Il est conditionné par ce que nous pouvons faire. Ces fonctions limitent notre comportement à une réaction ou une réponse à l'environnement

(Gutiérrez, 2004).

Les capacités mentales supérieures sont acquises et développées par le biais de l'interaction sociale. Étant donné que l'individu se trouve dans une société spécifique dotée d'une culture spécifique, les fonctions mentales supérieures sont déterminées par la façon d'être de cette société : les fonctions mentales supérieures sont médiatisées par la culture. Le comportement dérivé des fonctions mentales supérieures est ouvert à d'autres possibilités. La connaissance est le résultat de l'interaction sociale ; en interagissant avec les autres, nous prenons conscience de nous-mêmes, nous apprenons à utiliser des symboles qui, à leur tour, nous permettent de penser de manière de plus en plus complexe ; plus il y a d'interactions sociales, plus il y a de connaissances, plus il y a de possibilités d'agir, plus les fonctions mentales sont robustes (Gutiérrez, 2004).

Des paradigmes tels que ceux établis par Sánchez (2009), Acquisition, Participation et Création/Construction, auxquels cette recherche a recours pour guider la construction des connaissances avec le modèle ABP-AVA, situent la discussion face à la conception de scénarios d'apprentissage numérique. Au-delà des paradigmes de l'acquisition, qui s'avère être un premier moment dans le processus d'apprentissage numérique, il s'agit d'une réflexion sur le rôle de l'apprenant dans la construction des connaissances.

Les processus d'apprentissage, mais qui doivent transcender et générer des processus qui guident la connexion et la construction de nouveaux processus.

Pour ce travail de recherche, la construction de connaissances par la mise en œuvre du modèle ABP-AVA dans le domaine de formation de la philosophie des environnements d'apprentissage virtuels est un processus qui guide l'étudiant dans la découverte de son apprentissage, bien que le modèle présente de multiples voies pour que cela se produise, l'étudiant est responsable de la gestion et de la création du chemin pour trouver des solutions à ses problèmes de connaissances, qui sont posés à travers un problème, mais qui encadrent un ensemble de connaissances pour leur réponse, avec de multiples interprétations et un nombre infini de résultats.

Cette avancée vers la création/construction de connaissances dans les environnements d'apprentissage numériques permet à la recherche actuelle de présenter des pistes pour la conception d'artefacts conceptuels, de théories, d'idées de modèles, qui sont générés à partir de la communication et de l'interaction des participants au scénario. Ces approches atteignent leur point culminant lorsque les étudiants, les experts et les enseignants tuteurs convergent, créant une communauté d'apprentissage qui s'appuie sur des spécialités et des manières d'interpréter une situation problématique, à la recherche de la meilleure solution, une solution qui, pour chaque étudiant, sera particulière et tentera de satisfaire les besoins de connaissances dans lesquels il ou elle est immergé(e).

Le cadre théorique ci-dessus permet certaines approches dans des domaines tels que la pédagogie, le constructivisme, le connectivisme, l'apprentissage par problèmes, les environnements d'apprentissage virtuels et la construction des connaissances, de vastes domaines de recherche qui, lorsqu'ils sont abordés dans différents domaines de connaissances et sous différentes perspectives pédagogiques, didactiques et méthodologiques, enrichissent de plus en plus le discours dans ce type de scénarios, qui recourent à l'utilisation des TIC en tant que dispositifs de dynamisation et de renforcement des communautés d'enseignants et de praticiens.

Le modèle ABP-AVA, à partir duquel les domaines susmentionnés sont abordés, trouve son fondement dans la pédagogie, un scénario sur lequel il se nourrit pour comprendre les nouvelles manières d'apprendre et d'enseigner, en se référant à une connaissance théorique qui doit être exposée dans des scénarios pratiques pour sa reconstruction. De cette manière, le modèle inclut l'exercice pédagogique, qui est au centre de son attention. Dans ce travail de recherche sur la formation des diplômés, un espace d'apprentissage numérique est recréé, basé sur l'action, sur la construction, mais il est enrichi de dynamiques pédagogiques et didactiques pour que cela se produise.

De ces positions pédagogiques émergent des postulats constructivistes qui permettent de renforcer les processus d'apprentissage à distance en intégrant dans les Environnements d'Apprentissage Virtuels des théories qui prônent la possibilité d'accéder à la connaissance de manière précise et immédiate. Il est important pour ce travail de recherche de recourir au constructivisme en tant que théorie de l'apprentissage qui réfléchit à la construction de la connaissance chez l'individu, mais surtout de comprendre les nouvelles dynamiques pour que cela se produise. La proposition formulée dans ce projet, à partir de laquelle le modèle ABP-AVA est formulé comme mentionné ci-dessus, trouve son fondement dans la pédagogie, mais est transformée par les contributions des théories constructivistes telles que le connectivisme, qui génère d'importantes réflexions sur les concepts et leurs significations par rapport au contexte et à la relation avec les autres, en comprenant que, comme le monde, la connaissance est dynamique, se transforme et nécessite d'autres types d'interprétations et de connexions pour être comprise et mise en pratique. Des paradigmes tels que le connectivisme apparaissent comme une réponse aux nouveaux modes d'accès et de construction des connaissances avec le soutien des TIC. Pour cette recherche, l'interprétation des nouveaux modes de connaissance et l'approfondissement d'un certain type de connaissance, rendent possible la connexion entre l'apprentissage par problèmes et les environnements d'apprentissage virtuels (PBL-VLE), encadre ses actions par des connaissances pédagogiques, dynamisées par le constructivisme et transformées par des contributions connectivistes. Il guide les futurs travaux de recherche qui souhaitent approfondir la construction de connaissances basées sur le savoir collectif.

CHAPITRE I

1. Méthodologie

1.1. Conception de la recherche quantitative

En ce qui concerne la méthode quantitative, Marín (2012) souligne que " la recherche quantitative est généralement dédiée à la collecte, au traitement et à l'analyse de données mesurables ou numériques sur des variables préalablement déterminées du monde physique ou social et humain " (p. 107). Ce qui précède nous permet de distinguer, dans ce paradigme, un ensemble de processus de collecte et d'analyse de données, où il est possible d'obtenir une vue d'ensemble de l'objet d'étude, conduisant à une plus grande illustration des résultats.

D'un autre point de vue, Hernández et Mendoza (2012) soulignent que : "L'approche quantitative est séquentielle et probante, chaque étape précède la suivante et nous ne pouvons pas "sauter" ou éviter des étapes. L'ordre est rigoureux, même si l'on peut, bien sûr, définir certaines phases" (p.4). Cette approche permet d'établir, dans le développement du processus de recherche, un ensemble d'actions qui guident la délimitation du problème et de ses objectifs, où la construction d'un cadre ou d'une perspective théorique est possible.

Cette recherche considère la méthodologie quantitative comme la plus pertinente dans le processus d'analyse des résultats. L'objectif proposé vise à établir la portée de la construction de la connaissance du modèle ABP-AVA dans l'enseignement à distance, en prenant comme référence le domaine de formation : la philosophie des environnements d'apprentissage virtuels. Cela nécessite des méthodologies qui guident l'observation et l'analyse de différentes sources de données.

En ce sens, le paradigme de la recherche quantitative apporte à l'étude une observation et une mesure, face aux portées pédagogiques, cognitives et pratiques du modèle ABP-AVA. Ces résultats sont renforcés par l'application de la technique de collecte de données appelée Focus Group, qui explique les événements de cette étude, grâce à l'approche de nouvelles propositions méthodologiques, qui rompent avec la dynamique conventionnelle de l'enseignement à distance à l'Université de Santo Tomas dans son mode ouvert et à distance.

Sur la base de ce qui précède, des résultats plus riches et plus variés sont attendus grâce à la multiplicité des observations, à la prise en compte de sources de données, de contextes et d'environnements d'analyse divers. Sur la base de ces éléments, la construction des connaissances du modèle ABP-AVA est évaluée et comparée à la VUAD traditionnelle, ce qui permettra non seulement d'orienter le discours sur les modèles émergents d'apprentissage à distance, mais aussi d'ouvrir des espaces de débat sur les concepts qui doivent encore être renforcés dans l'apprentissage médiatisé par les TIC dans cet établissement d'enseignement supérieur, et peut-être dans d'autres.

L'étude se réfère à la méthodologie quantitative comme étant la plus appropriée pour l'analyse des résultats, en choisissant dans ce paradigme la conception quasi-expérimentale, qui diffère de la conception expérimentale en ce que les sujets ne sont pas assignés au hasard à des groupes, ni appariés, mais que ces groupes sont déjà constitués avant l'expérience.

Marín (2012) souligne, à propos des modèles quasi-expérimentaux, que " ces modèles offrent un degré de validité suffisant, ce qui rend leur utilisation dans le domaine de l'éducation et de la pédagogie très viable " (p. 107). Il suggère d'utiliser ce modèle lorsque le chercheur ne peut pas contrôler toutes les variables importantes, en référence à la composition des groupes qui, dans le cas de cette étude, sont des cours déjà établis par l'université et sur lesquels le chercheur n'a aucune influence.

C'est pourquoi la conception quasi-expérimentale permettra l'utilisation et la mise en œuvre des résultats de l'interprétation et de l'explication des découvertes ou des résultats en termes de portée de la construction des connaissances du modèle ABP-AVA, qui sera améliorée par l'application de la technique de collecte de données appelée focus group.

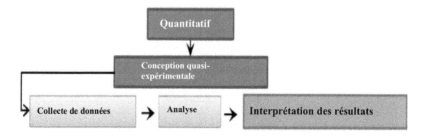

Figure 1 : Phases de la conception quasi-expérimentale Source : Élaboration propre.

Sur la base du schéma précédent, les étapes suivantes sont proposées pour le développement méthodologique quantitatif à partir de la conception quasi-expérimentale.

1.1.1. Conception de recherche quasi-expérimentale.

La conception quasi-expérimentale est dérivée des études expérimentales, dans lesquelles la répartition des sujets n'est pas aléatoire, bien que le facteur d'exposition soit manipulé par le chercheur. La quasi-expérience est utilisée lorsqu'il n'est pas possible de sélectionner au hasard les sujets participant à ces études. Par conséquent, une caractéristique des quasi-expériences est l'inclusion de "groupes intacts", c'est-à-dire de groupes déjà constitués.

Pour cette recherche, nous avons pris un groupe d'étudiants qui s'étaient précédemment inscrits dans l'espace académique Philosophie des Environnements d'Apprentissage Virtuels. Ce domaine de formation, qui appartient à la Faculté d'éducation dans sa modalité ouverte et à distance, est transversal dans tous les programmes de cette Faculté (Licences en : Biologie avec accent sur l'éducation environnementale, éducation de base avec accent sur les humanités et la langue espagnole, licence en éducation de base avec accent sur les mathématiques, éducation préscolaire, philosophie et éducation religieuse, philosophie, pensée politique et économique, licence en langue et littérature espagnoles, langue étrangère anglaise, licence en informatique éducative et théologie).

Pour mener à bien l'exercice de recherche, deux classes virtuelles ont été créées, l'une pour le groupe de contrôle et l'autre pour le groupe expérimental, à l'aide du système académique SAC fourni par l'université de Santo Tomás. Afin de mener à bien l'exercice de recherche, les

L'étudiant dans ce domaine d'étude a été inscrit dans l'un des deux groupes. Conformément à la méthodologie proposée par Campbell et Stanley (1995) concernant la formation des groupes, celle-ci se fait de manière spontanée.

Selon la publication Experimental and Quasi-experimental Designs in Social Research de Campbell et Stanley (1995), le type de modèle quasi-expérimental qui correspond à la présente étude est appelé : modèle de groupe de contrôle non équivalent.

Le modèle présenté dans la figure 2 est défini comme l'un des plus répandus dans la recherche éducative, comprenant un groupe expérimental et un groupe de contrôle, tous deux ayant reçu un pré-test et un post-test, ces groupes sont formés de manière naturelle mais non aléatoire, le traitement est appliqué au groupe expérimental et non à l'autre, afin d'observer les résultats, qui, dans le cas de cette étude, seront le modèle ABP - AVA.

Figure 2 : Conception d'un groupe de contrôle non équivalent

Source : Stanley & Campbell (1995)

La figure 2 représente le groupe expérimental (0 en haut) et le groupe témoin (0 en bas). Dans le cas de la présente recherche, un pré-test a été appliqué aux deux groupes, puis un traitement (représenté par un X) a été appliqué au groupe expérimental. Enfin, un post-test a été appliqué aux deux groupes.

Pour établir le degré de construction des connaissances, un pré-test est appliqué à chaque groupe, les conditions initiales sont les mêmes, le traitement est appliqué au groupe expérimental, qui dans ce cas sera le modèle ABP-AVA, et à la fin le post-test est appliqué aux deux groupes pour en observer l'effet.

Tableau 1. Modèle expérimental de base.

Groupes	Prétest	Traitement	Post-test
Expérimental	**Oui**	**Oui**	**Oui**
Contrôle	**Oui**	**Non**	**Oui**

Source : élaboration propre.

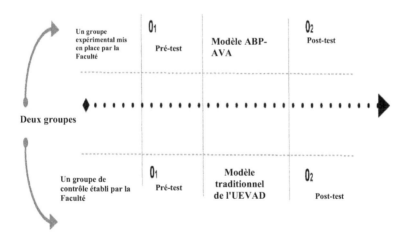

Figure 7 : Modèle expérimental appliqué.

Source : élaboration propre.

1.2. Description de l'exposition

Les conditions initiales des deux groupes (expérimental et de contrôle) sont les mêmes, comme le montre la constitution de deux groupes établis par la Faculté d'éducation, inscrits dans l'espace académique Philosophie des environnements d'apprentissage virtuels dans la modalité à distance, situés dans les 13 centres d'attention universitaires (CAU), répartis dans les différents départements de la Colombie.

Selon la caractérisation des étudiants de 2015 (Bienestar Universitario, 2015), réalisée au sein de l'institution, ces étudiants sont issus des strates 2 et 3, principalement de plusieurs CAU dans lesquelles l'institution est présente, principalement à Bogotá, Chiquinquirá, Manizales et Medellín, leur âge fluctue entre 17 et 22 ans, 80% d'entre eux étant des femmes.

Les listes de groupes se répartissent comme suit :

Tableau 2 : Groupes d'étude

Groupe	Nombre d'étudiants
Philosophie des environnements d'apprentissage virtuels (groupe expérimental)	23
Philosophie des environnements d'apprentissage virtuels (groupe de contrôle)	23
Source : Élaboration propre.	

1.2.1. Répartition de l'échantillon selon le groupe sélectionné par la faculté.

Les groupes établis par la Faculté d'éducation sont ceux qui, dans le cadre du programme d'études, peuvent prendre le domaine de formation Philosophie des environnements d'apprentissage virtuels, qui est géré par le programme de licence en informatique éducative de la VUAD et, par conséquent, le programme d'études est similaire dans tous les programmes.[7]

1.2.2. Description du processus de recherche.

Afin de mener à bien le processus de recherche (quasi-expérimental), des instruments appelés pré-test et post-test ont été initialement élaborés pour être appliqués aux groupes de contrôle et expérimental, en prenant comme référence le cadre théorique traitant de la pédagogie, du constructivisme, du connectivisme, de l'apprentissage par problèmes, des environnements d'apprentissage virtuels et de la construction de la connaissance.

Pour la validation, un test pilote est appliqué (section "Validation de l'instrument" p. 118) qui est expliqué aux étudiants, de la Faculté d'éducation constituée par l'Université, par le biais du logiciel *Statistical Package for the Social Sciences* (SPSS), sous licence au nom de l'Université Santo Tomas. Il a été établi avec une analyse de fiabilité avec l'échelle de *Mann-Whirne* et les questions finales, ce qui rend possible l'application du pré-test et du post-test.

---

[7] L'orientation de chaque espace académique de l'Universidad Santo Tomás dans sa modalité ouverte et à distance se fait à travers le Syllabus. Celui-ci permet de présenter les aspects fondamentaux de l'approche de chaque moment, l'étudiant pourra y trouver : la justification, les objectifs, les contenus et la méthodologie, éléments considérés comme pertinents pour démarrer l'espace académique.

Par la suite, deux scénarios virtuels ont été conçus, avec des méthodologies différentes. Le premier scénario virtuel a été conçu avec la méthodologie de l'apprentissage par problèmes sur l'environnement d'apprentissage virtuel où le modèle ABP-AVA a été appliqué. Le second scénario virtuel a été conçu avec la méthodologie traditionnelle VUAD. La différence la plus significative entre ces deux environnements réside dans la manière d'approcher l'étudiant des contenus proposés dans le domaine de la formation et dans la pertinence de ces contenus par rapport au domaine de la formation dans lequel ils sont développés. Dans le premier scénario, le modèle ABP-AVA établit un problème qui nécessite l'intégration des domaines pédagogique, humaniste, d'investigation et spécifique pour sa résolution. Dans le second scénario avec la méthodologie traditionnelle VUAD, la construction de la salle de classe et ses contenus répondent spécifiquement à la réalisation des objectifs d'apprentissage proposés dans cet espace, de ce point de vue, les approches en termes d'intégration d'autres domaines ne sont pas évidentes de manière transversale. L'effet sur la construction des connaissances a été établi au moyen de tests effectués au début du processus, appelés pré-test, et d'autres à la fin, appelés post-test. A la fin, une comparaison a été faite entre les deux tests appliqués aux deux groupes pour observer leur effet. Pour l'approche et le travail dans l'espace académique, la philosophie des environnements virtuels d'apprentissage.

Sur la base de ce qui précède, cinq phases ont été déterminées pour la mise en œuvre de l'approche quasi-expérimentale, qui sont décrites dans la figure 3 :

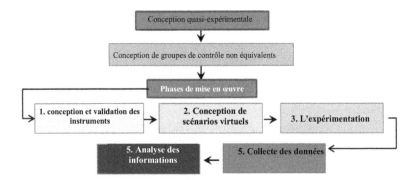

Figure 3 : Phases de mise en œuvre de l'approche quasi-expérimentale Source : élaboration personnelle.

1.3. Phase 1 - Conception et validation des instruments

1.3.1. Conception de l'instrument

Le cadre théorique abordé dans cette étude (Pédagogie, Constructivisme, Connectivisme, Apprentissage par problème, Environnements d'Apprentissage Virtuels et Construction des Connaissances), nous conduit à l'analyse et à la construction de trois catégories : Acquisition, Participation et Création/Construction des Connaissances dans les Environnements d'Apprentissage Virtuels ; Acquisition, Participation et Création/Construction des Connaissances dans l'Apprentissage par problème ; et Acquisition, Participation et Création/Construction des Connaissances dans les outils numériques. Ces catégories sont significatives pour établir la portée de la construction des connaissances dans le groupe ABP-AVA (expérimental) par rapport à un autre groupe témoin (AVA sans ABP), inscrit dans le domaine de la formation et de la philosophie des environnements d'apprentissage virtuels. A partir de ces catégories et des concepts abordés par Sánchez (2009), qui souligne les catégories d'acquisition, de participation et de création/construction, comme éléments pour la construction de la connaissance, les catégories d'analyse suivantes sont conçues et décrites ci-dessous.

Pour la conception des questions figurant dans les lignes directrices, Beck et al. (2004) ont été pris en compte en indiquant que les questions des groupes de discussion devaient être ouvertes et faciles à comprendre pour les participants, et qu'elles devaient en outre être concrètes et stimulantes ; les questions ont suivi les paramètres définis par Boucher (2003) : a) des questions ouvertes ont été utilisées pour permettre aux participants de répondre en détail à chaque question ; b) les questions fermées ont été évitées ; c) le "pourquoi" a rarement été utilisé ; d) l'accent a été mis sur la formulation de questions générales à des questions plus spécifiques.

1.2.3. Questions catégories d'analyse :

Les questions ont été élaborées pour chacune des catégories couvertes par la recherche, afin d'être appliquées en trois groupes, chacun d'entre eux étant énuméré ci-dessous :

- Acquisition, participation et création de connaissances/construction d'environnements d'apprentissage virtuels.

Sous-catégorie : Marchés publics

Acquisition de connaissances, participation et création/construction de connaissances à partir d'environnements d'apprentissage virtuels

Pour cette catégorie, une série de questions a été conçue pour montrer l'état initial des connaissances de l'étudiant en matière d'APV. Les expériences abordées dans d'autres domaines de formation sont investiguées à travers les dynamiques qui se produisent au sein de la matière, pour aborder, développer et valoriser chacun des thèmes qui y sont vus, l'expérience vécue dans l'espace Philosophie des Environnements d'Apprentissage Virtuels, pour établir le facteur d'acquisition pendant les 16 semaines du cours, puis les niveaux de participation à chacune des activités proposées (Vidéo conférences, Forums, journaux, wikis, Chat). Et enfin la construction des connaissances réalisée à partir de la socialisation et des débats au sein du groupe.

Marchés publics

Question 1 : L'utilisation de plates-formes d'apprentissage virtuelles vous permet-elle d'approfondir d'autres matières dans le cadre de votre diplôme ?

Cette question permet de montrer le degré d'acquisition des environnements d'apprentissage virtuels par rapport aux autres domaines de formation que l'étudiant prend en charge grâce à l'utilisation de la plateforme.

Question 3 Peut-on affirmer que l'utilisation appropriée des ressources de la plateforme, telles que l'accès à d'autres sites web, les vidéos, les cartes conceptuelles, facilite l'apprentissage de certaines matières de votre diplôme ?

L'objectif de cette question est de connaître le degré d'acquisition des différentes ressources offertes par la plateforme et leur pertinence pour leur carrière.

La participation

Question 5 : Les différentes tâches présentées dans la classe virtuelle VUAD vous invitent-elles à plusieurs reprises à visiter les sites proposés et à participer aux activités ?

L'objectif de cette question est d'observer la participation du groupe d'étude aux activités et ressources offertes par la plateforme et son intérêt pour les différents éléments qui s'y trouvent.

Question 2 : La plateforme Moodle (sur laquelle est développée la classe virtuelle VUAD) vous permet-elle d'interagir directement avec les autres participants ?

L'objectif de cette question est d'observer le degré de participation des membres de chacun des cours au sein de la plateforme.

Question 7 : Le partage des concepts avec les pairs est-il facilité par l'utilisation des activités propres à la plateforme telles que le journal, les forums, le chat et les *wikis* ?

L'objectif de cette question est d'observer le degré de participation aux différents espaces offerts par la plateforme pour le développement d'activités. *Création/construction*

Question 4 : La dynamique d'un forum dans une classe virtuelle contribue-t-elle à la clarification des doutes, permettant une compréhension plus approfondie d'un certain sujet ?

L'objectif de cette question est d'observer le degré de création/construction au sein d'un forum de classe virtuelle, en s'interrogeant sur le degré de profondeur des discussions.

Question 6 : L'utilisation des activités propres à la plateforme, telles que les journaux, les forums, les chats, les wikis, vous a-t-elle aidé à partager vos concepts avec vos pairs ?

L'objectif de cette question est d'observer le degré de Création/Construction atteint dans les activités de la plateforme et la manière dont celles-ci vous ont permis de partager et de discuter avec vos pairs.

Acquisition, participation et création/construction de connaissances dans l'apprentissage par problèmes.

Dans cette catégorie, une série de questions a été conçue pour montrer l'état initial des connaissances de l'étudiant en matière de PBL. L'expérience acquise dans d'autres espaces de formation, le traitement donné à l'APP, en particulier le concept et la dynamique qui se produit pour le développement des différents contenus, l'expérience vécue dans le domaine de la formation Philosophie des environnements d'apprentissage virtuels, pour établir le facteur d'acquisition au cours des 16 semaines du cours. Ensuite, les niveaux de participation à chacune des activités proposées (vidéoconférences, forums, journaux, wikis, chat), dynamisés par cette stratégie pédagogique, et enfin la construction de connaissances obtenue à partir de la résolution de problèmes impliquant leur rôle d'enseignant, en empruntant des concepts à d'autres domaines de formation pour tenter d'atteindre la solution la plus appropriée.

Marchés publics

Question 11 : La stratégie pédagogique de l'apprentissage par problèmes contribue-t-elle à l'approfondissement des concepts acquis dans votre matière ?

L'objectif de cette question est d'observer le degré d'acquisition de la stratégie pédagogique PBL et sa pertinence pour leur profession.

Question 10 : Le succès de la résolution du problème repose-t-il sur la participation d'experts en tant que ressource de la stratégie pédagogique PBL ?

L'objectif de cette question est d'observer le degré d'acquisition par l'étudiant du travail avec des experts lorsqu'il travaille avec la méthodologie PBL.

La participation

Question 12. Le PBL, en tant que stratégie de développement d'une matière, suscite-t-il votre intérêt par rapport à d'autres méthodologies, permettant au groupe d'étudiants de faire face à des situations de leur vie en tant que professionnels ?

Cette question interroge le groupe d'étudiants sur leur participation à cette méthodologie et sur sa pertinence pour résoudre des situations dans leur rôle de professionnels.

Question 13. L'une des ressources utilisées par la stratégie pédagogique PBL est la participation d'experts. Cela contribue-t-il à la réussite de la résolution du problème posé ?

Cette question porte sur la participation du groupe d'étude au travail avec les experts présents dans le cours virtuel et sur son importance dans la résolution du problème posé.

Création/construction

Question 8 : L'apprentissage par problèmes est-il une stratégie pédagogique qui permet à un étudiant de mettre en pratique les concepts acquis dans la résolution d'un problème lié à sa profession ?

L'objectif de cette question est d'observer le degré de création/construction dans l'apprentissage par problèmes, ce qui permet d'observer si les concepts abordés pour résoudre une situation problématique sont mis en pratique dans leur profession.

Question 9 : Seriez-vous d'accord avec l'expression "l'apprentissage par la pratique dans le domaine de la pédagogie représente une percée dans l'étude des connaissances acquises et renforce les connaissances qui ont été reléguées à la pratique" ?

Le but de cette question est d'observer le degré de Création/Construction dans le rôle de l'apprentissage par problèmes dans la pratique des concepts abordés dans une carrière de santé.

Question 14 : Les concepts abordés dans le domaine de formation Philosophie des environnements d'apprentissage virtuels répondent-ils aux besoins de votre domaine de travail ?

L'objectif de cette question est d'observer le degré de création/construction des concepts abordés dans la matière de la philosophie dans les environnements d'apprentissage virtuels lorsqu'ils sont médiatisés par la stratégie PBL.

Question 15. Les besoins de votre domaine d'activité sont satisfaits par les concepts abordés dans le domaine de formation Philosophie des environnements d'apprentissage virtuels.

L'objectif de cette question est d'observer le degré de création/construction des concepts abordés dans la matière Philosophie des environnements d'apprentissage virtuels appliquée au domaine de la formation.

Acquisition, participation et création/construction de connaissances dans les outils numériques.

Dans cette catégorie, une série de questions a été conçue pour montrer l'état initial des connaissances de l'étudiant en matière d'outils informatiques (Internet, outils Web 2.0, outils numériques de représentation des connaissances, outils numériques de travail collaboratif). Dans un premier temps, les questions portent sur l'interrogation par l'expérience de la gestion et de l'application de ces outils dans leur profession, l'interrogation sur l'expérience vécue dans le domaine de formation Philosophie des environnements d'apprentissage virtuels, pour établir le facteur d'acquisition pendant les 16 semaines du cours, puis les niveaux de participation à chacune des activités proposées pour l'apprentissage de ces outils et enfin, la construction de la connaissance réalisée avec l'utilisation et l'application de ces outils, dans la résolution du problème posé.

Cette catégorie devient encore plus évidente dans la présentation faite par l'étudiant aux experts, dans laquelle il s'approprie les concepts abordés dans ce domaine de formation, afin de répondre aux exigences concernant l'utilisation et l'application des outils informatiques qui sont nécessaires pour construire et soutenir la solution du problème posé dans l'espace académique.

Acquisition d'outils numériques

Question 18 : L'Internet est-il l'un des moyens novateurs d'apprentissage, car il permet de soutenir le travail collaboratif ?

L'objectif de cette question est d'observer le degré d'acquisition des outils fournis par l'Internet, en termes de gestion des espaces collaboratifs.

Question 20 : Les blogs permettent-ils de faire connaître le point de vue de l'utilisateur sur un sujet via le web ?

L'objectif de cette question est d'observer le degré d'acquisition de la conception d'un blog et sa pertinence pour leur formation.

Question 28 : Les outils numériques utilisés dans la construction d'environnements virtuels contribuent-ils à rendre le message à communiquer plus attrayant pour le spectateur, par le biais d'animations, de sons, d'hyperliens, etc.

L'objectif de cette question est d'observer le degré d'acquisition des outils numériques et leur rôle dans la présentation des idées devant les pairs, le tuteur et les experts.

Question 29 : Les outils du Web 2.0 vous permettent-ils d'organiser de manière simple et rapide les idées et les concepts que vous souhaitez faire connaître dans votre espace de formation, en permettant à ceux qui interagissent de comprendre l'objectif du scénario ?

L'objectif de cette question est d'observer le degré d'acquisition des outils du Web 2.0 et le rôle qu'ils jouent dans l'organisation et l'interprétation de l'information.

La participation

Question 17 : La participation des experts à la classe virtuelle invite-t-elle à la réflexion sur le cas présenté au début du cours, à d'éventuelles discussions avec les autres étudiants ?

L'objectif de cette question est d'observer le degré de participation aux espaces possibles pour trouver l'aide d'un expert afin d'en discuter et de la partager avec le groupe d'étude.

Question 19 : Dans la classe virtuelle, les espaces de communication tels que les forums, les journaux, les wikis, les chats, utilisés par vous et vos camarades de classe, sont-ils visités en permanence parce que vous y trouvez des espaces de réflexion et d'apprentissage permanent ?

L'objectif de cette question est d'observer le degré de participation aux activités de la plateforme et l'utilisation qui en est faite par le groupe d'étude en termes de réflexion et d'apprentissage.

Question 21 : Trouvez-vous dans le cours en classe virtuelle des éléments qui vous invitent à approfondir les concepts et à en apprendre de nouveaux ?

L'objectif de cette question est d'observer le degré de participation au cours conçu sur la plateforme et les visites répétées aux différentes activités qui y sont présentées.

Question 25 : Considérez-vous la classe virtuelle comme un moyen de communiquer vos attentes et vos suggestions concernant les concepts acquis jusqu'à présent ?

L'objectif de cette question est d'observer le degré de participation à la classe virtuelle, en particulier dans les espaces de communication qu'elle offre.

Création/construction

Question 16 : L'Internet fournit-il des moyens de soutenir le travail collaboratif, favorisant des modes d'apprentissage innovants ?

L'objectif de cette question est d'observer le degré de création/construction d'outils numériques pertinents pour le travail collaboratif et la manière dont ils sont au cœur du processus d'enseignement et d'apprentissage.

Question 22 : L'Internet, en tant que moyen de communication et d'apprentissage, représente-t-il un outil fondamental pour la réalisation de vos objectifs académiques et professionnels ?

L'objectif de cette question est d'observer le degré de création/construction de l'Internet en tant que support fondamental pour les processus académiques et de travail.

Question 23 : La classe virtuelle présente-t-elle des concepts de votre niveau académique et est-elle pertinente pour le développement des connaissances que vous avez acquises jusqu'à présent dans votre carrière ?

L'objectif de cette question est d'observer le degré de création/construction des outils informatiques présents dans la classe virtuelle en s'interrogeant sur leur pertinence dans leur carrière.

Question 24 : Les activités et les ressources présentes dans la classe virtuelle vous invitent-elles de manière répétée à visiter les sites proposés et à développer les différentes tâches qui y sont présentées ?

L'objectif de cette question est d'observer le degré de création/construction des ressources affichées dans la salle de classe pour soutenir le processus d'enseignement/apprentissage.

Question 26 : Les pages web, les vidéos, les cartes conceptuelles en tant que ressources de la classe virtuelle facilitent-elles l'apprentissage de certaines matières de votre diplôme ?

Le but de cette question est d'observer le degré de Création/Construction que les outils informatiques présentent dans la manière d'apprendre de façon plus simple des concepts spécifiques à leur carrière.

Question 27 : Les cartes conceptuelles vous aident-elles à mieux apprendre les concepts et à les organiser correctement afin de construire vos propres structures cognitives ?

L'objectif de cette question est d'observer le degré de création/construction des cartes conceptuelles et la manière dont elles contribuent à créer de nouvelles structures de pensée.

Question 30 : Les outils du Web 2.0 vous permettent-ils d'intégrer les connaissances acquises dans d'autres matières afin d'améliorer vos performances personnelles et professionnelles ?

L'objectif de cette question est d'observer le degré de Création/Construction dans l'utilisation des outils web 2.0 par l'intégration avec d'autres concepts dans lesquels il est possible d'améliorer les performances personnelles et professionnelles.

1.3.3 Échelle de Likert

Selon Sanchez (2009), l'échelle considérée comme appropriée pour mesurer ces facteurs (les catégories Acquisition, Participation et Création/Construction) est l'échelle de Likert, car il s'agit d'une échelle psychométrique qui permet de mesurer les capacités mentales et les niveaux de connaissance.

Chacune de ces questions a été formulée à l'aide d'une échelle de Likert, compte tenu du fait qu'elle est très simple et facile à interpréter. Cinq items ont été utilisés, allant de : tout à fait d'accord, avec un score de 1 point, à pas du tout d'accord, avec un score de 5. L'échelle de Likert construite dans la présente étude était la suivante :

Tableau 3. Échelle de Likert

Échelle de Likert		
Objet		**Qualification**
TA	Je suis tout à fait d'accord	5
PA	Partiellement d'accord	
NA-ND	Ni d'accord ni en désaccord	
PS	Partiellement en désaccord	
TD	Pas du tout d'accord	1

Source : élaboration propre.

Selon Namakforoosh (2005), l'analyse des données doit répondre à la question posée par le chercheur. Pour la présente étude, trois mesures ont été prises. La première est la moyenne (mesure de la tendance centrale), cette mesure nous permet d'observer l'item le plus répondu dans les instruments appliqués (pré-test - post-test), la deuxième se réfère à l'étendue et la troisième à la déviation (mesures de dispersion), en tant que mesures qui nous permettent d'observer le degré de dispersion, d'oscillation entre les items auxquels il a été répondu dans les instruments.

1.5 . Validation de l'instrument

Après avoir appliqué le test pilote sur un groupe d'étudiants établi par la Faculté, l'instrument a été validé à l'aide du logiciel SPSS[8] , sous licence de l'Université de Santo Tomás. Pour cette validation, le test de Mann-Whitney a été utilisé, ce test consiste à mesurer l'indice de corrélation entre les questions conçues, cet indice doit être supérieur à 0,3, les tableaux suivants montrent la corrélation existante et la valeur associée à chacune d'entre elles.

1.5.1 . Catégorie I, Acquisition, participation et création/construction de connaissances dans les environnements d'apprentissage virtuels

Tableau 4 : Catégorie de validation I

	PREG1	PREG2	PREG3	PREG	PREG 5	PREG	PREG
PREG1	1,000	-0,135	-0,135	-0,258	0,158	-0,200	0,258
PREG2	-0,135	1,000	-0,091	0,522	-0,213	,674(*)	-0,174
PREG3	-0,135	-0,091	1,000	0,522	0,426	-0,135	-0,174
PREG4	-0,258	0,522	0,522	1,000	0,000	,775(**)	-0,333
PREG5	0,158	-0,213	0,426	0,000	1,000	-0,316	0,408
PREG6	-0,200	,674(*)	-0,135	0,775(**)	-0,316	1,000	-0,258
PREG7	0,258	-0,174	-0,174	-0,333	0,408	-0,258	1,000

Source : élaboration propre.

Ce tableau 4 montre la corrélation existante pour cette catégorie, la question 5 par exemple montre une corrélation avec la question 9 de 0,522, dépassant l'indice de Mann-Whitney proposé par le test de Mann-Whitney.

1.5.2 . Catégorie II, Acquisition des connaissances, participation et création/construction des connaissances dans les environnements d'apprentissage virtuels

Tableau 5 - Catégorie de validation II

	PRE G8	PRE G9	PREG 10	G	PRE	PREG	PREG	PREG	PREG 30

---

[8] Le logiciel SPSS est un ensemble de programmes d'analyse statistique.

PREG 8	1,000	0,258	0,400		-0,199	-0,135	-0,200	-0,200	-0,316
PREG 9	0,258	1,000	0,258		0,214	0,522	0,258	0,258	0,000
PREG	0,400	0,258	1,000		-0,199	-0,135	-0,200	-0,200	-0,316
PREG	-0,135	0,522	-0,135		,604(*)	1,000	,674(*)	,674(*)	0,426
PREG	-0,200	0,258	-0,200		0,349	,674(*)	1,000	1,000(**)	,632(*)
PREG	-0,200	0,258	-0,200		0,349	,674(*)	1,000(**)	1,000	,632(*)
PREG 30	-0,316	0,000	-0,316		,630(*)	0,426	,632(*)	,632(*)	1,000

1.5.3 Catégorie III, Acquisition, participation et création/construction de connaissances dans les outils numériques

Ce tableau 5 montre la corrélation existante pour cette catégorie, la question 12 par exemple a une corrélation avec la question 10 de 0,604, dépassant l'indice de Mann-Whitney.

Tableau 6 - Catégorie de validation III

	PREG15	PREG17	PREG18	PREG19	PREG22	PREG 20	PREG21	PREG16	PREG23	PREG25	PREG 29	PREG 26
PRE G15	1	0,810(**)	0,674(*)	0,349	0,4	-0,316	0,674(*)	0,775(**)	-0,316	0,775(**)	0,158	0,258
PRE G17	0,810(**)	1	0,632(*)	0,29	0,213	-0,405	0,632(*)	0,991(**)	-0,034	0,991(**)	-0,034	0,183
PRE G18	0,674(*)	0,632(*)	1	0,604(*)	-0,135	-0,213	1,000(**)	0,522	-0,213	0,522	-0,213	0,522
PRE G19	0,349	0,29	0,604(*)	1	-0,199	-0,315	0,604(*)	0,214	-0,315	0,214	-0,315	0,214
PRE G22	0,4	0,213	-0,135	-0,199	1	-0,316	-0,135	0,258	-0,316	0,258	0,632(*)	-0,258

PRE G20	-0,316	-0,405	-0,213	-0,315	-0,316	1	-0,213	-0,408	0,25	-0,408	-0,125	0,408
PRE G21	0,674(*)	0,632(*)	1,000(**)	0,604(*)	-0,135	-0,213	1	0,522	-0,213	0,522	-0,213	0,522
PRE G16	0,775(**)	0,991(**)	0,522	0,214	0,258	-0,408	0,522	1	0	1,000(**)	0	0,111
PRE G28	0	0,222	0,302	-0,037	-0,447	0	0,302	0,192	0,707(*)	0,192	0	0,192
PRE G23	-0,316	-0,034	-0,213	-0,315	-0,316	0,25	-0,213	0	1	0	0,25	0
PRE G24	0,674(*)	0,632(*)	1,000(**)	0,604(*)	-0,135	-0,213	1,000(**)	0,522	-0,213	0,522	-0,213	0,522
PRE G25	0,775(**)	0,991(**)	0,522	0,214	0,258	-0,408	0,522	1,000(**)	0	1	0	0,111
PRE G29	0,158	-0,034	-0,213	-0,315	0,632(*)	-0,125	-0,213	0	0,25	0	1	-0,408
PRE G26	0,258	0,183	0,522	0,214	-0,258	0,408	0,522	0,111	0	0,111	-0,408	1

Source : élaboration propre.

Ce tableau 6 montre la corrélation existante pour cette catégorie, la question 13 par exemple présente une corrélation avec la question 6 de 0,602, dépassant l'indice de Mann-Whitney proposé par la méthode de Mann-Whitney.

1.5.4 Validation des questions

Pour valider la conception des questions proposées, un test pilote a été réalisé avec un groupe de cinq étudiants sélectionnés au hasard dans la ville de Bogota, qui faisaient partie du groupe expérimental, le groupe pour lequel le cours conçu avec le modèle ABP sur l'AVA a été appliqué, qui s'est vu attribuer le guide de questions et, grâce à leurs réponses, il a été possible de valider les questions qui répondaient aux objectifs proposés.

1.6 Phase 2 - Conception des scénarios virtuels

Cette phase comprend l'élaboration du cours virtuel pour chacun des groupes sélectionnés ; à cette fin, certains éléments coïncidents sont définis pour permettre un processus homogène, sans différences susceptibles d'altérer les résultats de la recherche, pour lesquels les activités suivantes sont nécessaires :

1.6.1 Conception du modèle de communication

Elle comprend la conception d'interfaces, d'iconographies et d'autres éléments qui permettent une communication fluide entre l'enseignant et les étudiants et entre les étudiants et les autres étudiants.

1.6.2 Conception matérielle

Cependant, à certains moments, une situation particulière que l'enseignant souhaite mettre en évidence est abordée, et c'est alors qu'il devient nécessaire de créer des supports pédagogiques spécifiques qui répondent aux besoins du modèle. Il peut s'agir d'animations, d'interactifs, d'illustrations ou de compositions numériques.

1.6.3 Conception de guides et d'activités pédagogiques

Étant donné que deux conceptions méthodologiques sont comparées, des guides pédagogiques (pour le modèle traditionnel) et des guides d'activités (dans le modèle PBL) doivent être élaborés en cohérence avec la formulation de chacun de ces modèles.

1.7 Phase 3 - Expérimentation

L'expérimentation se fait en appliquant le test d'entrée (prétest) aux deux groupes (contrôle et expérimental) au début du cours, et à la fin du cours, le test final (posttest) est appliqué aux deux groupes. Après avoir passé le test d'entrée, chaque étudiant a accès au cours virtuel correspondant. Ils ont reçu ces informations au préalable, ainsi qu'une formation à l'utilisation de la plateforme Moodle (sur laquelle le cours virtuel est hébergé).

1.8 Phase 4 - Collecte d'informations

Pour cette phase, l'option Drive form[9] a été utilisée à partir du courrier électronique institutionnel de l'Universidad Santo Tomás, dans lequel le test d'entrée (pré-test) et le test final (post-test) ont été conçus. Ces tests étaient accessibles dans les deux cours (ABP et traditionnel) au moyen d'un lien situé au début de chacun d'entre eux. Chaque étudiant entrait dans son cours respectif avec un nom d'utilisateur et un mot de passe définis par le département TIC de l'université, accédait à l'instrument et, après avoir répondu, était désactivé afin d'éviter toute nouvelle entrée qui pourrait affecter l'étude.

Les catégories définies dans les instruments (pré-test et post-test) étaient les suivantes :

- Acquisition de connaissances, participation et création/construction dans les environnements d'apprentissage virtuels.

- Acquisition, participation et création/construction de connaissances dans l'apprentissage par problèmes.

- Acquisition, participation et création/construction de connaissances dans les outils numériques.

1.9 Phase 5 - Analyse des informations

Afin de déterminer l'étendue de la construction des connaissances lors de l'utilisation de l'apprentissage par problèmes et des méthodologies traditionnelles, les analyses suivantes ont été effectuées :

- Analyse de chacune des catégories déterminée par le chercheur.

- Analyse des résultats du pré-test et du post-test pour chacune des méthodologies d'apprentissage.

- Analyse des résultats finaux obtenus par chacune des méthodologies.

1.9.1 Groupe de discussion

Les groupes de discussion sont une technique de collecte de données par le biais d'un entretien de groupe semi-structuré, guidé par un ensemble de questions soigneusement conçues avec un objectif particulier (Aigneren, 2006 ; Becket al., 2004), appliqué dans des groupes de petite ou moyenne taille (trois à dix personnes), dans ce scénario une conversation approfondie est encouragée autour d'un ou plusieurs sujets dans une atmosphère détendue et informelle sous la direction d'un spécialiste de la dynamique de groupe.

---

[9] Il fonctionne directement dans un navigateur web de Google et facilite la création de formulaires grâce à la structure qu'il gère, en tenant compte des types de questions et de la manière dont on y répond.

Cette dynamique sociale, née de l'interaction au sein des groupes de discussion, est considérée comme fondamentale pour la vérification des résultats de la présente étude, car elle permet de renforcer les conclusions des instruments appliqués, avant et après le test, sur des aspects tels que : la profondeur de l'expérience avec le travail du nouveau modèle, enrichie par les opinions, la participation et les débats au sein du groupe.

De même, la portée de cette expérience en termes pédagogiques et didactiques est analysée à l'aide d'instruments tels que le pré-test et le post-test, mais le travail avec le groupe focal permet d'acquérir une multiplicité de points de vue, qui se traduisent par des processus émotionnels pouvant survenir dans l'interaction et dont le modérateur peut déduire l'efficacité en termes d'apprentissage et de construction de nouveaux concepts.

Hernández (2014) précise qu'au-delà du fait de poser la même question à plusieurs participants, l'objectif est de générer et d'analyser l'interaction entre eux et la manière dont les significations sont construites en tant que groupe.

Sur la base de ce qui précède, il est prévu que les attitudes, les sentiments, les croyances, les expériences et les réactions émergent chez les participants (Gibb, 1997). Dans le cadre de cette recherche, nous cherchons à explorer en profondeur les catégories d'analyse proposées :

- Acquisition, participation et création de connaissances/construction d'environnements d'apprentissage virtuels.

- Acquisition, participation et création de connaissances/construction de l'apprentissage par problèmes.

- Acquisition de connaissances, participation et création/construction dans les outils numériques.

L'application de cette technique dans le groupe expérimental, avec le modèle ABP-AVA, a pour but de spécifier, de corroborer ou de réfuter l'étendue de la construction des connaissances, ainsi que de détecter les relations entre des éléments pédagogiques, didactiques ou pratiques particuliers afin de générer de nouvelles connaissances.

La mise en place des groupes de discussion dans le cadre de ce projet a nécessité l'élaboration de guides d'entretien pré-validés avec des questions correspondant à chaque catégorie d'analyse.

Compte tenu de ce qui précède, trois phases de mise en œuvre ont été déterminées pour le groupe de discussion :

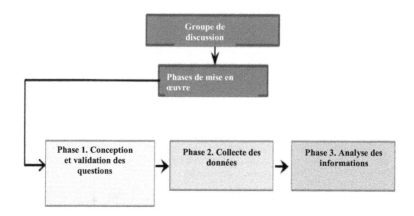

Figure 4 : Phases de la mise en œuvre du groupe de discussion Source : Préparé par les auteurs.

CHAPITRE II

1. RÉSULTATS ET SYSTÉMATISATION

Les résultats et leur systématisation seront présentés sous deux angles : 1) conception d'un cours avec le modèle ABP-AVA pour la formation à la philosophie des environnements virtuels ; 2) approche quantitative avec conception quasi-expérimentale, étayée par l'application de la technique de collecte de données appelée "Focus Group" dans le groupe expérimental. Cet instrument permettra de vérifier ou de réfuter les résultats de l'expérience.

Sur la base de ce qui précède, nous présentons dans un premier temps la conception et la structure du cours avec le modèle ABP-AVA pour l'espace académique de philosophie des environnements d'apprentissage virtuels, qui a accueilli le scénario de travail des étudiants du groupe expérimental. La deuxième section présente les résultats statistiques de l'application de la conception quasi-expérimentale choisie pour cette recherche : groupe de contrôle non équivalent. Ceci prend en compte les tests de pré-test et de post-test effectués par les deux groupes : contrôle et expérimental. Enfin, les résultats obtenus dans le groupe de discussion sont discutés.

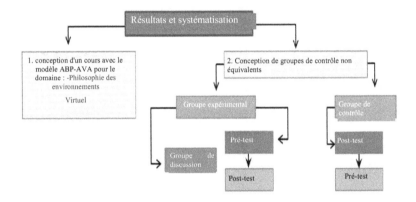

Figure 5 : Phases de présentation des résultats et de systématisation

Source : élaboration propre

1.1 *Conception d'un cours avec le modèle ABP-AVA pour le domaine de la formation à la philosophie dans des environnements virtuels.*

Romero (2011) propose cinq moments pour l'approche d'une proposition qui envisage la conception d'un cours avec le modèle ABP-AVA : sensibilisation, énoncé du problème, fondement, présentation de l'hypothèse et justification de l'hypothèse. Voici les résultats obtenus sur le site , basés sur les moments indiqués par l'auteur et contextualisés pour la proposition de recherche de cette étude.

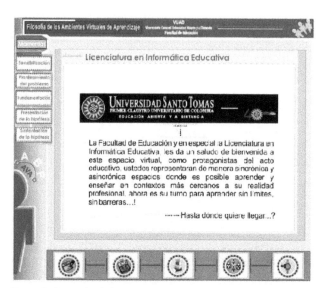

Figure 6 : Conception de l'APV avec PBA.

Source : élaboration propre.

Le cours conçu pour l'espace académique, philosophie des environnements virtuels, dans sa fenêtre de présentation (Figure 6) permet d'aborder chacun des espaces (Sensibilisation, Énoncé du problème, Fondation, Présentation de l'hypothèse et Justification de l'hypothèse) au moyen de boutons situés sur le côté gauche, dans chacun d'eux l'étudiant pourra approfondir en termes de méthodologie, de sujets et les différentes activités de soutien dans leur processus de formation.

Dans cette même fenêtre, l'étudiant trouvera cinq icônes qui lui permettront de visualiser le programme, le calendrier du processus ainsi que les activités, les ressources de soutien, les informations de contact du tuteur et des experts dans les différents domaines qui sont étudiés en profondeur dans le cours et, enfin, les différentes formes de communication entre l'enseignant - l'étudiant - l'étudiant, telles que l'e-mail, *Skype, le chat* et le forum social (Figure 2).

Figure 7 : Icônes de soutien.

Source : élaboration propre.

Syllabus : dans ce lien, l'étudiant pourra trouver le syllabus de l'espace académique, où il pourra visualiser l'identification de l'espace de formation, son objectif, son noyau problématique, la méthodologie, les compétences, les unités thématiques, les stratégies didactiques, les critères de qualification et la bibliographie.

Calendrier : il est présenté en tenant compte des cinq moments du cours, à savoir la prise de conscience, l'énoncé du problème, la justification, la présentation de l'hypothèse et le soutien de l'hypothèse. Dans chacun de ces moments, l'étudiant peut trouver une description du moment ainsi que les activités à développer dans ce moment (figure 6).

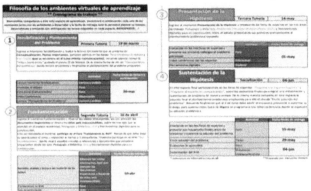

Figure 8 Calendrier.

Source : élaboration propre.

Ressources de soutien : dans cet espace, l'étudiant se voit proposer huit lectures de soutien sur les thèmes qui composent l'espace académique, tels que les environnements d'apprentissage virtuels, la pédagogie et la didactique, les outils numériques, qui lui permettent d'approfondir chacun d'entre eux et de les appliquer à la construction de son APV (figure 7).

Figure 9 Ressources d'appui.

Source : élaboration propre.

Tuteurs : dans cet espace, les étudiants pourront trouver les coordonnées du tuteur de l'espace académique (Alexander Romero), ainsi que les experts de chacun des thèmes. Gilma

Sanabria a partagé son expérience dans les domaines de la pédagogie et de la didactique, Carlos Huber Pinilla était présent en tant qu'expert en environnements d'apprentissage virtuels, Katherine Roa était experte en outils numériques, Julia Isabel Roberto était experte en techniques de représentation de la communication et enfin Jorge Álvaro Quiroga était expert en techniques de soutien (figure 10).

Figure 10 : Tuteurs.

Source : élaboration propre.

Communication : dans cet espace, l'étudiant pourra trouver les différentes formes de communication avec le tuteur, l'expert et les camarades de classe. Il s'agit du courrier institutionnel, du forum social, de Skype et du chat. Chacune des icônes renvoie à chacun des espaces (figure 11).

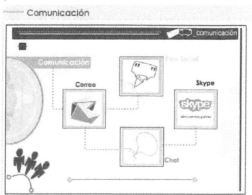

Figure 11. Communication.

Source : élaboration propre.

La conceptualisation et la justification de chacun des moments sont présentées plus en détail ci-dessous :

Moment 1 - Sensibilisation

Il reflète l'engagement initial, montrant la dimension que la mise en œuvre de la proposition peut avoir. Dans cet espace, les étudiants et les tuteurs ont une première approche conceptuelle de ce qui est considéré comme important d'aborder avant de commencer le cours. Ce premier moment se compose de quatre espaces : conceptualisation, lignes directrices importantes, activités du moment et vidéoconférence (figure 10).

Figure 12 : Moment 1 - Sensibilisation.

Source : élaboration propre.

Conceptualisation : l'objectif de ce premier espace du moment I est de présenter au groupe d'étudiants le modèle de travail ABP-AVA, Romero (2011), sur lequel l'approche de la proposition est conçue (Figure 11) ; au moyen d'une présentation avec des boutons de navigation (Figure 14), le groupe sera en mesure d'aborder une brève définition de chacun des moments du cours, ce premier contact avec la méthodologie permettra dans les espaces ultérieurs (activités et vidéoconférence) de débattre et de résoudre les problèmes dans cette nouvelle façon d'apprendre.

Figure 13 Modèle d'étude.

Source : élaboration propre.

Figure 14 Conceptualisation.

Source : élaboration propre.

Lignes directrices importantes : le groupe doit connaître certaines règles du jeu (figure 13), appelées "lignes directrices importantes". Il est important de reconnaître que ce nouveau processus génère des changements dans la manière dont l'enseignement et l'apprentissage se déroulent. C'est pourquoi le modèle ABP - AVA entre dans cette réflexion en reconnaissant que les environnements d'apprentissage virtuels présentent généralement un visage amical aux processus éducatifs, mais qu'ils s'éloignent des modèles traditionnels et des formes couramment utilisées pour exercer ce qui est appris ; pour cette raison, il est nécessaire que les règles du jeu soient établies avec des mécanismes qui permettent au groupe d'opter pour plusieurs alternatives, en tenant compte du fait qu'il s'agit d'une stratégie flexible, ouverte à de nombreuses façons de penser et d'agir. Pour un groupe "habitué" à ce qu'on lui dise toujours ce qu'il doit faire et comment agir, cela peut constituer un obstacle.

Figure 15 Lignes directrices importantes.

Source : élaboration propre.

Activités : elles sont réalisées par le biais d'un forum de discussion, qui permet un échange d'idées au moyen d'une question posée à partir de l'objectif central du cours. Réfléchissez à l'essence des environnements d'apprentissage virtuels (EAV). Quelles sont les composantes pédagogiques, didactiques et technologiques que vous considérez (d'après votre expérience universitaire et professionnelle) qu'un EAV devrait contenir dans votre domaine de formation ? (figure 14).

Figure 16 Activités.

Source : élaboration propre.

Vidéoconférence : dans cet espace, les étudiants pouvaient entrer dans les différents espaces de vidéoconférence développés par chacun des experts, dans lesquels chaque tuteur présentait quelques conseils sur le sujet et clarifiait les différents doutes des étudiants (figure 15).

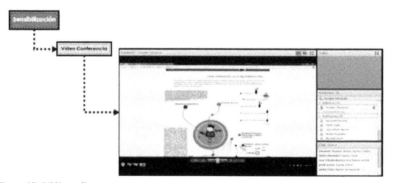

Figure 17 : Vidéoconférence.

Source : élaboration propre.

Moment 2 - Énoncé du problème

Ce deuxième moment aborde le problème sur lequel le groupe va concentrer ses efforts pour trouver la solution, l'approche du problème a pris en compte des aspects fondamentaux pour son choix, le groupe d'enseignants a eu une participation active dans la sélection du problème, où chacun à partir de son expérience, conduit à réfléchir sur un problème qui défie pleinement ses connaissances et lui permet de mettre ses connaissances en pratique (Figure 16).

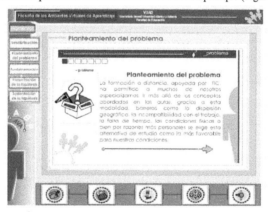

Figure 18 Moment 2 - Énoncé du problème.

Source : élaboration propre.

A l'exception de quelques disciplines, les bons problèmes d'APP ne figurent pas dans les manuels. Par conséquent, le groupe de tuteurs doit trouver les problèmes, modifier ceux qui figurent dans les manuels ou en développer de nouveaux qui ciblent les objectifs théoriques du cours et les objectifs d'apprentissage (White, 2004). Le problème doit permettre à l'apprenant d'être associé à des situations réalistes sous la forme d'études de cas ou de situations.

C'est pourquoi des espaces de réflexion ont été aménagés où il était possible de discuter et de trouver, avec l'aide des "experts", un problème qui rassemble les aspects les plus importants de l'enquête sur les connaissances et qui reflète une situation qu'ils sont sûrs de rencontrer dans leur pratique professionnelle (figure 17).

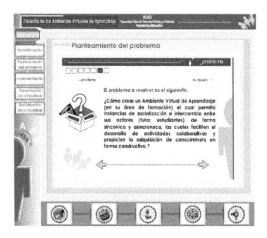

Figure 19 Problème à résoudre par les élèves

Source : élaboration propre.

Moment 3 - Justification

Ce troisième moment permet au groupe d'étudiants d'accéder à un certain nombre de ressources qui faciliteront l'examen du problème posé, en se concentrant sur les trois domaines d'intérêt, la pédagogie et la didactique, les environnements d'apprentissage virtuels et les outils numériques pour la conception d'environnements d'apprentissage virtuels et, enfin, l'étudiant trouvera un espace pour mener à bien les activités du moment (figure 18).

Figure 20 Justification.

Source : élaboration propre.

Le moment est renforcé par la consultation de vidéos, de documents et de sites web (figure 19), qui ouvrent encore plus de possibilités dans l'investigation et la construction d'hypothèses. Internet offre des possibilités infinies dans ce domaine, mais il faut que des professionnels approuvent le contenu et indiquent si le problème posé est pertinent pour le groupe. C'est pourquoi, dans ce type d'apprentissage, l'interdisciplinarité entre les tuteurs joue un rôle essentiel dans la construction d'un matériel qui soutient l'apprentissage.

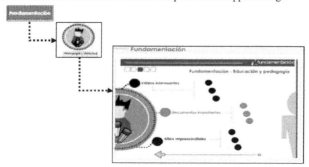

Figure 21. Matériel d'appui.

Source : élaboration propre.

Dans l'espace d'activité illustré à la figure 20, il y a un forum et un wiki. Dans le premier, les étudiants doivent participer une fois qu'ils ont analysé les ressources numériques des différents domaines, en répondant à la question suivante : quel est, selon eux, le modèle et la stratégie pédagogiques les plus proches de la dynamique des espaces numériques pour la construction des connaissances dans leur domaine de formation ? En plus d'étayer leur réponse, ils doivent débattre d'au moins trois opinions de leurs camarades. Dans le cas du Wiki, les étudiants doivent partager les sites recommandés, les documents ou tout autre matériel qui nous permet de continuer à soutenir notre travail dans ces trois domaines.

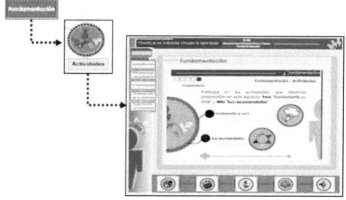

Figure 22. Activités au moment de la fondation.

Source : élaboration propre.

L'apprentissage par problèmes exige de l'étudiant un travail plus autonome que dans les méthodologies traditionnelles. Il doit construire ses propres concepts, ses propres hypothèses, il doit utiliser de manière autonome les ressources proposées et en tirer les éléments qu'il juge importants pour la construction de son travail, mais il doit aussi partager ses résultats en termes de connaissances avec le groupe d'étude, ce qui lui permettra de construire encore plus d'éléments qui faciliteront son argumentation dans le partage lorsque le moment de la présentation arrivera.

Moment 4 - Présentation de l'hypothèse

Dahle et al. (2008) affirment que le principe de base d'une étude basée sur un problème est que l'apprenant identifie clairement un problème ou une question, recherche de manière indépendante les connaissances nécessaires pour répondre à cette question et applique ensuite les connaissances nécessaires acquises au problème initial.

Les concepts recueillis dans le Moment 3 permettent au groupe d'étudiants de mûrir leur réponse, d'avoir des approches plus fondées et de s'appuyer sur les ressources présentes dans le cours, le Moment 4 (Figure 21) a été construit en trois espaces. Le premier, intitulé "Interagir avec les experts", recrée la méthodologie PBL, en établissant des dialogues avec les experts présents et en soutenant la dynamique d'apprentissage et la résolution du problème posé. Le deuxième, "Vidéoconférence avec les experts", où chacun des experts disposera d'un espace pour partager avec les étudiants les différents domaines sur lesquels ils travailleront dans le cadre du cours, et le dernier espace, "Outils", dans lequel l'étudiant se verra présenter un environnement dans lequel il pourra découvrir les différents outils numériques qui lui permettront de construire ou d'apporter une solution au problème posé.

Figure 23. Moment 4 - Présentation de l'hypothèse.

Source : élaboration propre.

La plateforme Moodle, qui est flexible en termes d'espaces d'interaction, offre plusieurs stratégies à cette fin. Les forums sont considérés comme l'endroit idéal pour ancrer les propositions que le groupe d'étudiants a construites pour fournir une solution au problème posé, où les experts et les étudiants construisent des éléments qui leur permettront d'étayer leur hypothèse.

L'un des espaces les plus importants à l'heure actuelle est : "Interagir avec les experts". Dans cet espace, un groupe d'experts dans chacun des domaines de prédilection de l'espace académique, de la pédagogie et de la didactique, des environnements d'apprentissage virtuels et des outils numériques pour la conception d'EAV est présenté, dont la mission est d'orienter les conclusions dans la présentation de l'hypothèse concernant le problème posé. Compte tenu de ce qui précède, la mission de chacun de ces espaces est définie comme suit :

- L'expert pédagogique et didactique (figure 21) présente aux étudiants les modèles et stratégies pédagogiques proposés pour la conception et la construction d'environnements d'apprentissage virtuels, ainsi que la manière d'interpréter ces modèles et stratégies en fonction des intérêts d'apprentissage de chacun des étudiants.

- L'expert en environnements d'apprentissage virtuels (figure 22) conseille les étudiants sur les concepts dérivés des environnements d'apprentissage virtuels, ainsi que sur la conception pédagogique à mettre en œuvre dans la structuration de l'EAV, en mettant l'accent sur les plates-formes actuellement les plus utilisées pour l'organisation et la schématisation d'un environnement d'apprentissage. Enfin, les étapes de la conception et les éléments minimaux du développement de l'EAV ont été abordés.

- L'expert en outils numériques pour la conception de VLE (figure 23) guide les étudiants dans les différents outils web 2.0 et leur application dans des scénarios d'apprentissage virtuel, en mettant l'accent sur les exigences minimales en termes de conception, d'incorporation de ressources numériques et de construction d'espaces de communication, qui sont fondamentales pour leur construction.

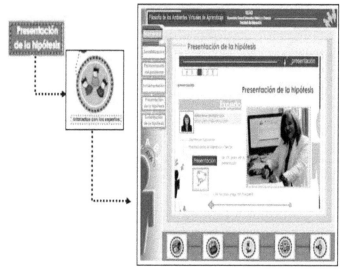

Figure 24 Expert en pédagogie et didactique.

Source : élaboration propre.

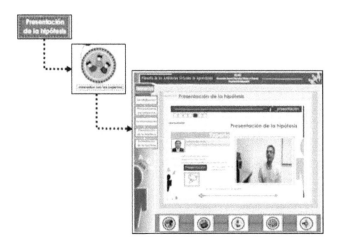

Figure 25 Expert en environnements d'apprentissage virtuels.

Source : élaboration propre.

Figure 26. Expert en outils numériques.

Source : élaboration propre.

Le rôle du tuteur est de stimuler et d'aider le groupe d'étude et, si les apprenants se complaisent dans leur travail ou perdent toute perspective, de les réorienter vers des domaines d'étude pertinents et des niveaux de connaissance réalistes (Svedin & Koch, 1990).

Les espaces tels que le forum d'experts (Figure 25) sont considérés comme pertinents dans une méthodologie telle que l'APP, car on considère que l'expert joue un rôle transcendantal dans la dynamique de construction des connaissances tout au long du cours, les stratégies asynchrones où les experts et les étudiants peuvent entrer à tout moment et s'enquérir des connaissances sont significatives dans le résultat final.

Figure 27. Forum d'experts.

Source : élaboration propre.

Cette stratégie communicative est soutenue par l'utilisation de la vidéoconférence avec les experts (Figure 26) qui signifie pour l'étudiant et l'expert, une confrontation visuelle, auditive et écrite des difficultés, des questions ou des recommandations qui pourraient être faites pour la présentation de l'hypothèse, Moodle permet de générer des liens vers des outils gratuits qui rendent la vidéoconférence possible.

Le fait de voir de l'autre côté de l'écran la personne qui a soutenu le processus de réflexion sur le problème posé est une expérience qui devient de plus en plus importante dans les environnements virtuels d'apprentissage. L'utilisation de vidéos où chaque expert explique chacun des termes qui se réfèrent au problème génère des attentes par rapport à l'espace visuel offert par la vidéoconférence, la confrontation des idées et l'observation du débat ou de la clarification est l'un des nombreux arguments pour que le groupe continue à travailler à rendre les espaces éducatifs actuels propices et pertinents.

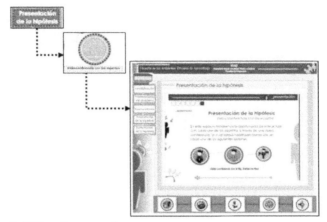

Figure 28. Vidéoconférence avec des experts.

Source : élaboration propre.

Le troisième espace du Moment 4 leur permet de naviguer à travers différents outils numériques (figure 27) qui leur seront d'une grande aide pour préparer "technologiquement" l'étayage de leur hypothèse. Ici, l'expert en la matière guide le groupe d'élèves dans l'utilisation pertinente de certains éléments informatiques qui permettront de montrer leur progression dans le problème posé.

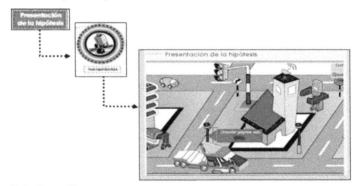

Figure 29. Outils numériques.

Source : élaboration propre.

Un tour d'horizon des outils offerts par l'Internet 2.0 a été fait, basé sur le concept que les internautes peuvent utiliser des ressources basées sur deux éléments fondamentaux : la gratuité et la communauté. La génération de sites qui présentent ces concepts a catapulté le web vers un autre concept que personne n'avait peut-être imaginé. En effet, les communautés virtuelles que l'on trouve actuellement sur ces sites augmentent ces possibilités, brisant les paradigmes de la communication et élevant l'utilisation de ces sites web à la catégorie la plus élevée, en tant qu'élément fondamental pour que tout enfant, jeune ou adulte puisse y avoir accès.

Moment 5 - Justification de l'hypothèse

C'est à ce moment que le groupe d'étudiants et les experts se rencontrent pour montrer et évaluer les résultats, deux réunions précédentes avec deux experts supplémentaires ont été préparées pour ce moment. Ils guideront le groupe d'étudiants pour étayer l'hypothèse, dans les espaces définis comme "Techniques de représentation des connaissances" et "Techniques de soutien", en augmentant le degré de compétences qu'ils souhaitent encourager chez les professionnels (Figure 28).

Premièrement, les techniques de représentation des connaissances, dirigées par un professionnel de la linguistique et de la littérature (figure 29), soutiennent le groupe dans les concepts de forme et de style dans la production de textes, en exposant de la même manière certaines techniques ou stratégies plus appropriées pour soutenir la solution du problème dans le domaine de formation des différents étudiants.

Deuxièmement, les techniques de soutien, dirigées par un diplômé en informatique et publiciste, (figure 30) ajoutent à l'espace de formation des concepts et des principes fondamentaux pour la présentation en public, ces techniques qui renforcent la présentation de l'hypothèse devant des pairs, des tuteurs et des experts. Ces concepts sont pertinents dans l'ordre de la sécurité et de la crédibilité qui sont nécessaires pour soutenir la solution du problème. Ce professionnel expose, par le biais d'espaces tels que la vidéoconférence et le forum, des idées et des stratégies de manière à ce que l'étape finale "Justification de l'hypothèse" permette de démontrer les résultats d'une manière créative et argumentée.

Figure 30 Moment 5 Justification de l'hypothèse Source : élaboration personnelle.

Figure 31 Techniques de représentation des connaissances.

Source : élaboration propre.

Figure 32. Techniques de levage.

Source : élaboration propre.

31.1.1 Conception quasi-expérimentale, groupe de contrôle non équivalent

Sur la base des résultats obtenus lors des tests (pré-test et post-test), il s'agit d'établir l'étendue de la construction des connaissances dans le domaine de la formation Philosophie des environnements d'apprentissage virtuels à la Faculté d'éducation de l'Université de Santo Tomás - VUAD. Les participants ont été divisés en deux groupes. Le premier avec l'application du modèle ABP - AVA (groupe expérimental).

Le second groupe a conservé la méthodologie traditionnelle (groupe de contrôle). Les phases suivantes ont été déterminées pour la présentation des résultats et leur systématisation ultérieure :

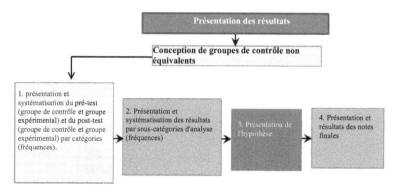

Source : élaboration propre

1.2 *Présentation et systématisation du pré-test (groupe de contrôle et groupe expérimental) et du post-test (groupe de contrôle et groupe expérimental) par catégories (fréquences).*

La présentation des résultats finaux des trois catégories a été définie par le chercheur au moyen d'une analyse des fréquences. Après l'étape de la collecte des données, les résultats finaux du pré-test (groupe témoin et expérimental) et du post-test (groupe témoin et expérimental) sont présentés, en fonction de l'échelle de Likert utilisée pour leur systématisation. Cette première présentation se réfère à l'analyse des fréquences, définie par Hueso et Cascant (2012) comme une mesure qui se réfère au nombre de fois qu'une variable prend une valeur donnée.

Pour faciliter la visualisation des résultats, des diagrammes à barres sont générés à l'aide du logiciel SPSS, ce qui permet d'observer le niveau des fréquences sur la base de l'échelle proposée par le chercheur, en spécifiant les informations suivantes :

- Réponses au post-test et au pré-test (groupe de contrôle et groupe expérimental) sur la base de l'échelle de Likert définie par le chercheur.
- Fréquences des réponses (groupe de contrôle et groupe expérimental) pour chacune des échelles définies par le chercheur.

Dans la première catégorie : Acquisition, participation et création - construction des connaissances des environnements d'apprentissage virtuels, le tableau 7 montre les réponses obtenues après l'application du post-test et du pré-test.

Tableau 7 : Fréquence des catégories d'environnements d'apprentissage virtuels.

			Groupe		
			Groupe de contrôle	Groupe expérimental	
Type de test					Total
Post-test	Réponse	Ni d'accord ni en désaccord	7,1%	4,3%	5,7%
		Partiellement d'accord	22,7%	34,2%	28,6%

		Partiellement en désaccord	9,1%	11,8%	10,5%
		Je suis tout à fait d'accord	42,9%	49,7%	46,3%
		Pas du tout d'accord	18,2%		8,9%
	Total		100,0%	100,0%	100,0%
Prétest	Réponse	Ni d'accord ni en désaccord	8,4%	11,8%	10,2%
		Partiellement d'accord	26,6%	16,8%	21,6%
		Partiellement en désaccord	17,5%	21,7%	19,7%
		Je suis tout à fait d'accord	32,5%	28,0%	30,2%
		Pas du tout d'accord	14,9%	21,7%	18,4%
	Total		100,0%	100,0%	100,0%

Source : élaboration propre.

Le graphique 30 montre le niveau des fréquences données aux questions de la catégorie environnements d'apprentissage virtuels par les groupes expérimental et de contrôle dans le test final appelé post-test.

Tipo de test=Post-test

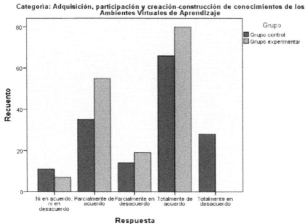

Graphique 8 : Fréquences des post-tests dans la catégorie des environnements d'apprentissage virtuels.

Source : élaboration propre.

La figure 9 montre le niveau de fréquence des réponses données par les étudiants des groupes expérimental et témoin dans le pré-test pour la catégorie des environnements d'apprentissage virtuels, où l'on peut observer une plus grande répétition sur l'échelle de "tout à fait d'accord" pour les deux groupes.

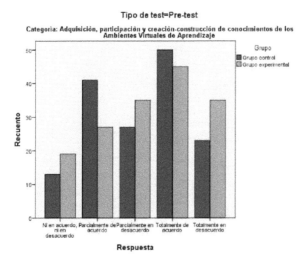

Graphique 9 : Fréquences des pré-tests dans la catégorie des environnements d'apprentissage virtuels.

Source : élaboration propre.

Catégorie : Acquisition, participation et création de connaissances dans le cadre de l'apprentissage par problèmes.

Le tableau 8 montre les fréquences des réponses des étudiants dans le pré-test et le post-test pour chacun des groupes de contrôle et expérimental, en tenant compte des questions regroupées dans la catégorie de l'apprentissage par problèmes.

Tableau 8 : Fréquences du pré-test et du post-test dans le groupe de contrôle et le groupe expérimental % dans le groupe

			Groupe		
Type de test			Groupe de contrôle	Groupe expérimental	Total
Post-test	Réponse	Ni d'accord ni en désaccord	4,5%	6,5%	5,6%
		Partiellement d'accord	26,7%	20,1%	23,3%
		Partiellement en désaccord	9,1%	15,8%	12,5%

		Je suis tout à fait d'accord	39,8%	57,6%	48,9%
		Pas du tout d'accord	19,9%		9,7%
	Total		100,0%	100,0%	100,0%
Prétest	Réponse	Ni d'accord ni en désaccord	15,3%	12,0%	13,6%
		Partiellement d'accord	25,6%	29,3%	27,5%
		Partiellement en désaccord	8,5%	19,0%	13,9%
		Je suis tout à fait d'accord	36,9%	33,7%	35,3%
		Pas du tout d'accord	13,6%	6,0%	9,7%
	Total		100,0%	100,0%	100,0%

Source : élaboration propre.

La figure 10 montre les fréquences des réponses aux questions de la catégorie "apprentissage par problèmes" pour chacun des groupes dans le post-test.

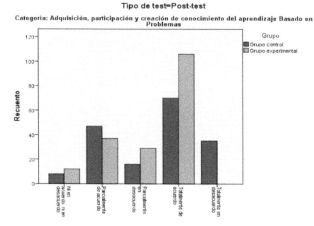

Graphique 10 : Fréquences des post-tests dans la catégorie de l'apprentissage par problèmes.
Source : élaboration propre.

La figure 11 montre les fréquences des réponses données par chaque groupe, contrôle et expérimental, au pré-test des questions de la catégorie de l'apprentissage par problème.

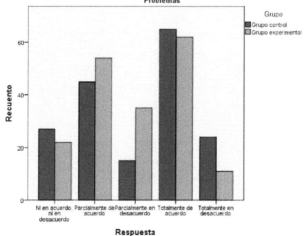

Graphique 11 : Fréquences des pré-tests dans la catégorie de l'apprentissage basé sur les problèmes
Source : élaboration personnelle.

Catégorie : Acquisition, participation et création - connaissance des outils numériques.

Le tableau 9 montre les réponses données par les étudiants dans le post-test et le pré-test, selon l'échelle de Likert, où seules les questions posées aux étudiants sur la catégorie des outils numériques sont indiquées.

Tableau 9. Fréquences du post-test et du pré-test dans la catégorie des outils numériques.

Type de test			Groupe		Total
			Groupe de contrôle	Groupe expérimental	
Post-test	Réponse	Ni d'accord ni en désaccord	2,4%	4,3%	3,4%
		En partie grâce à accord	19,1%	21,7%	20,4%
		En partie à désaccord	10,0%	14,5%	12,3%
		Je suis tout à fait d'accord	50,6%	59,4%	55,1%
		Entièrement à désaccord	17,9%		8,7%

90

			100,0%	100,0%	100,0%
Prétest	Réponse	Ni d'accord ni en désaccord	3,0%	4,1%	3,6%
		En partie grâce à accord	20,0%	16,2%	18,1%
		En partie à désaccord	11,2%	9,0%	10,1%
		Je suis tout à fait d'accord	53,3%	51,3%	52,3%
		Entièrement à désaccord	12,4%	19,4%	16,0%
	Total		100,0%	100,0%	100,0%

Source : élaboration propre.

La figure 7 montre les fréquences des réponses données par les élèves dans le post-test pour les questions de la catégorie des outils numériques.

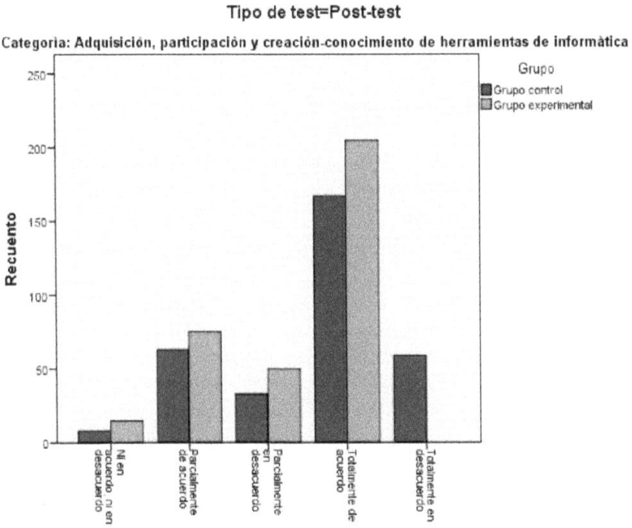

Graphique 12 : Fréquences du post-test dans la catégorie des outils numériques.

Source : élaboration propre.

La figure 13 montre les fréquences des réponses à l'échelle de Likert données par les élèves aux questions de la catégorie des outils numériques dans le pré-test.

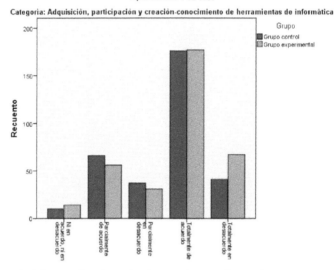

Graphique 13 : Fréquences des pré-tests dans la catégorie des outils numériques.

Source : élaboration propre.

1.3 **Présentation et systématisation des résultats par sous-catégories d'analyse (fréquences)**

Les fréquences pour chacune des sous-catégories travaillées dans la recherche sont présentées ci-dessous, en tenant compte du pré-test et du post-test, appliqués aux étudiants des deux groupes, contrôle et expérimental.

Catégorie et sous-catégorie : Apprentissage virtuel - Environnements d'acquisition.

Le tableau 10 montre les fréquences du pré-test et du post-test des réponses données par les étudiants selon une échelle de Likert, en tenant compte uniquement des questions posées pour la sous-catégorie acquisition de la catégorie des environnements d'apprentissage virtuels. Les figures 14 et 17 montrent également les fréquences représentées sous forme de colonnes pour chacune des options de l'échelle auxquelles les étudiants ont répondu respectivement au post-test et au pré-test, en tenant compte de cette catégorie.

Tableau 10 : Fréquences du post-test et du pré-test dans les sous-catégories d'acquisition.

Type de test			Groupe	
			Groupe de contrôle	Groupe expérimental
Post-test	Réponse	Ni d'accord ni en désaccord	4,5%	2,2%
		Partiellement d'accord	15,9%	34,8%
		Partiellement en désaccord	6,8%	6,5%

		Je suis tout à fait d'accord	50,0%	56,5%
		Pas du tout d'accord	22,7%	
	Total		100,0%	100,0%
Prétest	Réponse	Ni d'accord ni en désaccord	2,3%	4,3%
		Partiellement d'accord	18,2%	15,2%
		Partiellement en désaccord	9,1%	8,7%
		Je suis tout à fait d'accord	47,7%	32,6%
		Pas du tout d'accord	22,7%	39,1%
	Total		100,0%	100,0%

Source : élaboration propre.

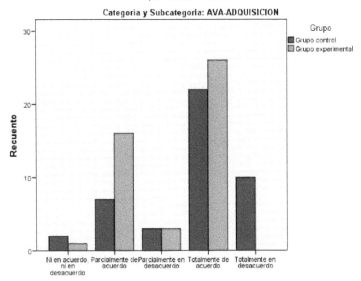

Graphique 14 : Fréquence du post-test de l'APV - Acquisition

Source : élaboration propre.

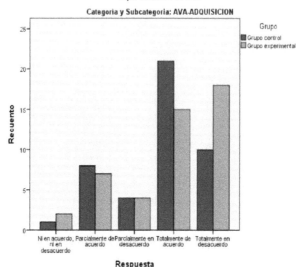

Graphique 15 : Fréquence du pré-test APV - Acquisition.

Source : élaboration propre.

<u>Catégorie et sous-catégorie : Environnements d'apprentissage virtuels - Participation</u>

Le tableau 6 montre les fréquences des réponses des étudiants aux différentes questions qui constituent la sous-catégorie "participation" dans la catégorie "environnements d'apprentissage virtuels", exprimées à partir des réponses au post-test et au pré-test du groupe de contrôle et du groupe expérimental.

Dans les graphiques 16 et 17, nous observons à l'aide de colonnes la représentation des résultats des fréquences dans la sous-catégorie participation dans le post-test et le pré-test respectivement.

Tableau 11 : Fréquences des sous-catégories de participation au post-test et au pré-test.

			Groupe	
Type de test			**Groupe de contrôle**	**Groupe expérimental**
Post-test	Réponse	Ni d'accord ni en désaccord	4,5%	5,8%
		Partiellement d'accord	24,2%	36,2%
		Partiellement en désaccord	10,6%	14,5%
		Je suis tout à fait d'accord	42,4%	43,5%

		Pas du tout d'accord	18,2%	
	Total		100,0%	100,0%
Prétest	Réponse	Ni d'accord ni en désaccord	9,1%	13,0%
		Partiellement d'accord	30,3%	15,9%
		Partiellement en désaccord	19,7%	24,6%
		Je suis tout à fait d'accord	28,8%	29,0%
		Pas du tout d'accord	12,1%	17,4%
	Total		100,0%	100,0%

Source : élaboration propre.

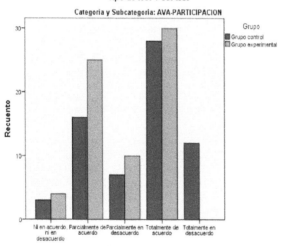

Graphique 16 : Fréquences des sous-catégories de participation au post-test.
Source : élaboration propre.

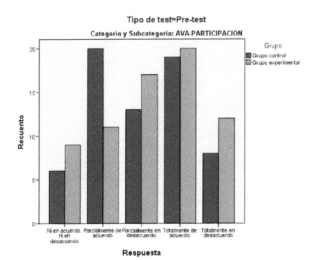

Graphique 17 : Fréquences du pré-test dans les sous-catégories de participation.

Source : élaboration propre.

Catégorie et sous-catégorie : Environnements d'apprentissage virtuel - Création/Construction.

Le tableau 13 montre les fréquences obtenues selon l'échelle de Likert des réponses données par les étudiants dans le post-test et le pré-test pour le groupe de questions de la sous-catégorie création/construction de la catégorie environnements d'apprentissage virtuels, dans les deux groupes, contrôle et expérimental. Les graphiques 19 et 19 sont également présentés sous forme de colonnes où les fréquences du post-test et du pré-test sont affichées respectivement.

Tableau 12. Fréquences du post-test et du pré-test sous-catégorie création/construction.

			Groupe	
Type de test			**Groupe de contrôle**	**Groupe expérimental**
Post-test	Réponse	Ni d'accord ni en désaccord	13,6%	4,3%
		Partiellement d'accord	27,3%	30,4%
		Partiellement en désaccord	9,1%	13,0%
		Je suis tout à fait d'accord	36,4%	52,2%
		Pas du tout d'accord	13,6%	
	Total		100,0%	100,0%
Pré-test	Réponse	Ni d'accord ni en désaccord	13,6%	17,4%
		Partiellement d'accord	29,5%	19,6%
		Partiellement en désaccord	22,7%	30,4%

		Je suis tout à fait d'accord	22,7%	21,7%
		Pas du tout d'accord	11,4%	10,9%
	Total		100,0%	100,0%

Source : élaboration propre.

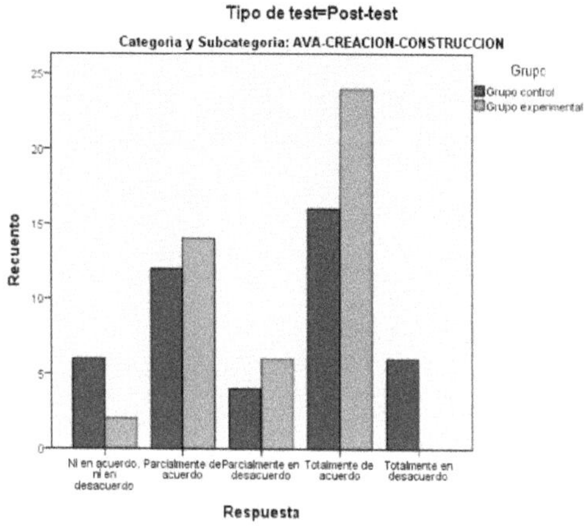

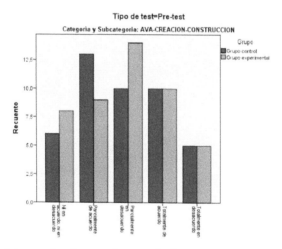

Graphique 18 : Fréquences du post-test dans la sous-catégorie création/construction.

Source : élaboration propre.

Graphique 19 : Fréquences du pré-test pour la sous-catégorie création/construction.

Source : élaboration propre.

Catégorie et sous-catégorie : Apprentissage par problèmes - Acquisition.

Le tableau 14 montre les fréquences des réponses données par les étudiants des deux groupes (contrôle et expérimental) au post-test et au pré-test. En tenant compte des questions qui couvrent la sous-catégorie acquisition de la catégorie apprentissage par problème. De même, ces fréquences sont représentées graphiquement (graphiques 20 et 21) en tenant compte de l'échelle de Likert.

Tableau 13. Fréquences d'acquisition des sous-catégories dans le post-test et le pré-test.

Type de test			Groupe	
			Groupe de contrôle	Groupe expériment al
Post-test	Réponse	Ni d'accord ni en désaccord	6,8%	8,7%
		Partiellement d'accord	25,0%	13,0%
		Partiellement en désaccord	9,1%	17,4%
		Je suis tout à fait d'accord	38,6%	60,9%
		Pas du tout d'accord	20,5%	
	Total		100,0%	100,0%
Prétest	Réponse	Ni d'accord ni en désaccord	13,6%	19,6%
		Partiellement d'accord	29,5%	30,4%
		Partiellement en désaccord	6,8%	15,2%
		Je suis tout à fait d'accord	36,4%	26,1%
		Pas du tout d'accord	13,6%	8,7%
	Total		100,0%	100,0%

Source : élaboration propre.

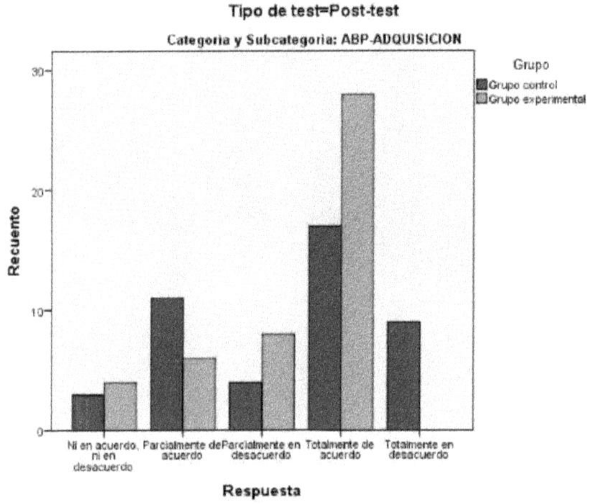

Figure 20 : Fréquences d'acquisition des sous-catégories au post-test.

Source : élaboration propre.

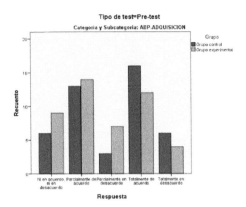

Graphique 21 : Fréquences du pré-test pour les sous-catégories d'acquisition.

Source : élaboration propre.

Catégorie et sous-catégorie : Apprentissage par problèmes - Participation

Le tableau 14 présente les fréquences des réponses données aux questions qui constituent la sous-catégorie participation de la catégorie apprentissage par problème, catégories établies à partir du post-test et du pré-test en tenant compte de l'échelle de Likert. Les graphiques en colonnes pour chacun des tests (post-test et pré-test) sont également présentés, montrant les fréquences données dans chacun d'entre eux (graphiques 22 et 23).

Tableau 14. Fréquences des sous-catégories de participation au post-test et au pré-test.

Type de test			Groupe	
			Groupe de contrôle	Groupe expériment al
Post-test	Réponse	Ni d'accord ni en désaccord	2,3%	6,5%
		En partie grâce à accord	18,2%	15,2%
		En partie à désaccord	9,1%	15,2%
		Je suis tout à fait d'accord	52,3%	63,0%
		Entièrement à désaccord	18,2%	
	Total		100,0%	100,0%
Pré-test	Réponse	Ni d'accord ni en désaccord	20,5%	8,7%
		En partie grâce à accord	18,2%	17,4%

99

		En partie à désaccord	6,8%	23,9%
		Je suis tout à fait d'accord	40,9%	45,7%
		Entièrement à désaccord	13,6%	4,3%
	Total		100,0%	100,0%

Source : élaboration propre.

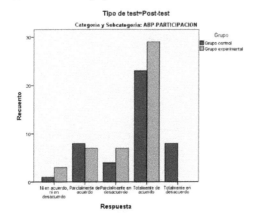

Graphique 22 : Fréquences des sous-catégories de participation au post-test.

Source : élaboration propre.

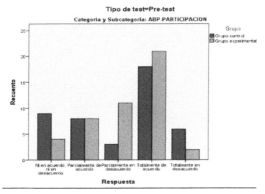

Graphique 23 : Fréquences du pré-test dans les sous-catégories de participation.

Source : élaboration propre.

Catégorie et sous-catégorie : Apprentissage par problèmes -Création-Construction

Le tableau 15 présente les fréquences des réponses données par les étudiants des deux groupes (contrôle et expérimental) au post-test et au pré-test, en tenant compte des questions qui couvrent la sous-catégorie création - construction de la catégorie apprentissage par problème. De même, ces fréquences sont observées sous forme de graphiques (graphiques 24 et 25) en tenant compte de l'échelle de Likert.

Tableau 15 : Fréquences du post-test et du pré-test dans la sous-catégorie création - construction.

Type de test			Groupe	
			Groupe de contrôle	Groupe expérimental
Post-test	Réponse	Ni d'accord ni en désaccord	4,5%	5,4%
		Partiellement d'accord	31,8%	26,1%
		Partiellement en désaccord	9,1%	15,2%
		Je suis tout à fait d'accord	34,1%	53,3%
		Pas du tout d'accord	20,5%	
	Total		100,0%	100,0%
Pré-tesl	Réponse	Ni d'accord ni en désaccord	13,6%	9,8%
		Partiellement d'accord	27,3%	34,8%
		Partiellement en désaccord	10,2%	18,5%
		Totallyfrom accord	35,2%	31,5%
		Entièrement à désaccord	13,6%	5,4%
	Total		100,0%	100,0%

Source : élaboration propre.

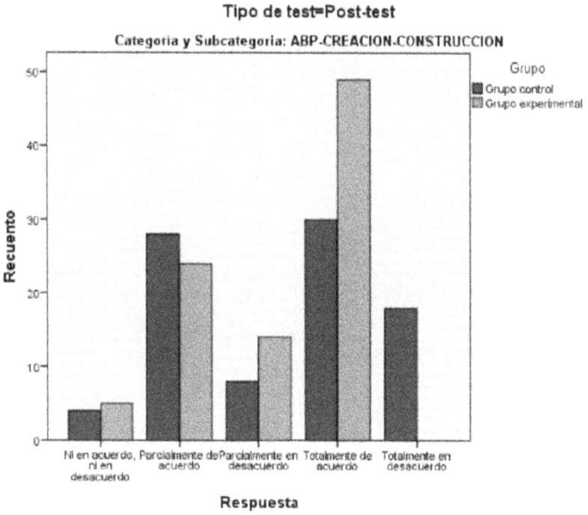

Graphique 24 : Fréquences du post-test sous-catégorie création - construction.

Source : élaboration propre.

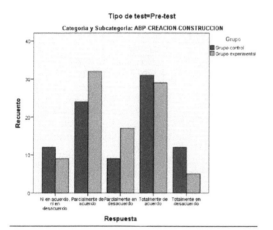

Graphique 25 : Fréquences du pré-test pour la sous-catégorie création - construction.

Source : élaboration propre.

Catégorie et sous-catégorie : Outils numériques - Marchés publics

Le tableau 16 montre les fréquences données par les étudiants pour l'ensemble des questions de la sous-catégorie "acquisition des outils numériques". Ces fréquences sont exprimées à partir du post-test et du pré-test pour chacun des groupes de contrôle et expérimental. Ces fréquences sont également présentées graphiquement à l'aide de colonnes pour chacun des items de l'échelle de Likert (graphiques 26 et 27).

Tableau 16. Fréquences de l'acquisition des sous-catégories dans le post-test et le pré-test.

			Groupe	
Type de test			Groupe de contrôle	Groupe expérimental
Post-test	Réponse	Ni d'accord ni en désaccord	2,3%	5,4%
		Partiellement d'accord	17,0%	22,8%
		Partiellement en désaccord	11,4%	14,1%
		Je suis tout à fait d'accord	53,4%	57,6%
		Pas du tout d'accord	15,9%	
	Total		100,0%	100,0%
Prétest	Réponse	Ni d'accord ni en désaccord		5,4%
		En partie grâce à accord	12,5%	14,1%

		En partie à désaccord	10,2%	7,6%
		Totallyfrom accord	62,5%	52,2%
		Entièrement à désaccord	14,8%	20,7%
	Total		100,0%	100,0%

Source : élaboration propre.

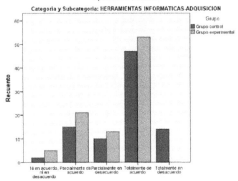

Graphique 26 : Fréquences d'acquisition des sous-catégories au post-test.

Source : élaboration propre.

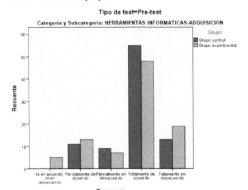

Graphique 27 : Fréquences du pré-test pour les sous-catégories d'acquisition.

Source : élaboration propre.

Catégorie et sous-catégorie : Outils numériques - Participation.

Le tableau 21 montre les fréquences obtenues selon l'échelle de Likert des réponses données par les étudiants dans le post-test et le pré-test pour le groupe de questions de la sous-catégorie participation de la catégorie outils numériques, dans les deux groupes, contrôle et expérimental. Les graphiques 28 et 29 sont également présentés sous forme de colonnes, où les fréquences du post-test et du pré-test sont affichées respectivement.

Tableau 17. 1 Fréquences des sous-catégories de participation au post-test et au pré-test.

Type de test			Groupe	
			Groupe de contrôle	Groupe expérimental
Post-test	Réponse	Ni d'accord ni en désaccord	5,6%	3,2%
		Partiellement d'accord	23,3%	23,2%
		Partiellement en désaccord	13,3%	20,0%
		Je suis tout à fait d'accord	43,3%	53,7%
		Pas du tout d'accord	14,4%	
	Total		100,0%	100,0%
Pré-test	Réponse	Ni d'accord ni en désaccord	5,5%	7,4%
		Partiellement d'accord	34,1%	21,1%
		Partiellement en désaccord	15,4%	14,7%
		Je suis tout à fait d'accord	38,5%	45,3%
		Pas du tout d'accord	6,6%	11,6%
	Total		100,0%	100,0%

Source : élaboration propre.

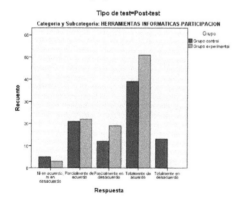

Graphique 28 : Fréquences des sous-catégories de participation au post-test.

Source : élaboration propre.

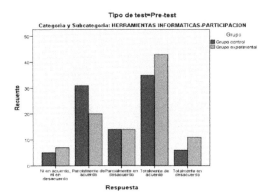

Graphique 29 : Fréquences du pré-test dans les sous-catégories de participation.

Source : élaboration propre.

Catégorie et sous-catégorie : Outils numériques - Création - Construction.

Le tableau 22 montre les fréquences du pré-test et du post-test des réponses données par les élèves selon une échelle de Likert, en ne tenant compte que des questions posées pour la sous-catégorie création-construction de la catégorie outils numériques. Les figures 30 et 31 montrent également les fréquences représentées sous forme de colonnes pour chacune des options de l'échelle auxquelles les élèves ont répondu respectivement en post-test et en pré-test, en tenant compte de cette catégorie.

Tableau 18. Fréquences du post-test et du pré-test de la sous-catégorie création - construction.

			Groupe	
			Groupe de contrôle	Groupe expérimental
Type de test				
Post-test	Réponse	Ni d'accord ni en désaccord	0,7%	4,4%
		Partiellement d'accord	17,8%	20,3%
		Partiellement en désaccord	7,2%	11,4%
		Je suis tout à fait d'accord	53,3%	63,9%
		Pas du tout d'accord	21,1%	
	Total		100,0%	100,0%
Pré-test	Réponse	Ni d'accord ni en désaccord	3,3%	1,3%
		En partie grâce à accord	15,9%	14,6%

		En partie à désaccord	9,3%	6,3%
		Je suis tout à fait d'accord	57,0%	54,4%
		Entièrement à désaccord	14,6%	23,4%
	Total		100,0%	100,0%

Source : élaboration propre.

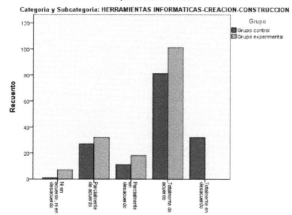

Graphique 30 **:** Fréquences du post-test sous-catégorie création - construction.

Source : élaboration propre.

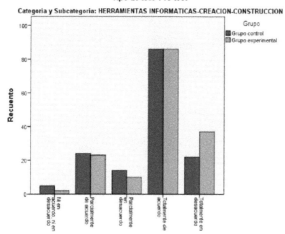

Graphique 31 : Fréquences du pré-test pour la sous-catégorie création - construction.

Source : élaboration propre.

1.4 Présentation de l'hypothèse

1.4.1 Hypothèse

Pour Siegel (2009), le test du Khi-deux (X^2) peut être utilisé pour déterminer la significativité de la différence entre deux groupes indépendants. Pour ce faire, les auteurs proposent de tester une hypothèse dans laquelle une caractéristique est modifiée. Dans le cas de cette recherche, il s'agit de tester le modèle ABP - AVA par rapport à un autre (contrôle) dans le groupe expérimental. Le modèle VUAD traditionnel, en termes d'étendue de la construction des connaissances.

Par conséquent, le test du chi carré est utilisé pour déterminer s'il existe une différence entre les deux méthodologies de construction des connaissances. Considérant que Ho est rejeté si la valeur de probabilité (signification asymptotique) est inférieure à alpha, le niveau de signification du test utilisé dans SPSS est de 0,05.

$$Ho < a = \text{l'hypothèse est rejetée.}$$

1.4.2 Énoncé de l'hypothèse générale.

Les hypothèses suivantes ont été formulées pour la recherche :

Ho : Il n'y a pas de différence significative entre les résultats produits par les deux méthodologies.

H1 : Oui, il existe une différence significative entre les résultats produits par les deux méthodologies.

Sur la base du tableau 23 du test du chi-deux, une probabilité de 0,00 inférieure à 0,05 (probabilité avec laquelle SPSS fonctionne) est observée dans le post-test. Par conséquent, Ho est rejeté, ce qui indique qu'il existe une différence significative entre le groupe de contrôle et le groupe expérimental. En revanche, pour le pré-test, on observe que la probabilité est de 0,182 supérieure à 0,05, ce qui ne permet pas de rejeter Ho, indiquant qu'il n'y a pas de différence significative entre les deux groupes.

Cette vérification de l'hypothèse corrobore les résultats précédemment exposés dans la présentation et la systématisation du pré-test et du post-test par catégories et sous-catégories, permettant d'établir que le modèle ABP-AVA présente des niveaux plus élevés de construction des connaissances par rapport à la méthodologie VUAD traditionnelle, cette lecture étant soutenue par les mesures prises au début et à la fin du processus.

Tableau 19. Tests du khi-deux.

Type de test	Valeur	Gl	Signification asymptotique (bilatérale)
Post- Khi-deux de	142,525 b		
testPearson	189,677		0,000
Rapport de vraisemblance N de cas valides	1350		0,000
Pré-testChi-carré de			
Rapport de vraisemblance de Pearson N de cas valides			0,182
	6,237ᶜ		0,181
	6,249 1350		

Source : élaboration propre.

2. Résultats de la catégorie

Sur la base des catégories proposées dans la recherche, le test d'hypothèse est présenté pour déterminer si elles sont acceptées ou rejetées selon le test du chi-carré.

Catégorie Acquisition, participation et création de connaissances - construction d'environnements d'apprentissage virtuels :

Ho : il n'y a pas de différence significative entre les résultats produits par les deux méthodologies dans l'acquisition, la participation et la création-construction de connaissances dans les environnements d'apprentissage virtuels.

H1 : Il existe une différence significative entre les résultats produits par les deux méthodologies dans l'acquisition, la participation et la création-construction de connaissances dans les environnements d'apprentissage virtuels.

Tableau 20. Tests du chi carré pour la catégorie des environnements d'apprentissage virtuels

Type de test		Valeur	gi	Signification asymptotique (bilatérale)
Post-test	Khi-deux de Pearson	35,295[c]		0,000
	Rapport de vraisemblance	46,144		0,000
	N de cas valides	315		
Pré-test	Chi-carré de Pearson	7,634[d]		0,106
	Rapport de vraisemblance de N de cas valides	7,678 315		0,104

Source : élaboration propre.

En tenant compte de la probabilité avec laquelle le logiciel SPSS fonctionne, qui est de 0,05, le tableau 25 montre les résultats du post-test avec une probabilité de 0,00, qui est inférieure à 0,05, donc, en tenant compte du fait que Ho < 0,05, Ho est rejeté et H1 est accepté, ce qui indique qu'il y a une différence significative entre le groupe de contrôle et le groupe expérimental.

De même, si l'on observe les résultats du pré-test, on perçoit que la probabilité de 0,106 est supérieure à 0,05, c'est-à-dire que H0 > 0,05, donc Ho n'est pas rejeté, ce qui indique qu'il n'y a pas de différence significative entre les deux groupes : *H0 > 0,05*, donc Ho n'est pas rejeté, indiquant qu'il n'y a pas de différence significative entre les deux groupes.

Apprentissage par problèmes Acquisition de connaissances, participation et catégorie de création de connaissances.

Ho : il n'y a pas de différence significative entre les résultats produits par les deux méthodologies dans l'acquisition, la participation et la création-construction de connaissances dans le cadre de l'apprentissage par problèmes.

H1 : S'il existe une différence significative dans les résultats produits par les deux méthodologies dans l'acquisition, la participation et la création-construction de connaissances dans le cadre de l'apprentissage par problèmes.

Tableau 21. Tests du chi carré pour la catégorie des environnements d'apprentissage virtuels.

Type de test	Valeur	gl	Signification asymptotique (bilatérale)

Post-testPearson	Khi-deux	47,956ᶜ		0,000
	Rapport de vraisemblance N de cas valides	61,567 360		0,000
Pré-testChi-carré de		14,057ᵈ		0,071
	Rapport de vraisemblance de Pearson N de cas valides	14,398 360		0,062

Source : élaboration propre.

Le tableau 21 montre que dans le post-test, un résultat chi-carré de 0,00 a été obtenu, ce qui est inférieur à la probabilité avec laquelle SPSS travaille, qui est de 0,05. Par conséquent, si *Ho < 0,05*, Ho est rejeté et H1 devient viable, ce qui souligne l'existence d'une différence significative entre les résultats produits par les deux méthodologies en matière d'acquisition, de participation et de création-construction de connaissances dans le cadre de l'apprentissage par problèmes.

Cependant, dans le pré-test, on observe que le résultat du chi-carré 0,071 est supérieur à la probabilité SPSS de 0,05, donc si *Ho > 0,05,* Ho n'est pas rejeté, c'est-à-dire qu'il n'y a pas de différence significative dans les résultats produits par les deux méthodologies dans l'acquisition, la participation et la création-construction des connaissances de l'apprentissage par problèmes.

Catégorie Acquisition, participation et création - connaissance des outils numériques.

Énoncé de l'hypothèse (secondaire)

Ho : Il n'y a pas de différence significative dans les résultats produits par les deux méthodologies dans l'acquisition, la participation et la création de connaissances-construction d'outils numériques.

H1 : S'il existe une différence significative dans les résultats produits par les deux méthodologies dans l'acquisition, la participation et la création-construction de connaissances sur les outils numériques.

Tableau 22. Tests du chi carré pour la catégorie des environnements d'apprentissage virtuels.

Type de test	Valeur	gi	Signification asymptotique (bilatérale)
Post-testPearson Khi-deux de			0,000
Rapport de vraisemblance			0,000
N de cas valides	69,238ᶜ 92,063 675		
Pré-testChi-carré de	7,948ᵈ		0,093
Rapport de vraisemblance de Pearson N de cas valides	8,011 675		0,091

Source : élaboration propre.

Le tableau 22 montre que le résultat obtenu pour le chi-carré dans le post-test est de 0,00, ce qui est inférieur à 0,05 (probabilité avec laquelle SPSS travaille). Par conséquent, si *Ho < 0,05*, Ho est rejeté, c'est-à-dire que H1 est accepté, ce qui indique qu'il existe une différence significative entre les résultats produits par les deux méthodologies dans l'acquisition, la participation et la création-construction de connaissances sur les outils numériques.

D'autre part, dans le pré-test, il y a un résultat de 0,93 dans le chi-carré, qui est supérieur à la probabilité de 0,05, c'est-à-dire que *Ho > 0,05* et donc Ho n'est pas rejeté. Il n'y a donc pas de différence significative entre les résultats produits par les deux méthodologies dans l'acquisition, la participation et la création-construction de connaissances sur les outils numériques.

La vérification de l'hypothèse dans les catégories Acquisition, participation et création-construction de connaissances dans les environnements d'apprentissage virtuels, l'apprentissage par problèmes et les outils numériques, nous permet d'observer qu'il existe des différences significatives dans le modèle ABP-AVA par rapport à la méthodologie VUAD traditionnelle. En termes de construction des connaissances, les mesures initiales (Pré-test) par rapport aux mesures finales (Post-test), nous permettent de tester l'hypothèse dans les trois scénarios d'analyse.

2.2 *Présentation et résultats des qualifications finales*

Les résultats des scores obtenus dans le groupe de contrôle et le groupe expérimental sont présentés ci-dessous.

Le tableau 23 montre les notes moyennes du groupe expérimental pour chacune des activités présentées dans le cadre de l'aménagement de l'espace académique.

Tableau 23. Note moyenne du groupe expérimental.

	Moyenne	Écart-type
Sensibilisation et définition du problème	4,4	0.24
Justification	4,3	0.47
Présentation de l'hypothèse	4.0	0.79
Justification de l'hypothèse	4.0	0.77
Général	4,2	0.45

Source : élaboration propre.

En ce qui concerne la sensibilisation et l'énoncé du problème, les éléments suivants ont été évalués : lecture au moment de la sensibilisation, lancement du débat, forum social, vidéoconférence et lecture de l'"énoncé du problème". Dans l'étayage, ont été évalués : la révision, l'analyse, la lecture du matériel d'appui, le forum, l'étayage de votre APV et WIKI, vos recommandations. Dans la présentation de l'hypothèse, les éléments suivants ont été évalués : forum "interagir avec des experts", vidéoconférence avec des experts, exploration des outils numériques. Dans la présentation de l'hypothèse, ont été évalués : forum "interact with experts", soumission de la solution du problème, évaluons ce que nous avons appris, présentation de l'APV.

Les notes obtenues par les étudiants du groupe expérimental sont plus élevées que celles obtenues par les étudiants du groupe de contrôle. L'écart-type est également faible, ce qui indique que la plupart des élèves ont obtenu des notes proches des moyennes.

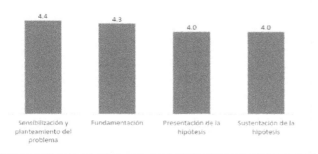

Graphique 32 : Note moyenne du groupe expérimental.

Source : élaboration propre.

Le tableau 11 montre les notes moyennes du groupe de contrôle pour chacune des activités présentées dans le cadre de l'aménagement de l'espace académique.

Tableau 24. Note moyenne du groupe de contrôle.

	Moyenne	Écart-type
Moment 1	3,7	0,95
Moment 2	3,8	0,89
Moment 3	3,4	1,18
Général	3,7	0,51

Source : élaboration propre.

Les outils utilisés et évalués dans le Moment 1 ont été : le forum social, le forum pour lancer le débat, la carte conceptuelle, entre autres. Dans le Moment 2, les outils suivants ont été utilisés et évalués : forum des modèles, tableau comparatif, proposition d'APV. Dans le Moment 3, les outils suivants ont été utilisés et évalués : forum d'évaluation, première livraison. Le graphique 33 montre des moyennes faibles entre 3,4 et 3,8, l'écart-type est élevé, ce qui indique une dispersion des données par rapport à la moyenne.

Graphique 33 : Note moyenne - groupe de contrôle.

Source : élaboration propre.

2.3 Groupes de discussion

Les groupes de discussion ont été dirigés par un modérateur, chargé d'animer la session, un observateur qui a pris note du langage non verbal significatif des participants, et un rapporteur qui a pris soigneusement note des commentaires clés au cours de la session.

La technique a été appliquée à 23 étudiants, issus des différentes filières de la faculté d'éducation du vice-rectorat de l'université ouverte et à distance, Universidad Santo Tomás, qui étaient inscrits dans le domaine de formation de la philosophie des environnements d'apprentissage virtuels. Ce domaine correspond à l'espace d'application du cours, conçu avec le modèle ABP sur AVA, réparti en trois groupes par catégorie respectivement.

Compte tenu de ce qui précède, et après avoir reconnu les caractéristiques de la population étudiante en mode ouvert et à distance, en plus de réaliser leurs études supérieures, ils mènent également d'autres activités professionnelles et familiales qui ne leur permettent pas d'être disponibles en personne pour le développement de leurs études. Les groupes de discussion ont été organisés en trois sessions d'environ une heure et demie, avec sept questions pour les deux premiers groupes et huit questions pour le dernier groupe (tableau 19).

Le groupe de discussion s'est développé par le biais d'une vidéoconférence utilisant le système *Adobe Connect*, où ont été présentés le modérateur, le rapporteur et l'observateur qui, grâce à la vidéo, ont pu analyser et décrire le langage non verbal des participants, parvenant ainsi à réaliser la technique avec toutes les exigences qu'elle requiert.

Tableau 25. Participants aux groupes de discussion.

CATÉGORIES D'ANALYSE	DIPLÔME EN INFORMATIQUE ÉDUCATIVE	LICENCE EN ÉDUCATION PRÉSCOLAIRE	LICENCE EN LANGUE ET LITTÉRATURE ESPAGNOLES	LICENCE EN PHILOSOPHIE ET EN ÉDUCATION RELIGIEUSE	LICENCE EN BIOLOGIE AVEC UNE SPÉCIALISATION EN ÉDUCATION À L'ENVIRONNEMENT	BACCALAURÉAT EN ÉDUCATION DE BASE AVEC UNE SPÉCIALISATION EN SCIENCES HUMAINES	LICENCE EN LANGUE ÉTRANGÈRE : ANGLAIS	Total
Acquisition, participation et création/construction de Connaissance des **environnements d'apprentissage virtuels**.		1	1	1	0	0		
Acquisition, participation et création/construction de Connaissance de l'**apprentissage par problèmes**.	1	1	1	1	1	0		
Acquisition, participation et création/construction de Connaissance des **outils numériques**	0	0	0	0			1	

Source : élaboration propre.

Pour l'analyse des informations, la méthodologie proposée par Powell et Single (1996) et d'autres comme Kitzinger (1995) a été prise en compte.

1. Les informations ont été classées en examinant les transcriptions des discussions, en utilisant les questions directrices comme catégories initiales. Ces informations ont été regroupées en fonction des réponses fournies et de l'intensité avec laquelle elles ont été exprimées, afin de faciliter l'analyse ultérieure.

2. Les informations originales ont été analysées en même temps que les informations conceptuelles transformées.

De même, Kitzinger (1995) propose de prendre en compte les opinions individuelles et le consensus atteint par le groupe ; et partage la proposition de Powell et Single (1996) dans l'utilisation de catégories pour la classification des informations données par les participants. En ce qui concerne le rapport, quelques exemples illustratifs des données collectées dans de tels groupes sont inclus.

Les informations obtenues grâce aux groupes de discussion menés avec des étudiants des différents cycles de la faculté d'éducation, où le cours sur la philosophie des environnements d'apprentissage virtuels a été développé - un cours qui comprenait la conception du modèle PBL sur VLE - ont fourni les données pour l'analyse des trois catégories proposées dans ce projet de recherche : acquisition, participation et création de connaissances/construction d'**environnements d'apprentissage virtuels.**

Pour commencer l'analyse de la catégorie Acquisition, participation et création/construction de connaissances des environnements d'apprentissage virtuels, sept questions ouvertes ont été élaborées pour permettre au groupe de discussion de discerner largement le sujet. Ces questions ont été classées par sous-catégories : deux questions pour la sous-catégorie "acquisition", trois questions pour la sous-catégorie "participation" et deux questions pour la sous-catégorie "construction des connaissances" (annexe A).

3. 1.1.1 Questions posées aux étudiants

Questions Sous-catégorie : Marchés publics

1. L'utilisation de plateformes d'apprentissage virtuelles vous permet-elle d'approfondir d'autres matières dans le cadre de votre diplôme ?

2. Est-il possible d'affirmer que l'utilisation appropriée des ressources de la plateforme, telles que l'accès à d'autres sites web, les vidéos, les cartes conceptuelles, facilite l'apprentissage de certaines matières de votre diplôme ?

Questions Sous-catégorie : Participation

3. Les différentes tâches présentées dans la classe virtuelle VUAD vous invitent-elles à plusieurs reprises à visiter les sites proposés et à participer aux activités ?

4. La plateforme Moodle vous permet-elle d'interagir directement avec les autres participants ?

5. Le partage de concepts avec des pairs est-il facilité par l'utilisation d'activités de plateforme telles que le journal, les forums, le chat et les wikis ?

Questions Sous-catégorie Création/Construction

6. La dynamique d'un forum dans une classe virtuelle contribue-t-elle à la clarification des doutes, permettant une compréhension plus profonde d'un certain sujet ?

7. L'utilisation des activités propres à la plateforme, telles que les journaux, les forums, les chats, les wikis, vous a-t-elle aidé à partager vos concepts avec vos pairs ?

Figure 34. Premier groupe de discussion.

Source : élaboration propre.

8. 1.2 *Acquisition, participation et création/construction de connaissances dans le cadre de l'<u>apprentissage par problèmes - APS</u>*

Pour la deuxième catégorie, les mêmes sous-catégories que celles proposées au début du document sont considérées pour la suite de l'analyse : deux questions sont proposées pour la sous-catégorie acquisition et participation ; trois questions sont proposées pour la sous-catégorie construction des connaissances, pour un total de sept questions proposées dans le guide du focus group (annexe B).

<u>Les questions posées aux étudiants étaient les suivantes :</u>

Questions Sous-catégorie : Marchés publics

1. La stratégie pédagogique de l'apprentissage par problèmes contribue-t-elle à l'approfondissement des concepts acquis dans votre matière ?

2. Le succès de la résolution du problème repose-t-il sur la participation d'experts en tant que ressource de la stratégie pédagogique PBL ?

Questions Sous-catégorie : Participation

3. Le PBL, en tant que stratégie de développement d'une matière, augmente-t-il son intérêt par rapport à d'autres méthodologies parce qu'il permet au groupe d'étudiants de se confronter à des situations de leur vie en tant que professionnels ?

4. L'une des ressources utilisées par la stratégie pédagogique PBL est la participation d'experts. Celle-ci contribue-t-elle à la résolution du problème posé ?

Questions Sous-catégorie : Création/construction

5. L'apprentissage par problèmes est-il une stratégie pédagogique qui permet à un étudiant de mettre en pratique les concepts acquis dans la résolution d'un problème lié à sa profession ?

6. En ce qui concerne l'expression "PBL dans le domaine de la pédagogie représente une percée dans l'enquête sur les connaissances acquises et renforce les connaissances qui ont été reléguées à la pratique", vous seriez ?

7. Les concepts abordés dans le domaine de formation Philosophie des environnements

d'apprentissage virtuels répondent-ils aux besoins de votre domaine d'activité ?

Figure 35 : Deuxième groupe de discussion.

Source : élaboration propre.

<u>Acquisition de connaissances, participation et création/construction dans les outils numériques.</u>

Pour la troisième et dernière catégorie d'analyse, trois questions sont proposées pour la sous-catégorie acquisition, et quatre questions pour la sous-catégorie participation et renforcement des connaissances, soit un total de onze questions posées dans le guide du groupe de discussion (annexe C).

Questions Sous-catégorie : Marchés publics

1. Les blogs nous permettent-ils de faire connaître notre point de vue sur une question sur le web ?

2. Les outils numériques utilisés dans la construction d'environnements virtuels contribuent-ils à rendre le message que vous souhaitez faire connaître plus attrayant pour le spectateur, grâce à des animations, des sons, des liens hypertextes, entre autres ?

3. Les outils du Web 2.0 nous permettent-ils d'organiser de manière simple et rapide les idées et les concepts que vous souhaitez faire connaître dans votre espace de formation, en permettant à ceux qui interagissent de comprendre l'objectif du scénario ?

Sous-catégorie de questions : Participation

4. La participation des experts au sein de la classe virtuelle invite-t-elle à la réflexion sur le cas présenté au début du cours, à d'éventuelles discussions avec les autres étudiants ?

5. Dans la classe virtuelle, les espaces de communication tels que les forums, les journaux, les wikis, les chats, utilisés par vous et vos camarades de classe, sont-ils visités en permanence parce que vous y trouvez des espaces de réflexion et d'apprentissage permanent ?

6. Trouvez-vous dans le cours en classe virtuelle des éléments qui vous invitent à approfondir les concepts et à en apprendre de nouveaux ?

7. Considérez-vous la classe virtuelle comme un moyen de communiquer vos attentes et vos suggestions concernant les concepts acquis jusqu'à présent ?

Sous-catégorie de questions : création/construction

8. La classe virtuelle présente-t-elle des concepts de votre niveau académique et est-elle pertinente pour le développement des connaissances que vous avez acquises jusqu'à présent dans votre carrière ?

9. Les cartes conceptuelles aident-elles à mieux apprendre les concepts et à les organiser correctement afin de construire ses propres structures cognitives ?

10. Les pages web, les vidéos, les cartes conceptuelles, en tant que ressources de la classe virtuelle, facilitent-elles l'apprentissage de certains sujets spécifiques à votre carrière ?

11. Les outils du Web 2.0 vous permettent-ils d'intégrer les connaissances acquises dans d'autres matières afin d'améliorer vos performances personnelles et professionnelles ?

Figure 36. Troisième groupe de discussion.

Source : élaboration propre.

3. Intervention des groupes de discussion

Voici la transcription et le traitement des entretiens réalisés avec chaque groupe de discussion, qui ont été travaillés dans trois espaces. Chacun d'entre eux ayant des questions définies à l'avance, pour chaque catégorie , une brève analyse du langage corporel discursif est ensuite effectuée, ce qui permet de rassembler et de renforcer les informations recueillies dans le cadre de l'approche quantitative.

3.1.1 Groupe 1. Acquisition, participation et création de connaissances/construction d' environnements d'apprentissage virtuels.

Andrea, Dora, Iván, Edna, Elsy, Ingrid, Alfredo et Jessica Bonsoir. Merci beaucoup, chers collègues. Tout d'abord, je vous remercie d'avoir accepté l'invitation. Je vous ai dit dans les courriels qu'il était très important d'avoir cet espace de socialisation, qui est vraiment très court et qui vise simplement à rassembler ces expériences autour du travail dans le domaine de la formation philosophique dans les environnements d'apprentissage virtuels. J'ai mentionné dans un courriel que l'intention du travail d'aujourd'hui est de raconter un peu de l'expérience que nous avons acquise grâce au travail que nous avons fait dans ce domaine de la formation. Une sorte de conversation qui nous permet d'identifier le potentiel de la plateforme et qui nous permet aussi, pourquoi pas, d'écouter les uns et les autres sur certaines des préoccupations que nous avions, sur certaines des possibilités que cette nouvelle option et cette nouvelle plateforme peuvent avoir. Il s'agit donc d'une discussion massive, c'est pourquoi nous la demandons, et nous voulons la mener en petits groupes afin de tirer le meilleur parti de l'espace.

Si vous le souhaitez, je jouerai le rôle de facilitateur, j'ai préparé quelques questions sur lesquelles nous travaillerons dans les prochaines minutes, et chacun aura une brève occasion, parce que l'idée est que ceux d'entre nous qui sont ici aujourd'hui participent et racontent leur expérience. Si vous souhaitez utiliser cet outil, veuillez activer votre caméra, j'espère que vous avez déjà pu travailler avec, la tester et commencer par la première question.

La première question est la suivante Peut-on affirmer que l'utilisation appropriée des ressources de la plate-forme, telles que l'accès à d'autres pages web, à des vidéos, à des cartes conceptuelles, facilite l'apprentissage de certaines matières de votre diplôme ?

Comme vous pouvez le constater, les questions permettent une réflexion simple sur le travail et l'expérience vécue. Alors Dora, si vous le souhaitez, je vais activer la vidéo, et maintenant Andrea vous avez la possibilité de partager votre webcam avec nous dans le centre supérieur de votre écran pour

veuillez commencer par cette première question. (Enseignant, 2016, 7 juin, entretien virtuel).[10]

Bonsoir, professeur. J'ai trouvé très importante la plateforme interactive où l'on nous a donné des exemples de pages Blogger Wix, car il y avait une introduction de ces sujets, des ressources que nous pouvions utiliser pour résoudre la question posée par le professeur, c'était très utile. Je n'ai pas participé aux conférences avec les experts, mais le matériel qu'ils ont laissé sur la plateforme était bien contextualisé, les informations étaient claires. Combien de temps fallait-il pour étudier chaque programme et lequel était le plus facile à gérer ? L'aide de l'enseignant et des camarades de classe nous a permis de partager des informations, mais la stratégie de la plateforme interactive et le matériel et les activités pour moi étaient très utiles, faciles à gérer et je n'ai eu aucun problème avec eux. (Dora, 2016, 7 juin, entretien virtuel).

J'ai exploré tous les outils que le professeur nous a fournis. Au début, il était difficile de prendre cette nouvelle plate-forme que vous nous avez donnée parce que nous travaillions avec l'autre plate-forme et que nous l'utilisions déjà dans tous les cours, alors c'était un peu difficile de commencer à travailler avec une nouvelle plate-forme, mais petit à petit, je me suis familiarisée avec la plate-forme. Au début, c'était le bazar, mais ensuite les outils que vous nous avez donnés et tout le reste. J'ai appris beaucoup de choses dont je ne soupçonnais pas l'existence. C'était génial, la vérité c'est qu'il y a beaucoup de programmes dont on a parfois besoin et dont on ne soupçonne même pas l'existence.

Donc j'ai trouvé ça très cool, c'était une très bonne stratégie parce que ça nous aide plus tard dans d'autres cours ou quand on est professeur, j'ai trouvé ça génial, en plus de l'attention que Sumercé nous portait, enfin, à moi parce que j'étais très ennuyée parce que je ne comprenais pas beaucoup de choses. J'ai aimé ça parce que c'était aussi comme une communication rapide, donc j'ai dit que l'important c'est que le professeur soit attentif et qu'il me réponde toujours rapidement.

Je voudrais aussi remercier l'enseignante d'avoir été là avec moi tout le temps. J'ai appris beaucoup de choses, Dieu merci, j'ai réussi à travailler sur plusieurs choses et c'était une très belle expérience. (Jessika, 2016, 7 juin, entretien virtuel).

Comme nous parlions avec l'enseignant Caros Pinilla et avec l'enseignant qui est un expert en outils numériques, j'avais déjà des pré-connaissances à ce sujet, donc la partie la plus enrichissante a été de pouvoir combiner tous ces outils pour construire cet objet d'apprentissage. J'avais travaillé un peu avec Prezi, un peu avec le blog, séparément pour différentes activités, mais je ne les avais jamais alignés pour générer un produit qui me permettrait de générer des connaissances. (José, 2016, 7 juin, entretien virtuel).

Les éléments qui m'ont le plus impacté au moment de la création du site web, il est nécessaire de continuer à enquêter sur les différents outils pour le réaliser. Aussi mettre

---

[10] Pour identifier le participant, il est défini sous le code suivant : prénom du participant, date de l'entretien, modèle d'entretien.

en œuvre de nouveaux concepts pour faire la page comme ce qui a été le lien qui a aidé au moment de la création de l'APV. (Iván, 2016, 7 juin, entretien virtuel)

Eh bien, ce qui m'a le plus impacté sur cette plateforme, c'est qu'elle est plus organisée, j'ai aussi été impacté par l'interaction que l'on a avec les enseignants ou avec le tuteur, avec les collègues dans les forums c'est quelque chose de très bien, l'interaction avec les tuteurs m'a trop impacté parce que dans mon cas je ne l'avais jamais utilisé. (Nathaly, 2016, 7 juin, entretien virtuel).

Bonjour, je pense que c'était une bonne méthodologie avec une stratégie différente de celle que nous avions dans les autres semestres, avec de bonnes ressources telles que les conférences et les ressources qu'ils nous ont données, aussi parce que l'apprentissage était très bien guidé par l'enseignant, donc je pense que c'était très bien et différent. (Ingrid, 2016, 7 juin, entretien virtuel).

Merci Ingrid, la question suivante fait référence aux plateformes d'apprentissage virtuel, est-ce que l'utilisation de ces plateformes vous permet d'approfondir d'autres sujets dans le cadre de votre carrière ? (Enseignant, 2016, 7 juin, entretien virtuel).

Comme j'ai un diplôme en informatique éducative, il m'a semblé très important que dans cet espace nous puissions voir comment planifier un environnement d'apprentissage virtuel non seulement d'un point de vue technologique, mais aussi d'un point de vue pédagogique et didactique. Nous pensons qu'il suffit d'avoir les outils pour former un environnement éducatif efficace, pour cela nous devons avoir une bonne approche et être clairs sur le fait que les outils ne sont pas l'éducation mais un moyen d'y parvenir (Andrea, 7/06/2016, entretien virtuel). (Andrea, 7/06/2016, entretien virtuel)

Ingrid : Je pense que l'intervention des experts a également été essentielle pour créer l'APV. Personnellement, je n'ai pu assister à aucune des vidéoconférences, mais j'ai regardé les vidéos, j'ai regardé beaucoup de vidéos et cela m'a permis de leur faire part de mes préoccupations et ils m'ont vraiment beaucoup aidée (Ingrid, 7/06/2016, entretien virtuel). (Ingrid, 7/06/2016, entretien virtuel).

C'est très important parce que les experts clarifient nos doutes et nous aident à créer l'APV. Certains d'entre eux ont dit que la présentation... c'est-à-dire différents cas où appliquer chaque chose et je trouve très intéressant que les experts nous parlent de différents sujets, nous donnent des idées et des conseils parce que jusqu'à présent, nous sommes des étudiants et nous ne les connaissons pas tous.

J'ai été très reconnaissante de ce que les experts nous ont dit parce que j'ai clarifié beaucoup de doutes et cela m'a aidée dans le développement de mon APV. (Nathaly, 2016, 7 juin, entretien virtuel)

Merci Nathaly, la question suivante se réfère à la plateforme Moodle, pensez-vous qu'elle permet d'interagir directement avec les autres participants ? (Enseignant, 2016, 7 juin, entretien virtuel).

Je pense que c'est très bien parce que nous étions habitués à la plateforme habituelle, et quand le professeur nous a annoncé la plateforme interactive, nous étions comme (mon Dieu et maintenant), mais après le premier cours, le professeur nous a beaucoup aidés et a résolu de nombreux doutes. C'est très cool, très interactif, et ils devraient même l'appliquer dans les autres matières pour en apprendre plus sur elles, ou mettre en œuvre plus de plateformes interactives avec différents designs, de sorte que lorsque nous sommes confrontés à un autre domaine ou sujet, nous pouvons appliquer ces connaissances et ces exemples que l'enseignant et les autres enseignants nous présentent. (Dora, 7/06/2016, entretien virtuel).

Cette stratégie est complètement différente des outils traditionnels du web 2.0. Ils nous permettent d'interagir efficacement, dynamiquement et je pense que c'est une bonne partie de ce sujet. (José, 2016, 7 juin, entretien virtuel).

Eh bien, la question suivante est : le partage de concepts avec vos collègues est-il facilité par la gestion des activités propres à la plateforme comme l'agenda, les forums, le chat et les wikis, c'est-à-dire avec d'autres collègues du même domaine, en comprenant que notre domaine de travail est la philosophie des environnements virtuels d'apprentissage mais que d'autres domaines de formation étaient liés par l'intermédiaire d'experts... Quelle est votre opinion ? (Enseignant, 2016, 7 juin, entretien virtuel)

Eh bien, Professeur, je dirais que, de mon point de vue, cela a été d'une grande aide. J'ai assisté à deux vidéoconférences parce que l'autre a été reportée, et je n'ai donc pas pu y assister. Mais c'était vraiment une grande aide parce qu'elles ont levé beaucoup de doutes. Par exemple, je ne savais pas dans quel programme j'allais faire l'APV ou quels outils, donc le fait d'avoir mis en place cet outil pour nous a été formidable parce que nous avons pu lever nos doutes, nous avons pu faire l'APV, c'était tout à fait clair pour moi. En ce qui concerne ce qu'a dit le professeur de pédagogie, c'était également une bonne chose parce qu'il nous a dit - eh bien, vous devez faire telle ou telle chose pour que cela ait l'air bien, et ce sont des choses qui aident beaucoup, pas toujours la monotonie du professeur parce qu'il est également bon que d'autres personnes aident et qu'il y ait une meilleure connexion avec eux et une bonne communication de sorte qu'à un moment donné, vous avez besoin d'aide, vous savez sur qui vous pouvez compter.

J'ai trouvé que c'était une très bonne expérience à partager avec eux et qu'ils partagent leurs expériences avec nous (Jessika, 2016, 7 juin, entretien virtuel).

Eh bien, Professeur, j'ai trouvé la participation des experts très intéressante, je reprends ce que je disais sur le fait de pouvoir rassembler toutes les connaissances éparses que j'avais et de les aligner pour avoir un seul produit. En raison de contraintes de temps, je n'ai assisté qu'à deux conférences avec le professeur Carlos et le professeur d'outils numériques, mais je les ai trouvées très productives, elles ont vraiment attiré mon attention en raison de ce que je vous ai dit. En raison de l'articulation de tous ces outils que le web 2.0 nous offre.

Il faudra que je reprenne les conférences avec les experts à un moment donné pour ma propre connaissance. La conférence avec l'experte en outils numériques m'a semblé très limitée, trop peu de temps, c'est un sujet très vaste à traiter en une heure et demie. Elle nous a donné des informations très intéressantes mais il aurait fallu plus de temps pour générer un APV. Je ne veux pas critiquer ou faire la satire de qui que ce soit ici, mais en regardant ce sujet, je dirais que le sujet des environnements virtuels un et deux en tant qu'étudiant en philosophie et en éducation religieuse dans ces matières avec ces "pintes" n'a pas été mis à profit. Il faut faire une introduction et une introduction forte pour que quand on arrive à des sujets comme ceux-là on ait toutes ces connaissances. (José, 2016, 7 juin, entretien virtuel).

José, merci beaucoup. Passons à la question suivante : l'utilisation des activités propres à la plateforme telles que les journaux, les forums, le chat, le wiki vous a-t-elle aidé à partager vos concepts avec vos camarades de classe ? Cédons la parole à Jessika (Enseignante, 2016, 7 juin, entretien virtuel).

La vérité, c'est que je ne connaissais pas beaucoup des outils dont le professeur nous a parlé, même si je les avais vus, je ne les connaissais pas. J'ai beaucoup appris parce que pour pouvoir travailler sur l'APV, j'ai dû chercher et faire des recherches sur chacun d'entre eux pour pouvoir les utiliser, parce qu'il n'est pas facile d'utiliser quelque chose que je n'ai jamais utilisé auparavant, alors j'ai dû faire des recherches sur ceux que j'ai utilisés, il y en avait beaucoup mais j'en ai quand même utilisé certains, ceux que je pensais être plus faciles parce qu'il y en avait d'autres qui étaient plus compliqués.

J'ai acquis des connaissances, j'ai réalisé qu'il existait plusieurs outils pour créer des programmes et les générer était très bien car, comme je l'ai dit, je ne savais pas. Grâce à cela, j'ai dû continuer à faire des recherches car les concepts étaient rapides et j'ai pu les appliquer. Cela ne fait jamais de mal de faire des recherches plus approfondies sur chacun d'entre eux pour pouvoir développer un travail bien meilleur si on le peut (José, 2016, 7 juin, entretien virtuel).

Merci beaucoup Jessica. Commençons par une question, est-ce que les dynamiques soulevées au sein d'un forum dans la classe virtuelle contribuent à la clarification des doutes, permettant l'approfondissement d'un certain sujet ? (Enseignant, 2016, 7 juin, entretien virtuel).

Bonsoir. Mon domaine de formation me facilite la tâche car je travaille sur internet, donc les connaissances que j'ai acquises m'ont beaucoup aidé, tout comme la conception du site web, car je n'ai pas eu beaucoup de difficultés à m'en occuper car dans mon travail j'ai déjà fait des pages. Il était également important d'avoir l'aide de mes collègues pour clarifier les doutes. J'ai trouvé les tutoriels très utiles. Je suis à Chiquinquirá et l'université ne nous a pas fourni ou ne nous a pas donné de professeur pour nous expliquer davantage. De même, avec les conférences données par les experts, mes collègues me disent que les conférences ont été efficaces, qu'elles ont été d'une grande aide et qu'ils ont pu réaliser l'APV. (Dora, 2016, 7 juin, entretien virtuel).

L'apprentissage basé sur la résolution de problèmes nous permet de continuer à développer l'apprentissage. Comme l'a dit un collègue, lorsque nous avons un apprentissage pratique, un apprentissage réflexif, nous pouvons nous approprier les connaissances plus facilement. Je pense que c'est l'un des avantages de l'APP (José, 2016, 7 juin, entretien virtuel).

Merci beaucoup José. Passons à une autre question : brièvement, pouvez-vous me dire ce que vous pensez de l'intervention d'experts dans le processus de formation ? Je parle d'experts en pédagogie, d'experts en APV, d'experts en outils communicatifs, d'experts dans le domaine de la linguistique, de ne pas avoir un seul enseignant mais plusieurs. (Enseignant, 2016, 7 juin, entretien virtuel).

Avec eux, nous pouvons tracer les grandes lignes de ce que nous voulons réaliser et les avis sur la conception, la formulation et les opinions des experts sont d'une grande aide. En outre, chaque avis doit être reçu de manière agréable et reconnaissante, parce qu'il nous aide. Permettre à d'autres personnes de nous enseigner et de nous expliquer d'autres choses nous aide à aller plus loin (Dora, 2016, 7 juin, entretien en ligne).

Bon les gars, allons-y avec cette question : est-ce que le développement des différentes tâches présentées dans la classe virtuelle de la VUAD vous invite à plusieurs reprises à visiter les sites proposés et à participer aux activités ? (Enseignant, 2016, 7 juin, entretien virtuel).

Je pense que toute la polyvalence que le web 2.0 nous offre pour générer des connaissances, pour nous faire participer à ces connaissances, l'interaction que nous pouvons générer de manière synchrone nous aide à avoir des processus de formation beaucoup plus agréables, plus intéressants pour les étudiants car nous utilisons toute cette partie technologique qu'ils aiment. Donc, en étant dans un espace qu'ils aiment, qu'ils aiment, nous pouvons les amener à s'approprier davantage ces connaissances et à les construire eux-mêmes. (José, 2016, 7 juin, entretien virtuel).

Le PBL est très important et les étudiants peuvent même avoir la possibilité de donner leur avis sur le sujet discuté. Lorsqu'ils appliquent les idées, ils doivent toujours s'assurer qu'elles s'appliquent à la réalité et qu'il ne s'agit pas d'une fantaisie ou d'une illusion, afin que les étudiants puissent les mettre en pratique, les partager avec leurs camarades de classe et les appliquer également à leur vie et à leur profession. Pour le travail, nous devons également prendre en compte les étapes de développement de ces problèmes (Dora, 2016, 7 juin, entretien virtuel).

Ce que je pense de l'APP, c'est qu'elle permet à l'étudiant d'acquérir des compétences qui lui permettront d'exceller dans n'importe quel problème qui se présentera. Elle incite l'élève à lire, à enquêter, à faire des recherches pour parvenir à une solution ; grâce à une plateforme virtuelle, il est possible de le faire. La technologie permet donc d'accéder à des connaissances illimitées et de trouver une solution à une situation donnée. C'est un outil très précieux pour les étudiants (Iván, 2016, 7 juin, entretien virtuel).

Le PBL est important parce que les enfants utilisent fondamentalement cette stratégie, ils ont un apprentissage critique et cela peut être mis en œuvre dans différentes matières. En outre, dans les classes virtuelles, nous pouvons, en tant qu'enseignants, créer des situations ludiques pour que les élèves puissent interagir (Nathaly, 2016, 7 juin, entretien virtuel).

Eh bien, il me semble que cette approche fait partie de la pédagogie puisqu'elle est basée sur le constructivisme et qu'elle permet à l'étudiant d'être proactif au cours de son apprentissage. Ils sont également confrontés à des situations de la vie réelle, ce qui est très important (Andrea, 2016, 7 juin, entretien virtuel).

Merci beaucoup Andrea. Eh bien, les gars, ces dernières minutes pour vous remercier de l'espace, nous avons été un peu longs. Mais avant de terminer, je tiens à vous remercier chaleureusement d'avoir participé à cette discussion, de vous être connectés de manière très spontanée pour pouvoir vous écouter et aussi pour pouvoir sentir que vous avez pu faire l'expérience de ce nouvel environnement virtuel.

Croyez-moi, pour moi, en tant qu'enseignant-chercheur, cela me permettra d'avoir d'autres positions et d'autres scénarios de travail dans lesquels je pourrai nourrir cet environnement, et comme certains d'entre vous l'ont dit, d'avoir des approches beaucoup plus consolidées de l'apprentissage et de l'enseignement qui sont encore plus solides grâce à ces déclarations que vous avez été en mesure de me donner. Et enfin, je voudrais dire que j'espère que nous pourrons nous rencontrer dans un autre espace de formation, comme vous l'avez déjà mentionné, dans des propositions plus innovantes basées sur ces déclarations et sur tous les apprentissages que j'ai pu faire, en tant qu'enseignante, auprès de chacun d'entre vous. (Enseignante, 2016, 7 juin, entretien virtuel).

Tableau 26. Langage corporel/verbal, catégorie : Acquisition, participation, et

Création de connaissances/construction d'environnements d'apprentissage virtuels.

CATÉGORIE PAR GROUPE DE DISCUSSION	SOUS-CATÉGORIE	LE LANGAGE CORPOREL/VERBAL
		Au début de la session, les étudiants montrent des gestes et des regards d'intérêt et d'inquiétude ; d'une part, ils manifestent de l'anxiété quant au début du groupe de discussion et, d'autre part, ils s'inquiètent du bon fonctionnement de leurs outils audio et vidéo. Lorsque le modérateur pose la question, les élèves se taisent et la discussion s'engage avec des sourires et un sourire.
	Marchés publics	changement de posture corporelle, de la rigidité à la souplesse des épaules et du dos. Dans le développement de toutes les questions, l'utilisation de tons effusifs et énergiques a été une caractéristique constante de leurs discours. Il n'y a pas de dérobade et les compliments sont nombreux avec des expressions telles que "genial" et "muy chévere".
	La participation	Dans le développement des questions de cette catégorie, certains gestes de rire, des postures de confort et des gestes malicieux sont évidents, comme dans les questions précédentes, ils prononcent des discours d'acceptation et avec des tons justes dans ce qui est dit.

		En ce qui concerne les questions de cette catégorie, des gestes de fierté et de satisfaction ont été montrés par rapport aux deux catégories précédentes, les traits étaient non seulement joyeux mais avec un froncement de sourcils sur le front de certains participants, bien que les postures du corps étaient des postures de calme, dans celles-ci il y avait des mouvements devant être attentifs aux questions et aux réponses des autres compagnons, des affirmations ont été montrées avec la tête quand ils écoutaient un compagnon et l'étonnement était minime.
	Création/construction	

Source : élaboration propre.

Groupe 2. Acquisition, participation et création/construction de connaissances dans le cadre de l'apprentissage par problèmes.

Bonsoir à toutes les personnes présentes, je voudrais vous remercier de vous joindre à cette conférence où nous allons parler un peu du processus mené dans le domaine de la formation philosophique dans les environnements virtuels. Je vais commencer par Kimberhly. La question est : est-ce que l'une des ressources utilisées par la stratégie pédagogique PBL est la participation d'experts, est-ce que cela contribue au succès dans la résolution du problème posé ? (Enseignant, 2016, 8 juin, entretien virtuel).

Bonsoir à tous. Pour moi, c'était très bien, la plateforme a de nombreuses couleurs très frappantes, les transitions entre les parties. Je pense donc que la plateforme est très attrayante, elle vous encourage à faire plus de recherches et à chercher davantage. J'ai également apprécié les vidéoconférences, même si je n'ai pas pu participer à beaucoup d'entre elles, il était très intéressant d'avoir la participation des experts, d'avoir plus de soutien parce que vous nous avez envoyé de nombreux courriels, vous étiez très attentifs, vous nous avez toujours dit d'envoyer toutes les activités. Tout était très intéressant sur cette plateforme. A part la création d'AVA et tous les outils que vous nous avez donnés (Kimberhly, 2016, 8 juin, entretien virtuel).

A mon avis, l'enseignant a été très attentif au processus, aux activités. C'est une très bonne plate-forme parce qu'elle nous fournit les connaissances dont nous aurons besoin pendant le cours pour pouvoir structurer les problèmes que nous avons appris sur la base de ces outils ou des APV. En ce qui concerne l'APV, c'est une très bonne stratégie parce qu'on y apprend à fournir et à soutenir des instruments qui sont très stratégiques pour la mise en œuvre de stratégies pour les enfants. Il y a aussi d'autres activités pour les jeunes qui sont dans un processus de développement (Laura, 8/06/2016, entretien virtuel).

Bonsoir à tous. À mon avis, au 21e siècle, la technologie est quelque chose qui englobe tous les domaines et, en leur sein, dans une large mesure, le domaine de l'éducation. Pour les futurs enseignants ou pour ceux d'entre nous qui sont déjà enseignants et qui étudient, la technologie devient actuellement une passerelle vers l'éducation et c'est une manière très agréable et très cool d'atteindre l'enfant ou l'enfant ou le jeune par le biais de ces APV, de cette méthodologie de la question du problème. J'ai été très impressionnée par la création de la plateforme, la création de toutes les flèches, les icônes et les images qui ont donné une vie unique à chaque sujet traité. En soi, c'était comme explorer davantage et acquérir ce sentiment d'être à la pointe de la technologie et, par ce biais, d'être à la pointe de l'éducation des enfants et des jeunes. (Lina, 2016, 8 juin, entretien virtuel).

Bonsoir. Personnellement, il m'a donné l'opportunité de résoudre le problème soulevé, et en même temps d'en résoudre d'autres qui nous affectent beaucoup, nous les enseignants. Il y a aussi tous les outils technologiques que j'ai appris à utiliser parce que je sais que je pourrai les utiliser plus tard. Ce que j'ai appris ici est vraiment très enrichissant pour moi, car cela m'aidera à l'avenir, non seulement en tant qu'enseignante, mais aussi en tant que mère et en tant que personne. J'ai tout aimé. Au début, je me sentais perdue, mais tout était très enrichissant (Margot, 2016, 8 juin, entretien virtuel).

Merci beaucoup Margot. Passons à la question suivante, qui a trait à certaines expressions qui m'ont déjà été indiquées. La résolution réussie du problème passe-t-elle par la participation d'experts en tant que ressource de la stratégie pédagogique PBL ? (Enseignant, 2016, 8 juin, entretien virtuel).

J'ai trouvé les avis des experts très importants car ils nous ont beaucoup apporté. Pendant la visite, ils nous ont expliqué leurs méthodes, la mise en œuvre de l'APV et les différents outils à utiliser. J'ai également trouvé important qu'ils nous parlent de leurs expériences qui pourraient leur arriver plus tard et de ce qu'il faut faire dans ce cas. Les experts apportent aussi beaucoup de choses qui sont utiles pendant la formation et le cursus (Laura, 2016, 8 juin, entretien virtuel).

De mon point de vue, cela semble très bien, parce qu'avoir autant d'enseignants nous permet aussi d'avoir plusieurs points de vue et donc de former un point de vue critique et très fort, un point de vue qui apporte tout ce que nous avons vu de l'éducation et qui ne se concentre pas seulement sur la technologie. Cette union est très dynamique et très parfaite (Johanna, 2016, 8 juin, entretien virtuel).

J'ai trouvé cela très intéressant parce que l'idée n'est pas simplement de s'asseoir et de dicter un sujet, il faut le compléter et avec les experts, nous avons pu compléter ces sujets. Je pense donc que c'était très important, innovant, agréable, très confortable d'avoir autant de personnes pour communiquer nos doutes, pour nous guider dans le processus de création de notre APV. D'ailleurs, je vous remercie, professeur, de nous avoir donné l'opportunité d'avoir des experts sur ces sujets. (Kimberhly, 2016, 8 juin, entretien virtuel).

Je pense que c'était très intéressant parce qu'il s'agissait d'un processus très complet. Non seulement ils ont apporté leur soutien à l'APV, aux outils technologiques, mais ils se sont également concentrés sur la linguistique, sur l'importance de savoir comment écrire et en même temps comment parler lorsque vous allez présenter votre travail, non seulement ce que vous faites mais aussi comment vous le présentez. Et aussi sur la présentation, parce que le jour de la conférence, je n'avais jamais parlé de cela, des couleurs, des vêtements, il ne faut pas porter des vêtements trop voyants parce qu'ils distraient l'auditoire. Personnellement, j'ai beaucoup aimé cela parce que c'était un complément. Comme je l'ai dit avant, tout l'apprentissage reste pour le futur, même si en ce moment on présente ça virtuellement, c'est très utile pour moi parce que je sais que j'aurai plus de socialisation et ces conseils étaient très utiles (Margot, 2016, 8 juin, entretien virtuel). (Margot, 2016, 8 juin, entretien virtuel).

Merci beaucoup Margot. La question suivante se réfère à la méthodologie de l'apprentissage par problèmes, est-ce que l'APP en tant que stratégie pour le développement d'un sujet augmente leur intérêt par rapport à d'autres méthodologies car il permet au groupe d'étudiants de faire face à des situations de leur vie en tant que professionnel ? (Enseignant, 2016, 8 juin, entretien virtuel).

C'est une méthodologie qui attire vraiment mon attention parce que nous, en tant qu'enseignants, devons toujours chercher des moyens pour que l'étudiant devance le problème et ne mémorise pas une théorie pour ensuite rester immobile, mais qu'il utilise cette méthodologie pour résoudre ces problèmes qui se présentent, qu'ils soient personnels, professionnels ou de n'importe quel type. À travers ces matières et ce semestre où nous réalisons cette stratégie d'apprentissage par problèmes, on apprend aussi en tant qu'enseignant à chercher cette formation et ces applications possibles de cet apprentissage ou de cette méthodologie (Lina, 2016, 8 juin, entretien virtuel). (Lina, 2016, 8 juin, entretien virtuel).

La vérité est que je ne suis pas très familière avec l'apprentissage par problème, je ne l'ai jamais utilisé auparavant, c'est le premier semestre où je l'utilise, mais je pense que c'est bien parce qu'au lieu de mettre les étudiants à répéter une théorie, comme Lina l'a dit, cela les met à résoudre des problèmes dans un contexte réel. Je pense donc que c'est une bonne stratégie pour enseigner aux étudiants et même aux enseignants (Leidy,

2016, 8 juin, entretien virtuel).

Merci beaucoup Leydi. La question suivante : les concepts abordés dans le domaine de formation Philosophie des environnements d'apprentissage virtuels répondent-ils aux besoins de votre domaine de travail ? (Enseignant, 2016, 8 juin, entretien virtuel).

C'est une base que nous devons mettre en pratique pour résoudre les problèmes réels auxquels nous sommes confrontés chaque jour à l'intérieur et à l'extérieur de la salle de classe. C'est une réalité que nous devons résoudre avec des stratégies qui visent à intégrer et à interagir avec les enfants, de sorte que nous ne soyons pas toujours en train de gronder (Laura, 2016, 8 juin, entretien virtuel).

J'ai trouvé ça intéressant parce que c'est une nouvelle façon d'apprendre mais on résout des problèmes, on ne se contente pas de mémoriser le contenu des choses pour résoudre le problème et en même temps résoudre d'autres problèmes. Comme l'a dit Kimberhly, au début on se sentait perdu mais c'était une méthode très intéressante (Margot, 2016, 8 juin, entretien virtuel).

Pour moi, la participation aux forums a été très importante parce que j'ai toujours eu beaucoup de doutes sur la façon de gérer le PBA et la création de l'APV, donc je pense que les forums ont été très bons et que j'ai pu interagir avec vous et mes collègues. (Kimberhly, 2016, 8 juin, entretien virtuel).

Les contributions que tous nous ont données ont été très importantes pour la construction de l'APV parce qu'à travers les cartes qu'ils ont faites, ils nous ont permis de voir qu'à travers toutes les vidéoconférences, tous les guides, les paramètres nous ont permis de mettre plus en ligne et de lever beaucoup de doutes pour réaliser l'APV et vraiment définir comment la solution au problème qui a été soulevé dans l'APV a été. (Lina, 2016, 8 juin, entretien virtuel).

Pour tout ce qui concerne l'approche du problème et la connaissance des outils, la manière dont j'allais le proposer et comment le rendre approprié. Ils m'ont surtout aidé sur les outils technologiques, mais aussi sur la partie pédagogique, pour voir comment faire. De ce point de vue, les forums ont été très utiles (Leidy, 2016, 8 juin, entretien virtuel).

Je pense que ces stratégies étaient très importantes et intéressantes parce qu'elles nous ont donné des outils et des éléments pour la solution de l'APV. Il était également important d'avoir différentes lignes directrices pour la solution de l'APV que chacun d'entre nous a trouvées (Laura, 2016, 8 juin, entretien virtuel).

Je pense que cela nous a aidés à partager nos connaissances avec les tuteurs et les autres camarades de classe, car c'était très important parce qu'ils étaient des spécialistes, donc ils nous ont donné des guides, et ils nous ont aidés à donner des idées et à poser des questions sur ce que nous ne savions pas (Lenin, 2016, 8 juin, entretien virtuel).

Bon. Est-ce que vous allez me dire brièvement, est-ce que l'apprentissage par problème est une stratégie pédagogique qui permet à un étudiant de mettre en pratique les concepts acquis dans la résolution d'une situation problématique liée à sa profession ? (Enseignant, 2016, 8 juin, entretien virtuel).

Toutes les connaissances ou les apprentissages que j'ai acquis, je les appliquerais d'abord en montrant de l'intérêt pour le processus de mes élèves, ensuite en cherchant à intégrer d'une manière ou d'une autre différentes personnes dans le processus d'apprentissage, et enfin en mettant en œuvre Hava dans la classe. (José, 2016, 8 juin, entretien virtuel).

Je pense que tout d'abord, ce que j'ai appris sur la Hava, je pense qu'une des façons de mettre en pratique ce que j'ai appris, c'est de continuer parce que peu importe ce que j'ai fait, l'idée avec l'étudiant c'est d'intégrer ces espaces et d'aller dans d'autres endroits et de chercher ces éléments qu'on ne trouve pas sur la plateforme. A part ça, je pense que tout ce que j'ai appris est utile non seulement pour le virtuel, car c'était un apprentissage intégral, professionnel et c'est ce que je vais essayer de mettre en pratique personnellement et virtuellement (Margot, 2016, 8 juin, entretien virtuel). (Margot,

2016, 8 juin, entretien virtuel).

Merci beaucoup Margot. Poursuivons avec la question suivante Seriez-vous d'accord avec l'expression " L'APP dans le domaine de la pédagogie représente une avancée dans la recherche des connaissances apprises et renforce celles qui ont été reléguées à la pratique " (Enseignant, 2016, 8 juin, entretien virtuel).

Je pense que l'une des choses les plus frappantes à propos des tics est qu'ils peuvent être appliqués dans toutes les matières et à tous les âges, donc je pense que pour les futurs enseignants, il est bon d'avoir ces connaissances pour les mettre en œuvre dans notre travail, Par exemple, dans le cadre de mon travail en anglais, je trouve très intéressant que ce type de plateforme me permette de mettre de l'audio, des jeux, des documents Word, des vidéos, et tout cela sur une seule plateforme ou page, et de cette manière, on peut l'apporter aux enfants et aux jeunes et les orienter vers une utilisation plus éducative de la technologie et vers l'utilisation de l'enseignement et de l'apprentissage. Cela devrait être un lien entre l'étudiant et l'enseignant, comme nous le faisons actuellement (Lina, 2016, 8 juin, entretien virtuel).

Tout d'abord, je pense qu'il est important d'utiliser différentes stratégies pour réaliser les activités pour les enfants, afin qu'ils se sentent libres et qu'ils puissent interagir en utilisant toutes les TIC, ce qui est une bonne stratégie pour renforcer les connaissances des différents enfants et ne pas toujours être dans un livre et le copier, mais faire des stratégies dynamiques pour qu'ils puissent développer leur formation et puissent répondre de manière dynamique à tout ce qui les entoure. Qu'il ait la base pour répondre à la question qui lui est posée (Johanna, 2016, 8 juin, entretien virtuel).

Eh bien, en tant que professionnel dans le domaine de l'informatique avec un diplôme dans ce domaine, je pourrais utiliser les environnements d'apprentissage virtuels comme un outil pour enseigner à mes étudiants sur différents sujets, il ne doit pas simplement être basé sur la technologie, mais pourrait également montrer des vidéos éducatives de différentes classes où non seulement le domaine de l'informatique est présenté, ce qui dans mon cas est d'enseigner sur les virus, mais aussi sur les tics, qui est actuellement très utilisé. Cet outil est très dynamique et on peut interagir avec différents sujets (Lenin, 2016, 8 juin, entretien virtuel).

Merci beaucoup Lénine. Eh bien, les gars, également de manière très brève, veuillez indiquer si la stratégie pédagogique de l'apprentissage par problèmes contribue à l'approfondissement des concepts acquis dans votre domaine disciplinaire (Enseignant, 2016, 8 juin, entretien virtuel).

Je le pense parce que ce sont des stratégies qui peuvent nous aider à résoudre des problèmes pendant le cours de formation à l'intérieur et à l'extérieur de la salle de classe, principalement sur la base du fait que nous devons interagir avec les différents outils que nous pouvons leur fournir pour résoudre les problèmes. (Laura, 2016, 8 juin, entretien virtuel).

Bien sûr, car c'est lorsque vous devez résoudre un problème que vous apprenez le plus. Pour trouver la solution, nous devons apprendre la théorie et la pratique afin de l'appliquer à la réalité et d'apporter des solutions. C'est positif et cela vous apprend à résoudre de vrais problèmes. Comme je le disais, l'approche que vous m'avez donnée a été utile pour fournir une solution théorique au problème de l'expérience intégrale. Donc ça apprend beaucoup, en plus on se rend compte que c'est quand on est dans une situation difficile qu'on apprend le plus parce qu'il faut trouver une solution et être capable de l'amener dans la réalité. (Margot, 2016, 8 juin, entretien virtuel).

Je pense que c'est l'objectif principal d'un PBL, de résoudre des problèmes dans un contexte réel. Je pense donc qu'il est tout à fait possible de résoudre des problèmes sur le lieu de travail (Kimberhly, 2016, 8 juin, entretien virtuel).

Je pense que l'apprentissage par problèmes est une bonne stratégie éducative que nous pouvons utiliser en tant que futurs enseignants, car chaque personne a des expériences différentes, et il serait donc important que chaque personne acquière des connaissances basées sur ses expériences de vie personnelles, ses différents problèmes dans son environnement, enfin, dans divers aspects de la vie quotidienne. Je pense donc qu'il s'agit d'une bonne stratégie pour résoudre les problèmes, acquérir de nouvelles connaissances, contextualiser, développer et fournir une solution à un problème, car chacun a des expériences basées sur son environnement, donc chaque cas serait différent. (Lenin, 2016, 8 juin, entretien virtuel).

Tableau 27. Langage corporel/verbal, catégorie : Acquisition, participation, et Création/construction de connaissances à partir de l'apprentissage par problèmes.

Acquisition de connaissances, participation et création/construction de connaissances Basé sur des problèmes	Marchés publics	Comme dans le premier groupe de discussion, compte tenu du fait qu'il s'agit de participants différents, on observe des gestes d'anxiété, des froncements de sourcils montrant de l'inquiétude, lorsque l'enseignant pose la question, la plupart des étudiants montrent un grand intérêt à participer à la session, on observe qu'ils baissent la tête et regardent vers le clavier de leur ordinateur, Contrairement au groupe précédent, on peut constater que le groupe d'étudiants est plus actif, car ils ont pris l'initiative de donner leurs réponses et n'ont pas attendu que l'enseignant-modérateur leur donne la parole.. Lorsque les réponses commencent, la plupart des étudiants hochent la tête pour dire oui, comme pour soutenir le partenaire qui parle. Les postures du corps sont détendues, mêlées à un peu de fatigue, peut-être à cause de l'heure, puisqu'il est 20h30.
	La participation	Lors de la deuxième question, les élèves changent de position pour écouter la question de l'enseignant, certains élèves sont calmes et l'un d'entre eux est très silencieux.
		Quant aux réponses, la plupart sont positives, seul l'élève qui a tourné la tête au début de la question affirme qu'il aurait aimé participer à tous les espaces mais que cela ne lui a pas été possible.
	Création/construction	Le langage corporel dans cette partie du groupe de discussion, les corps sont observés plus étendus sur les chaises, et avec calme devant l'écoute des compagnons, il est souligné qu'ils étaient très animés tout au long de la discussion complétant les idées des compagnons, ce qu'ils ont manifesté quand ils ont pris la parole. Leur langage verbal a été effusif et positif tout au long de la session.

Source : élaboration propre.

3.1.3 Groupe 3. Acquisition, participation et création/construction de Connaissance des outils informatiques.

Bienvenue dans cet espace, c'est un plaisir de vous recevoir. Comme nous l'avons fait hier, l'objectif est d'établir une conversation sur ce sujet, de créer un dialogue où nous pourrons nous dire très brièvement comment vous avez trouvé la plateforme, comment vous avez trouvé l'expérience de ce moyen ou de cet espace de formation. Commençons par quelques questions avec lesquelles j'aimerais entamer le dialogue.

Commençons par une question, est-ce que la classe virtuelle présente des concepts de votre niveau académique et est-ce que cela la rend pertinente dans le développement de vos connaissances jusqu'à présent réalisées dans votre carrière, nous comprenons que certains sont dans la partie de l'anglais, de l'informatique, des langues espagnoles, alors quels étaient ces concepts que cette stratégie vous a laissés ? Je vais commencer par Nancy (Enseignant, 2016, 9 juin, entretien virtuel).

C'est quelque chose de nouveau dont je n'avais pas entendu parler au cours de mes études, je n'en avais pas entendu parler et j'ai trouvé ça génial parce que c'est comme si nous luttions tous contre un problème et que nous allions contribuer à une solution. C'est quelque chose de pratique, pas seulement théorique, ce que je trouve très bien. Je suis de ceux qui pensent que l'on apprend facilement par la pratique, et cet exercice m'a semblé sensationnel. Voir comment on apprend la théorie et ensuite comment on résout le problème, qui dans ce cas était de créer un APV, et j'ai trouvé le sujet très intéressant, j'ai trouvé ça spectaculaire. (José, 2016, 9 juin, entretien virtuel).

Merci Nancy. Brièvement, Monica, nous disions que vous deviez expliquer les concepts ou les apprentissages que la stratégie APP vous a touchés dans votre domaine d'études (Enseignante, 2016, 9 juin, entrevue virtuelle).

Je pense que l'APP nous aide, en tant qu'étudiants, à acquérir de nouvelles connaissances de manière autonome. Elle nous permet de construire nos propres connaissances avec l'enseignant comme guide. Il me semble donc que c'est une bonne méthodologie ou stratégie d'étude que nous pouvons utiliser en tant que futurs étudiants pour rendre nos étudiants plus conscients de leurs propres connaissances, car cette stratégie vise précisément à ce que les étudiants acquièrent des connaissances par eux-mêmes. (Monica, 2016, 9 juin, entretien virtuel).

Merci Monica. Donnons la parole à Tania pour qu'elle nous parle des cartes conceptuelles qui aident à mieux apprendre les concepts et à les organiser correctement afin de construire leurs propres structures cognitives (Enseignante, 2016, 9 juin, entretien virtuel).

Il s'agit d'une stratégie d'exploration pour l'élève, d'un processus d'apprentissage qui lui permet de poser des questions, d'enquêter, de se renseigner. Cela a été très utile parce que jusqu'à présent, j'apprends et je comprends. C'est un peu différent de à quoi nous sommes habitués, car nous avons été éduqués avec des méthodologies différentes, donc c'est quelque chose de nouveau, je pense. (Tania, 2016, 9 juin, entretien virtuel).

Merci beaucoup Tania. Dans la classe virtuelle, les espaces de communication tels que les forums, les journaux, les wikis, les chats, utilisés par vous et vos collègues, sont-ils visités en permanence parce que vous y trouvez des espaces de réflexion et d'apprentissage permanent ? (Enseignant, 2016, 9 juin, entretien virtuel).

Je pense que parfois, de mon point de vue personnel, je n'ai pas consacré plus de temps à la plateforme, à la matière parce que je ne pouvais pas à cause des autres matières, mais j'ai vraiment aimé celle-ci. J'avais déjà commenté sur le forum pour remercier le professeur à l'avance parce que je trouvais ça super, super cette façon d'être constant pour être au courant de nous à travers les emails, des appels, des messages, ça me semblait très bien parce que c'est un prix non seulement pour rencontrer une note, mais parce qu'il s'intéresse vraiment à notre apprentissage. Je le remercie d'avance pour la manière dont cette plateforme a été gérée avec les experts, et aussi parce que les personnes avec lesquelles nous avons pu partager savent beaucoup de choses. C'est très bien parce que ce n'était pas seulement une expérience d'apprentissage pour ce sujet mais aussi pour tous les autres sujets pour lesquels nous pouvons utiliser les connaissances que nous avons acquises. J'ai trouvé cette forme d'interaction et cette stratégie en général très bonnes. (Nelcy, 2016, 9 juin, entretien virtuel)

Passons une autre question pour donner la possibilité à d'autres étudiants qui n'ont pas réussi. Brièvement, pouvez-vous me dire si la participation d'experts à la classe virtuelle invite à la réflexion sur le cas présenté au début du cours, à d'éventuelles discussions avec les autres étudiants ? (Enseignant, 2016, 9 juin, entretien virtuel).

J'ai pensé qu'il était important d'avoir plusieurs experts de différents domaines, car cela nous a permis de construire un APV beaucoup plus enrichi en tenant compte de toutes les contributions que les experts nous ont apportées (Paola, 2016, 9 juin, entretien virtuel).

J'ai trouvé ça assez intéressant, je pense que c'est très bien de trouver d'autres experts, d'autres enseignants dans la même classe, puisque chacun d'entre eux était expert dans différents domaines de la méthodologie, ce qui a facilité la construction de l'APV, qui étaient très pertinents pour le sujet et pour nos carrières. C'est un point très important (Nancy, 2016, 9 juin, entretien virtuel).

Bon, passons à une autre question : trouvez-vous dans le cours en classe virtuelle des éléments qui vous invitent à approfondir les concepts et à en apprendre de nouveaux ? (Enseignant, 2016, 9 juin, entretien virtuel).

Eh bien, l'interaction. La partie où nous avons pu participer aux experts, et aussi la partie très motivante où nous pouvions vous voir, vous écouter et vous pouviez aussi nous écouter. Enfin, j'ai également apprécié le fait que nous ayons des forums, que nous ayons appris à utiliser d'autres outils tels que le blog et AVA. C'était très cool d'apprendre de nouveaux outils dans le monde virtuel (Yudy, 2016, 9 juin, entretien virtuel).

Outre l'interface, la partie pédagogique était très intéressante - l'apprentissage par problème, je pense qu'il est très significatif parce que nous sommes confrontés à la vie de tous les jours, et l'interaction avec de nouvelles personnes qui étudient des domaines différents est également très frappante. La collaboration des experts est très intéressante.

C'était très frappant de voir les animations. J'ai aimé le fait que l'on puisse facilement comprendre l'annexion et les thèmes de la plate-forme. J'ai aussi trouvé très utile la boîte à outils où l'on peut sélectionner chacun d'entre eux. J'ai trouvé la nouvelle plateforme très agréable et compréhensible (Nancy, 2016, 9 juin, entretien virtuel).

Merci Nancy. La question suivante se réfère à la classe virtuelle. Voyez-vous dans la classe virtuelle un support où vous pouvez communiquer vos attentes et vos suggestions concernant les concepts réalisés jusqu'à présent ? (Enseignant, 2016, 9 juin, entretien virtuel).

Ce qui m'a plu dans cette plateforme ou cet espace de formation, c'est que nous avons pu acquérir des connaissances que nous pourrons utiliser tout au long de notre vie. Disons que notre formation en tant que futurs enseignants, et aussi lorsque nous deviendrons enseignants, lorsque le professeur Quiroga nous a appris à communiquer, c'est quelque chose qui nous semble très important. C'est quelque chose que nous devrions savoir comment comprendre une idée, cela nous a aidés à nous former intégralement. Avec la participation des experts, c'était bon pour tous les domaines (Nelcy, 2016, 9 juin, entretien virtuel).

Merci Nelcy. Paola Les outils du Web 2.0 nous permettent-ils d'organiser de manière simple et rapide les idées et les concepts que vous souhaitez faire connaître dans votre domaine de formation, en permettant à ceux qui interagissent de comprendre l'objectif du scénario ? (Enseignant, 2016, 9 juin, entretien virtuel).

Eh bien, comme le disent mes camarades de classe, j'ai trouvé cela très amusant parce que je ne connaissais pas vraiment la plupart des outils, donc regarder chacun d'entre eux et choisir celui qui convenait le mieux à mon APV était quelque chose que j'ai trouvé très intéressant. En plus d'acquérir de nouvelles connaissances en considérant que la salle de classe avait de nombreux espaces où nous pouvions consulter sur tous les sujets (Paola, 2016, 9 juin, entretien virtuel).

Merci Paola. Bon les gars, allons-y avec cette question : est-ce que les outils numériques comme support dans la construction des Environnements Virtuels aident à rendre le message que vous voulez faire connaître plus attrayant pour le spectateur, à travers des animations, des sons, des hyperliens, entre autres ? (Enseignant, 2016, 9 juin, entretien virtuel).

Oui, les outils nous fournissent des stratégies pour réaliser une classe virtuelle ou en face à face. Par exemple, lorsque vous commencez une classe virtuelle, vous pouvez poser une question critique, et dans une classe virtuelle, vous pouvez partir d'un problème pour arriver à une solution. Par mon expérience, cela me donne la possibilité de faire réfléchir les enfants à travers des expériences, donc c'est à travers cette méthode de leur donner ou de les guider pour réfléchir et avoir un type de pensée qui n'est pas aussi linéaire que l'éducation traditionnelle et être plus innovant. (Yudy, 2016, 9 juin, entretien virtuel).

J'ai trouvé l'apprentissage par problèmes très intéressant car il nous permet d'avoir une plus grande interaction et de nous approprier le sujet, de faire un effort pour le faire avancer. L'utilisation des outils numériques dans la construction de l'APV est une stratégie différente et c'est quelque chose qui nous permet non seulement dans le développement de cette matière mais dans la pratique en tant que futurs enseignants nous pouvons nous en servir et cela nous permet aussi de faire réfléchir les étudiants et de ne pas leur demander simplement des résultats théoriques mais des résultats pratiques, c'est quelque chose de bien et de marquant qui nous permet de générer de nouvelles connaissances chez les étudiants. (Nancy, 2016, 9 juin, entretien virtuel).

J'ai trouvé intéressante la façon de résoudre les problèmes grâce à l'utilisation d'outils en ligne, et encore plus avec l'apport de l'APP, je trouve que c'est très intéressant pour la résolution de problèmes, et que les enfants peuvent développer leur pensée critique face à cela. (Paola, 2016, 9 juin, entretien virtuel).

Merci Paola, Nelcy Les blogs nous permettent-ils de faire connaître notre point de vue sur un sujet à travers le Web ? (Enseignant, 2016, 9 juin, entretien virtuel).

Enseignant J'ai réalisé mon APV en utilisant l'outil blogger, que l'expert nous a expliqué, je pense que cet outil est très facile à utiliser et nous permet également d'exprimer l'information de manière simple, nous pouvons ajouter des vidéos, des liens vers des pages, du texte et beaucoup d'autres choses, j'ai vraiment aimé la façon dont mon APV s'est déroulé et je sais que pour mes élèves il sera très frappant et interactif. (Nelcy, 2016, 9 juin, entretien virtuel).

J'ai passé en revue plusieurs outils, la plupart d'entre eux ont été exposés dans le cours lors de la présentation de l'hypothèse, je me suis décidée pour le blog dans l'outil blogger parce qu'il est très facile à utiliser et que je pouvais ajouter toutes les informations que je voulais et comme je le voulais. (Monica, 2016, 9 juin, entretien virtuel).

Merci beaucoup Monica, la question suivante : est-ce que les pages web, les vidéos, les cartes conceptuelles, en tant que ressources au sein de la classe virtuelle, facilitent l'apprentissage de certains sujets de votre carrière ? (Enseignant, 2016, 9 juin, entretien virtuel).

La vérité est que dans aucun cours nous n'avions eu autant de ressources d'accompagnement, et j'ai aimé ce sujet, j'ai pu trouver des vidéos, des graphiques, des pages web, enfin tout, ce qui m'a permis de comprendre de manière simple ce qui était prévu de faire, bien sûr au début je ne savais pas par où commencer, après avoir parcouru le cours j'ai mieux compris. (Nathaly, 2016, 9 juin, entretien virtuel).

Eh bien, j'ai trouvé la classe virtuelle très intéressante, étant donné que nous avions plusieurs ressources de soutien, y compris des pages web qui ont été très utiles lors de la construction de mon APV. (Tania, 2016, 9 juin, entretien virtuel)

Merci beaucoup Nathaly et Tania, pour finir, la dernière question concerne les outils web 2.0 bien que plusieurs d'entre vous les aient déjà exposés, est-ce que les outils web 2.0 vous permettent d'intégrer les connaissances que vous êtes en train d'acquérir dans d'autres matières en améliorant votre performance personnelle et professionnelle ? (Enseignant, 2016, 9 juin, entretien virtuel).

La vérité est que je crois qu'avec les outils numériques nous pouvons faire beaucoup de choses, mais d'abord nous devons savoir comment les utiliser, dans le cours j'ai appris à utiliser beaucoup de choses dont je n'avais jamais entendu parler et je les ai trouvées intéressantes, la vérité est que je suis heureuse parce que j'ai appris beaucoup de choses ici. (Nelcy, 2016, 9 juin, entretien virtuel).

En tant que diplômée, je sais que je continuerai à utiliser tout ce que j'ai appris avec vous, parce que je pense qu'il est plus facile de présenter l'information, ainsi que d'être plus interactif pour nos étudiants, merci. (Monica, 2016, 9 juin, entretien virtuel).

Ce fut une grande opportunité de vous rencontrer, même si ce n'était que par webcam, au moins pour partager quelques minutes avec vous. Je vous disais dans l'email que le dialogue allait être plus amusant et ce que nous avons partagé, c'est simplement la possibilité de générer ces fruits de l'apprentissage que nous avons obtenus tout au long de ce semestre. Merci encore les gars, je suis très heureux d'avoir partagé ce semestre avec vous. C'est l'un des groupes où j'ai pu avoir le plus d'interactions et de connexions. J'espère que dans d'autres semestres de votre formation, nous pourrons nous rencontrer dans des espaces différents. (Enseignant, 2016, 9 juin, entretien virtuel).

Tableau 28. Langage corporel/verbal, catégorie : Acquisition, participation et création/construction de connaissances dans les outils numériques

Acquisition, participation et création/construction de connaissances dans les outils informatiques	Marchés publics	Il y a un langage corporel constant au début du focus group, des gestes d'anxiété et de préoccupation, dans ce groupe il y a plusieurs problèmes de connectivité de la part de certains étudiants, donc le début de la session est un peu retardé, présentant quelques absences visuelles qui n'ont pas pris plus d'une minute, quand la connexion a été établie, le développement des questions a commencé, les gestes et les regards étaient de l'événement et de la méditation. Ce groupe a suivi les indications du professeur qui lui a donné la parole pour ouvrir le micro aux élèves. Les langages verbaux ont été acceptés et ont souligné la nouveauté du cours.
	La participation	En ce qui concerne la participation, le langage corporel est celui de l'écoute des opinions des collègues, il y a quelques commentaires complémentaires dans le chat de la vidéoconférence, il y a encore quelques problèmes d'interférence dans la communication, cependant, les participants restent présents, en termes de langage verbal, leurs tons de voix sont positifs et reconnaissants pour les espaces présentés, arguant qu'ils ont été très utiles dans le développement de leur travail.

	Création/ construction	Compte tenu du fait que ce groupe de discussion avait plus de questions que les deux groupes précédents, les étudiants de cette partie ont commencé à montrer quelques postures de fatigue, un étudiant s'excuse et se déconnecte, cependant à ces appréciations, les étudiants répondent aux questions avec des arguments clairs, positifs et convaincants, ils montrent des tons de fierté et de gratitude pour le travail effectué dans le cours, en raison du nombre de questions et seulement les interventions de quatre étudiants pour chaque question sont présentées pour accélérer l'ordre du jour, car il montre une fatigue générale.

Source : élaboration propre.

CHAPITRE III

Analyse et discussion des résultats.

Sur la base du modèle de recherche sélectionné pour l'étude, appelé groupe de contrôle non équivalent, l'analyse et la discussion des résultats obtenus lors des tests (pré-test et post-test) et les conclusions après avoir appliqué l'instrument du groupe de discussion sont présentées ci-dessous.

Afin de déterminer la portée de la construction des connaissances du modèle ABP-AVA dans l'enseignement à distance, dans le domaine de formation Philosophie des environnements d'apprentissage virtuels à la Faculté d'éducation de l'Université de Santo Tomás - VUAD, les phases d'analyse suivantes ont été réalisées :

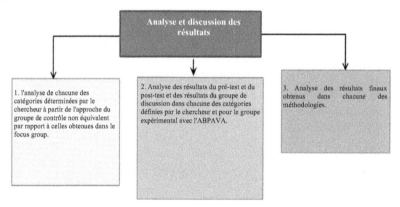

Figure 37. Phases d'analyse et de discussion des résultats Source : élaboration propre.

1.1 *Analyse de chacune des catégories déterminées par le chercheur à partir de l'approche Groupe de contrôle non équivalent versus celles obtenues dans le focus group :*

Pour aborder l'analyse et la discussion dans chacune des catégories définies par le chercheur, à savoir l'acquisition, la participation et la création/construction de connaissances sur les environnements d'apprentissage virtuels, l'apprentissage par problèmes et les outils numériques, une série de questions ont été déterminées, auxquelles les étudiants ont répondu à partir de l'approche quantitative par le biais des tests de pré-test et de post-test, en utilisant l'échelle de Likert, et à partir de la technique de collecte appelée "Focus Group" (groupe de discussion).

Par la suite, afin de réaliser l'étude dans le logiciel SPSS à partir de l'approche quantitative et l'analyse conséquente du focus group, il a été nécessaire de coder les catégories et sous-catégories de la manière suivante :

Les lettres A, B et C renvoient respectivement aux catégories suivantes : environnements d'apprentissage virtuels, apprentissage par problèmes et outils numériques.

Les numéros 1, 2 et 3 renvoient respectivement aux sous-catégories suivantes : acquisition, participation et création/construction.

Enfin, le codage est complété par le numéro de la question, qui apparaît à la fin précédé d'un trait d'union.

Catégorie A, Acquisition, participation et création/construction de connaissances à partir d'environnements d'apprentissage virtuels

Acquisition, participation et création/construction de

Connaissance des environnements d'apprentissage virtuels

L'utilisation de plateformes d'apprentissage virtuel vous permet d'approfondir vos connaissances dans **1-1** autres domaines de formation au cours de votre carrière.

La plateforme Moodle (sur laquelle est développée la classe virtuelle du **2-2** VUAD) vous permet d'interagir directement avec les autres participants.

On peut affirmer que l'utilisation appropriée des ressources au sein de la plateforme

1-3 tel que l'accès à d'autres sites web, des vidéos, des cartes conceptuelles, facilite l'apprentissage de certains sujets spécifiques à votre carrière.

Les dynamiques soulevées au sein d'un forum dans la classe virtuelle contribuent à la clarification des doutes, permettant une compréhension plus profonde d'un certain sujet.

Le développement des différentes tâches présentées dans la classe virtuelle de la VUAD, vous invite à plusieurs reprises à visiter les sites proposés et à participer aux activités.

L'utilisation des activités propres à la plateforme, telles que les journaux, les forums, les chats, les wikis, les a aidés à partager leurs concepts avec leurs camarades de classe.

Le partage des concepts avec les camarades de classe est facilité par l'utilisation des activités propres à la plate-forme telles que le journal, les forums, le chat et les wikis.

Catégorie B, Apprentissage par problèmes Acquisition de connaissances, participation et création/construction

Apprentissage par problèmes Acquisition de connaissances, participation et création/construction

B L'apprentissage par problèmes est une stratégie pédagogique qui permet à un étudiant de mettre en pratique les concepts acquis dans la résolution d'un problème lié à sa profession.

B En réponse à l'affirmation "Dans le domaine de la pédagogie, l'apprentissage par la pratique représente une avancée dans la recherche des connaissances acquises et renforce celles qui ont été reléguées à la pratique", vous devez répondre aux questions suivantes

B Le succès de la solution au problème posé est la participation de

1-10 expert en tant que ressource de la stratégie pédagogique PBL.

B La stratégie pédagogique de l'apprentissage par problèmes contribue à l'approfondissement des concepts acquis dans leur domaine disciplinaire.

B L'APP, en tant que stratégie de développement d'un domaine de formation, **2-12** augmente son intérêt par rapport à d'autres méthodologies, car elle permet au groupe d'étudiants de faire face à des situations de leur vie en tant que professionnels.

B L'une des ressources utilisées par la stratégie pédagogique PBL est la participation d'experts, qui contribue au succès de la solution du problème posé.

B Les concepts abordés dans le domaine de formation Philosophie des environnements d'apprentissage virtuels répondent aux besoins de leur domaine de travail.

B Les besoins de leur domaine de travail sont satisfaits par les concepts abordés dans le domaine de formation, Philosophie des environnements d'apprentissage virtuels.

Catégorie C : Acquisition, participation et création/construction de connaissances

à l'aide d'outils numériques.

Acquisition de connaissances, participation et création/construction de connaissances dans les outils numériques

C3-16 L'Internet fournit des moyens pour soutenir le travail collaboratif, favorisant de nouvelles méthodes d'apprentissage.

C2-17 La participation des experts à la classe virtuelle invite à la réflexion sur le cas présenté au début du cours, motivant d'éventuels débats avec les autres étudiants.

C1-18 L'un des nouveaux modes d'apprentissage est l'Internet, puisque

qui fournit des moyens pour soutenir le travail collaboratif.

C2-19 Dans la classe virtuelle, les espaces de communication tels que les forums, les journaux, les wikis, les chats, utilisés par vous et vos camarades de classe, sont visités en permanence car vous y trouvez des espaces de réflexion et d'apprentissage permanent.

C1-20 Les blogs nous permettent de faire connaître notre point de vue sur un sujet à travers le Web.

C2-21 Vous trouvez dans le cours, dans la classe virtuelle, des éléments qui vous invitent

à

approfondir les concepts et en apprendre de nouveaux.

C3-22 Internet, en tant que moyen de communication et d'apprentissage, représente un outil fondamental pour la réalisation de leurs objectifs académiques et professionnels.

C3-23 La classe virtuelle présente des concepts de leur niveau académique, ce qui la rend pertinente pour le développement des connaissances acquises jusqu'à présent dans leur carrière.

C3-24 Les activités et les ressources présentes dans la classe virtuelle vous invitent à visiter à plusieurs reprises les sites proposés et à réaliser les différentes tâches qui y sont présentées.

C2-25 Observe dans la classe virtuelle un support où il peut communiquer ses attentes et ses suggestions, en relation avec les concepts acquis jusqu'à présent.

C3-26 Les pages web, les vidéos, les cartes conceptuelles, en tant que ressources au sein de la classe virtuelle, facilitent l'apprentissage de certaines matières spécifiques à leur diplôme.

C3-27 Les cartes conceptuelles aident à mieux apprendre les concepts et à les organiser de manière appropriée afin de construire ses propres structures cognitives.

C1-28 Les outils numériques, en tant que support dans la construction d'environnements virtuels, aident à rendre le message à communiquer plus attrayant pour le spectateur, au moyen d'animations, de sons, d'hyperliens, entre autres.

C1-29 Les outils Web 2.0 permettent d'organiser de manière simple et rapide les idées et les concepts que vous souhaitez faire connaître dans votre domaine de formation, en permettant à ceux qui interagissent de comprendre l'objectif du scénario.

C3-30 Les outils du Web 2.0 leur permettent d'intégrer les connaissances qu'ils acquièrent dans d'autres matières, améliorant ainsi leur performance personnelle et professionnelle.

Pour ces catégories et dans la perspective formulée par Sánchez (2009), qui affirme que la construction des connaissances est donnée par les catégories de l'acquisition, de la participation et de la création/construction des connaissances, une série de questions est développée pour permettre d'étudier, d'interroger et de mesurer ces niveaux.

Dans cette même perspective, Sánchez (2009) suggère, pour la conception d'instruments et de mesures aux niveaux de l'acquisition, de la participation et de la création/construction de connaissances, une échelle de Likert, destinée à mesurer les traits de personnalité, les capacités mentales, le niveau de connaissance et les états d'opinion ou d'attitude.

Sur la base de ce qui précède, ces catégories étudient les processus d'acquisition de concepts réalisés grâce à l'utilisation et à l'application d'environnements d'apprentissage virtuels (EAV), d'apprentissage par problèmes (APP) et d'outils numériques, dans leur domaine de formation en tant que diplômés.

Les termes de participation et de création/construction de connaissances concernent la matérialisation des différents concepts et le partage avec leur groupe de pairs. Dans cette perspective, Sánchez (2009) indique que la construction de connaissances est un travail collectif pour l'avancement et l'élaboration d'artefacts conceptuels tels que des théories, des idées ou des modèles, tandis que l'apprentissage est orienté vers les changements dans les structures mentales des individus.

L'accent est donc mis sur la mise en relation des connaissances acquises dans d'autres domaines de formation à travers les activités présentes dans chacun des environnements virtuels (forums, journaux, chat, wiki), et la présentation de concepts ou d'hypothèses devant des camarades de classe et des tuteurs.

Analyse des résultats du pré-test et du post-test par rapport aux résultats du groupe de discussion dans chacune des catégories et sous-catégories définies par le chercheur et pour le groupe expérimental avec ABP-AVA.

Pour cette approche, nous analyserons les fréquences obtenues dans cette catégorie, tant dans le groupe expérimental que dans le groupe de contrôle, puis nous passerons à la vérification de l'hypothèse, en poursuivant avec l'analyse des résultats dans le groupe de discussion, pour enfin mener à bien la discussion à partir des instruments appliqués.

1.2 Catégorie A, acquisition, participation et création de connaissances/construction d'environnements d'apprentissage virtuels.

Analyse de fréquence :

Tableau 29. Fréquence de la catégorie des environnements d'apprentissage virtuels.

Type de test			Groupe		Total
			Groupe de contrôle	Groupe expérimental	
Post-test	Réponse	Ni d'accord ni en désaccord	7,1%	4,3%	5,7%
		Partiellement d'accord	22,7%	34,2%	28,6%
		Partiellement en désaccord	9,1%	11,8%	10,5%
		Je suis tout à fait d'accord	42,9%	49,7%	46,3%
		Entièrement en désaccord	18,2%		8,9%
	Total		100,0%	100,0%	100,0%

Pré-test	Réponse	Ni d'accord ni en désaccord	8,4%	11,8%	10,2%
		Partiellement d'accord	26,6%	16,8%	21,6%
		Partiellement en désaccord	17,5%	21,7%	19,7%
		Je suis tout à fait d'accord	32,5%	28,0%	30,2%
		Entièrement en désaccord	14,9%	21,7%	18,4%
	Total		100,0%	100,0%	100,0%

Source : Élaboration propre.

1.2.1 Groupe expérimental avec le modèle ABP-AVA

A partir des catégories d'analyse considérées pour la construction de l'instrument, qui est basé sur les approches données par Sánchez (2009), la catégorie, Acquisition, Participation et Création/Construction de la Connaissance des Environnements d'Apprentissage Virtuels, est composée de sept questions, qui ont été appliquées à un groupe de vingt-trois étudiants ; après avoir appliqué le pré-test et le post-test (Tableau 29) et en tenant compte de l'échelle de Likert pour sa classification, il est observé que :

Pré-test : dans ce test d'entrée, l'analyse des fréquences indique qu'il y a une dispersion dans les réponses, il n'y a pas de concentration significative dans aucune d'entre elles, les résultats montrent qu'elles sont de l'ordre de Tout à fait d'accord (TA) 28% Partiellement en désaccord (PD) 21,7% et Tout à fait en désaccord (TD) 21,7%.

Compte tenu de ce qui précède, on peut déduire que l'acquisition, la participation et la création/construction des connaissances des environnements d'apprentissage virtuels ne sont pas les mêmes pour tout le monde, certains étudiants font le lien entre les concepts abordés dans les EAV et peuvent les appliquer à d'autres domaines de connaissances, tandis que d'autres sont limités à les utiliser dans le domaine de formation qu'ils étudient.

Post-test : on peut observer dans ce test final que les résultats se concentrent sur deux réponses Tout à fait d'accord (TA) 49,7% et Partiellement d'accord 34,2% (PD), ce qui peut se traduire par un degré de satisfaction de 83,9%.

Sur la base de ce qui précède, on observe que les catégories d'acquisition, de participation et de création/construction de connaissances des environnements d'apprentissage virtuels sont similaires chez les étudiants, ce qui permet d'affirmer qu'ils relient les concepts abordés dans les EAV et qu'ils peuvent les appliquer à d'autres domaines de connaissances.

De même, dans le groupe expérimental, on observe que, d'après l'analyse des fréquences obtenues dans le pré-test et le post-test, à la fin du cours, les étudiants ont acquis, participé et créé des connaissances de manière plus efficace dans les environnements d'apprentissage virtuels qu'au début de la formation.

Groupe de contrôle sans ABP

Après application du pré-test et du post-test (tableau 29) et en tenant compte de l'échelle de Likert pour leur classification, il a été constaté que les éléments suivants ont été observés :

Dans le pré-test, on observe que la majorité des étudiants sont tout à fait d'accord (TA) 32,5 %, partiellement d'accord (PA) 26,6 % et partiellement en désaccord (PD) 17,5 %, dans les questions qui représentent cette catégorie.

Dans cette catégorie et sur la base de la dispersion des réponses, on peut affirmer qu'il n'y a pas d'appropriation adéquate des ressources, des activités ou des dynamiques évoquées dans les APV, qu'il y a des étudiants qui font le lien entre les concepts abordés dans les APV et peuvent les appliquer dans d'autres domaines de connaissance, tandis que d'autres se limitent à les utiliser dans le domaine de formation sur lequel ils travaillent.

En post-test, on observe dans ces résultats que la majorité des étudiants sont tout à fait d'accord (TA) 42,9% tout à fait d'accord (PA) 22,7% et tout à fait pas d'accord (TD) 18,2% sur les questions représentant cette catégorie.

Il ressort de ce qui précède qu'il y a une augmentation des niveaux de satisfaction (TA) par rapport au pré-test, ainsi qu'une augmentation des étudiants dont la perception est (TD), ce qui indique des niveaux significatifs de dispersion, avec des différences significatives dans chacun des membres du groupe, dans la manière de relier les concepts abordés dans l'APV.

Dans l'analyse de cette catégorie, dans le groupe de contrôle sans PBL, on observe que, selon les fréquences dans le pré-test et le post-test, les étudiants à la fin du cours présentent une dispersion significative dans l'acquisition, la participation et la création/construction de connaissances des environnements d'apprentissage virtuels, par rapport au début du champ de formation.

1.3 Tests d'hypothèses

1.3.1 Énoncé de l'hypothèse :

Ho : il n'y a pas de différence significative entre les résultats produits par les deux méthodologies dans l'acquisition, la participation et la création-construction de connaissances dans les environnements d'apprentissage virtuels.

H1 : S'il existe une différence significative dans les résultats produits par les deux méthodologies dans l'acquisition, la participation et la création-construction de connaissances dans les environnements d'apprentissage virtuels.

Tableau 30. Tests du chi carré

Type de test		Valeur	gi	Signification asymptotique (bilatérale)
Post-test	Khi-deux Pearson	35,295[c]		0,000
	Rapport de vraisemblance	46,144		0,000
	N de cas valides	315		
Pré-test	Khi-deux Pearson	7,634[d]		0,106
	Rapport de vraisemblance	7,678		0,104
	N de cas valides	315		

Source : Élaboration propre.

Dans le tableau 29, nous observons dans le post-test une probabilité de 0,00 inférieure à 0,05 (probabilité avec laquelle le SPSS travaille), par conséquent, Ho est rejeté, indiquant qu'il y a une différence significative entre le groupe de contrôle et le groupe expérimental, tandis que pour le pré-test nous observons que la probabilité est de 0,106 supérieure à 0,05, ce qui ne rejette pas Ho, indiquant qu'il n'y a pas de différence significative entre les deux groupes.

Dans cette perspective, il est vérifié pour la catégorie "Acquisition, participation et création de connaissances-construction d'environnements d'apprentissage virtuels" que le modèle ABP-AVA (groupe expérimental) est plus efficace que le modèle traditionnel VUAD (groupe de contrôle) en termes de construction de connaissances dans cette catégorie.

1.3.2 *Groupe de discussion*

En ce qui concerne l'acquisition d'environnements d'apprentissage virtuels, on constate que les étudiants déclarent que ceux-ci sont d'une grande importance pour leur carrière professionnelle actuelle, car les outils technologiques sont devenus une stratégie prioritaire dans l'éducation, et pas seulement dans les espaces virtuels, mais aussi dans le développement d'activités attrayantes pour les nouvelles générations. En outre, ils affirment que l'apprentissage dans des environnements virtuels améliore et facilite l'enseignement/apprentissage avec leurs étudiants.

Les étudiants réalisent des activités pour les enfants, de sorte qu'ils se sentent libres et peuvent interagir à travers toutes les TIC, ce qui est une bonne stratégie pour renforcer les connaissances des différents enfants et ne pas toujours être dans qu'ils prennent un livre et copier, mais de réaliser des activités dynamiques afin qu'ils puissent développer leur formation et peuvent répondre dynamiquement avec tout ce qui les entoure *(L. Porras, 7 Juin, 2016, vidéoconférence).*

De même, les discours montrent que le degré d'acquisition des différentes ressources présentées sur la plateforme est élevé, car ils identifient les nouveaux programmes appris pendant le cours, tels que les forums, les wikis, les vidéos, les cartes conceptuelles, et la façon dont ils leur permettent d'améliorer leur travail professionnel.

Je pense que les tics sont l'une des choses les plus frappantes car ils peuvent être appliqués dans toutes les matières et à tous les âges, donc je pense que pour les futurs enseignants, il est bon d'avoir ces connaissances pour les mettre en œuvre dans notre travail. Par exemple, je fais mon travail en anglais et c'est très cool que ce type de plateforme me permette de mettre de l'audio, des jeux, des documents Word, des vidéos, et tout cela sur une seule plateforme ou page et de cette façon, nous pouvons l'apporter aux enfants et aux jeunes et les concentrer sur l'utilisation plus éducative de la technologie et sur l'utilisation de l'enseignement et de l'apprentissage (L. Espejo, vidéoconférence, 7 juin 2016).

Un aspect d'une grande importance qui ressort du groupe de discussion est la façon dont l'étudiant ne voit pas seulement l'environnement d'apprentissage virtuel comme un simple outil technologique, mais qu'à l'intérieur de celui-ci, il développe sa propre dynamique pédagogique, qui est liée à son travail professionnel : " Ils m'ont principalement aidé avec les outils technologiques, mais aussi avec la partie pédagogique, pour voir comment le faire ". (L. Vargas, vidéoconférence, 7 juin 2016).

En ce qui concerne la sous-catégorie de la participation aux environnements d'apprentissage virtuels, on peut analyser que les étudiants inscrits au cours font preuve d'un grand enthousiasme pour participer à la fois au cours et aux activités qui y sont proposées. Bien qu'ils déclarent avoir rencontré des difficultés au début du cours, car ils affirment qu'ils n'avaient pas travaillé sur une plate-forme avec le modèle d'apprentissage par la pratique et que sa présentation était différente de celle qu'ils utilisent habituellement dans d'autres cours VUAD, après avoir compris la dynamique et reconnu l'utilité des activités qui impliquent une participation continue dans l'environnement virtuel, ils déclarent que les activités ont motivé leur intérêt pour le développement de celui-ci, car elles étaient innovantes et les considèrent comme très importantes dans leur rôle d'enseignant.

À cet égard, ils reconnaissent que la motivation de l'enseignant est de la plus haute importance, car ils considèrent que cela leur a permis de se sentir en confiance pour présenter leurs doutes et leurs préoccupations et de participer ainsi plus facilement aux activités proposées.

J'ai trouvé la plateforme interactive où ils nous ont donné des exemples de pages Bloger et Wix très importante, car il y avait une introduction à ces sujets et les ressources que nous pouvions utiliser pour résoudre la question posée par l'enseignant, ce qui a été d'une grande aide. De même, le matériel qu'ils ont laissé derrière eux (D. Ibáñez, vidéoconférence, 7 juin 2016).

De même, la participation aux espaces offerts par la plateforme (forums, chats, vidéoconférences) est élevée, car ils déclarent que l'utilisation de ces outils permet une plus grande union du groupe et l'inclusion dans le développement du cours, la stratégie des experts invités, ouvrir le panorama devant le développement de la question proposée dans le modèle PBL, dans chacun de leurs programmes, car ils enrichissent avec leurs différents points de vue et expériences la solution de leur objet d'étude et / ou le problème proposé.

En ce qui concerne la création/construction, les étudiants rapportent que dans les espaces de participation proposés dans le cours, un niveau académique élevé est observé, il est souligné que les invités ont de grandes connaissances dans la matière proposée et que cela leur a permis d'aller au-delà de l'élaboration d'un cours. De plus, cela a offert la possibilité de faire des propositions de solutions à un problème dans le contexte dans lequel chacun d'entre eux travaille. De même, on observe que les étudiants ont fait preuve d'un haut niveau de réflexion dans l'élaboration du cours, car le modèle d'APP leur permet de réfléchir, d'une part, aux problèmes qui se posent à eux dans leur vie quotidienne d'enseignants et, d'autre part, à la manière de proposer des solutions alternatives par le biais de modèles basés sur l'APV. " Voir comment apprendre la théorie et ensuite comment apporter une solution au problème, qui dans ce cas était de créer un APV, j'ai trouvé le sujet très intéressant, j'ai trouvé ça spectaculaire " (N. Zapata, visioconférence, 7 juin 2016).

Interrogés sur la socialisation avec leurs camarades de classe, ils ont répondu que cet aspect était très important pour eux, car les propositions et la manière dont les autres camarades de classe ont développé leurs idées dans le cadre de la création des environnements d'apprentissage virtuels ont permis de débattre des sujets abordés, ainsi que de travailler de manière interdisciplinaire et d'interagir avec les camarades de classe dans le cadre du cours. "*Pour moi, la participation aux forums a été très importante parce que j'ai toujours eu beaucoup de doutes sur la façon de gérer le PBL et la création de l'EAV, donc je pense que les forums ont été très bons et que j'ai pu interagir avec vous et mes camarades de classe.* (K. Prieto, vidéoconférence, 7 juin 2016)

Cependant, bien que la socialisation ait été réalisée au sein du groupe inscrit au cours, les discours tenus par les étudiants ne témoignent pas du partage de ces connaissances avec d'autres membres de la communauté éducative que le groupe expérimental.

1.3.3 *Discussion*

L'analyse quantitative a montré qu'il existe des différences significatives entre les deux groupes sélectionnés pour l'étude, dans le groupe expérimental avec le modèle ABP-AVA. À la fin du processus, ils ont montré des progrès significatifs dans l'appropriation des environnements d'apprentissage virtuels, ce qui peut être dû à la dynamique souscrite au sein de la classe virtuelle en termes de pertinence par rapport à leur rôle de diplômés et à la stratégie pédagogique utilisée (PBL) pour l'approche de chacun des moments prévus dans le domaine de la formation.

Silva (2011) souligne que l'apprentissage doit avoir lieu dans des environnements authentiques du monde réel, arguant que l'expérience sociale et l'expérience avec les objets est le principal catalyseur de la connaissance, puisqu'elle fournit l'activité sur laquelle l'esprit opère. En ce sens, le VLE développé pour ce groupe reflète non seulement les outils de la plateforme Moodle (forums, chat, wikis, journaux) mais aussi une série de ressources multimédias qui permettent de naviguer d'une manière alternative dans les différentes ressources et activités, principalement basées sur des scénarios proches de la réalité et à partir desquels il est possible d'aborder le problème posé, ce qui permet en quelque sorte au groupe d'étudiants d'être motivé et de vouloir travailler de manière plus régulière dans le VLE.

Un autre facteur qui motive et affecte d'une certaine manière les performances est le travail avec des experts dans le groupe expérimental avec le modèle ABP-AVA. Silva (2011) affirme que les enseignants doivent fournir des perspectives et des représentations multiples du contenu, arguant que ces représentations offrent aux étudiants différentes voies à partir desquelles ils peuvent construire leurs connaissances.

En ce sens, le modèle ABP-AVA bénéficie de la présence d'une série de professionnels dans différents domaines de connaissance qui renforcent le développement du problème posé, accompagnent le processus depuis son début jusqu'au moment du soutien de l'hypothèse, en guidant l'étudiant vers de plus grandes opportunités pour le développement d'une hypothèse viable à partir de différentes positions et expériences, un élément qui affecte d'une certaine manière l'acquisition, la participation et la création de connaissances que l'on a d'une AVA,

Pour le groupe de contrôle sans PBL, les résultats ne sont pas significatifs dans l'étude, en ce qui concerne cette catégorie, on observe que le degré d'acquisition, de participation et de création/construction des connaissances a diminué par rapport à l'application initiale du pré-test et ensuite du post-test. L'AVA conçu pour ce groupe dispose des ressources et des activités qu'un environnement virtuel possède généralement (forums, chat, wikis, journaux) mais contrairement à l'environnement précédent, développé avec le modèle ABP-AVA, il ne présente pas de relations significatives dans leur formation en tant qu'enseignants.

À partir de ce qui précède, Silva (2011) souligne qu'un environnement d'apprentissage virtuel doit être différencié d'un espace web bien structuré, car cela ne garantit pas l'apprentissage. Cette étude suggère donc d'alimenter en permanence l'environnement d'apprentissage virtuel avec des recherches liées à la structuration et à la représentation de l'information, où il est possible de proposer des modèles d'enseignement à distance médiatisés par la technologie, permettant l'interaction avec des objets et des problèmes du monde réel, qui impliquent des connaissances et des expériences dans divers domaines de la connaissance.

1.4 Catégorie B : Acquisition, participation et création de connaissances dans le cadre de l'apprentissage par problèmes.

1.4.1 Analyse des fréquences

Tableau 31. Fréquence des catégories d'apprentissage par problèmes.

Type de test			Groupe		Total
			Groupe de contrôle	Groupe expérimental	
Poste -test	Réponse	Ni d'accord ni en désaccord	4,5%	6,5%	5,6%
		Partiellement d'accord	26,7%	20,1%	23,3%
		Partiellement en désaccord	9,1%	15,8%	12,5%
		Je suis tout à fait d'accord	39,8%	57,6%	48,9%
		Entièrement en désaccord	19,9%		9,7%
	Total		100,0%	100,0%	100,0%
Prétest	Réponse	Ni d'accord ni en désaccord	15,3%	12,0%	13,6%
		Partiellement d'accord	25,6%	29,3%	27,5%
		Partiellement en désaccord	8,5%	19,0%	13,9%
		Je suis tout à fait d'accord	36,9%	33,7%	35,3%

		Pas du tout d'accord	13,6%	6,0%	9,7%
	Total		100,0%	100,0%	100,0%

Source : Élaboration propre.

1.4.2 Groupe expérimental avec le modèle ABP-AVA

A partir des catégories d'analyse considérées pour la construction de l'instrument, qui est basé sur les approches données par Sánchez (2009), la catégorie, Acquisition, Participation et Création/Construction de connaissances de l'apprentissage par problèmes, est composée de huit questions, qui ont été appliquées à un groupe de vingt-trois étudiants ; après avoir appliqué le pré-test et le post-test (Tableau 30) et en tenant compte de l'échelle de Likert pour sa classification, il est observé que :

Dans le pré-test, on observe une dispersion des réponses, avec 33,7 % de tout à fait d'accord (TA), 29,3 % de partiellement d'accord et 19 % de partiellement en désaccord, comme dans la catégorie précédente, il n'y a pas de concentration significative dans les réponses données par le chercheur.

Sur la base des résultats précédents, on peut indiquer que pour cette catégorie, la stratégie pédagogique PBL ne représente pas pour la majorité des membres une approche d'enseignement et d'apprentissage qui permet de mettre en pratique les concepts appris, il y a des étudiants qui ont acquis, participé et créé des connaissances à partir des concepts abordés dans PBL, et peuvent les appliquer dans d'autres domaines de connaissance, tandis que d'autres sont limités à les utiliser dans le domaine actuel de la formation.

Après le test, les niveaux de fréquence indiquent une concentration de réponses dans les catégories suivantes : tout à fait d'accord (TA) 57,6 % et partiellement d'accord (PA) 20,1 % : Tout à fait d'accord (TA) 57,6 % et Partiellement d'accord (PA) 20,1 %, ce qui donne un niveau de satisfaction de 77,7 %. En outre, il est important de souligner que dans ce test, le score "Pas du tout d'accord" est de 0 %.

Sur la base de ce qui précède, on observe que les catégories d'acquisition, de participation et de création/construction de connaissances dans l'apprentissage par problèmes sont similaires chez la plupart des étudiants, qui conçoivent l'apprentissage par problèmes comme une stratégie pédagogique permettant de mettre en pratique les concepts acquis lors de la résolution d'un problème. Ils s'interrogent sur les connaissances acquises dans différents domaines et permettent un apprentissage en contexte.

Toujours dans cette catégorie, dans le groupe expérimental, on observe que, selon l'analyse des fréquences obtenues dans le pré-test et le post-test, les étudiants, à la fin du cours, ont acquis, participé et créé des connaissances d'une manière plus efficace grâce à l'apprentissage par problèmes qu'au début de la formation.

1.4.3 Groupe de contrôle sans ABP

Après avoir appliqué le pré-test et le post-test (tableau 30) et pris en compte l'échelle de Likert pour leur classification, on observe que

Les résultats du pré-test montrent une dispersion des réponses, qui sont données comme suit : tout à fait d'accord (TA) 36,9% partiellement d'accord (PA) 25,6%, ni d'accord ni en désaccord (NA-ND) 15,3% et tout à fait en désaccord (TD) 13,6%, ce qui montre que dans ce test initial il n'y a pas de consensus définitif concernant l'objectif de la stratégie pédagogique PBL.

Il ressort de ce qui précède que l'acquisition, la participation et la création de connaissances dans le cadre de l'apprentissage par problèmes ne sont pas les mêmes pour tous. Certains étudiants font le lien entre les concepts abordés dans l'APP et peuvent les appliquer à d'autres domaines de connaissance (TA 36,9%). Alors que d'autres se limitent à les utiliser dans leur domaine de formation actuel, les fréquences montrent également qu'un pourcentage élevé (NA-ND 15,3 % et TD 13,6 %) éprouve des difficultés à mettre en pratique les concepts acquis lors de la résolution d'un problème.

Le post-test, comme le test d'entrée dans ce groupe, montre une dispersion des résultats : tout à fait d'accord (TA) 39,8 %, partiellement d'accord (PA) 26,7 % et pas du tout d'accord (TD) 19,9 %. Les indicateurs tels que le TD, qui étaient de 13,6 %, passent à 19,9 %, ce qui augmente le niveau d'insatisfaction dans l'approche de cette catégorie.

Les niveaux précédents indiquent que l'acquisition, la participation et la construction de connaissances sur l'apprentissage par problèmes sont dispersées et qu'il existe des différences significatives entre les membres du groupe dans l'approche de cette catégorie. On observe également que la plupart des membres n'ont pas de lien adéquat et ne perçoivent pas l'apprentissage par problèmes comme une stratégie pédagogique qui soutient leur domaine de formation en tant que diplômé.

Par conséquent, dans le groupe de contrôle sans PBL, on observe que, selon l'analyse des fréquences dans le pré-test et le post-test, les étudiants à la fin du cours présentent une diminution de l'acquisition, de la participation et de la création de connaissances sur l'apprentissage par problèmes, par rapport au début du champ de formation.

1.4.4 Tests d'hypothèses

Énoncé de l'hypothèse :

Ho : il n'y a pas de différence significative entre les résultats produits par les deux méthodologies dans l'acquisition, la participation et la création-construction de connaissances dans le cadre de l'apprentissage par problèmes.

H1 : S'il existe une différence significative dans les résultats produits par les deux méthodologies dans l'acquisition, la participation et la création-construction de connaissances dans le cadre de l'apprentissage par problèmes.

Tableau 32. Tests du chi carré pour la catégorie de l'apprentissage basé sur les problèmes.

Type de test		Valeur	gi	Signification asymptotique (bilatérale)
Post-	Khi-deux testPearson	47,956[c]		0,000
	Rapport de vraisemblance	61,567		0,000
	N de cas valides	360		
	Pré-testChi-carré de Pearson	14,057[d]		0,071
	Rapport de vraisemblance	14,398		0,062
	N de cas valides	360		

Source : Élaboration propre.

Le tableau 31 montre que dans le post-test, un résultat chi-carré de 0,00 a été obtenu, ce qui corrobore le fait qu'il existe une différence significative entre les résultats produits par les deux méthodologies dans l'acquisition, la participation et la création-construction de connaissances dans le cadre de l'apprentissage par problèmes.

Dans cette perspective, pour la catégorie Acquisition, participation et création-construction de connaissances dans l'apprentissage par problèmes, il est vérifié que le modèle ABP-AVA (groupe expérimental) est plus efficace que le modèle traditionnel VUAD (groupe de contrôle) en termes de construction de connaissances dans cette catégorie.

Sur la base de ces résultats, le test d'hypothèse pour cette catégorie corrobore les approximations initiales de l'étude par niveaux de fréquence observés précédemment, d'où il ressort que le modèle ABP-AVA mis en œuvre pour le travail dans le domaine de la formation Philosophie des environnements virtuels dans le groupe expérimental permet des niveaux plus élevés de construction des connaissances par rapport au groupe de contrôle, qui travaille avec la méthodologie traditionnelle.

1.4.5 *Groupe de discussion*

En ce qui concerne la sous-catégorie de l'acquisition de l'APP, les discours soulevés autour des questions montrent avec une grande effusion des réponses positives à l'assimilation de ce modèle, car ils reconnaissent que l'enseignement-apprentissage est facilité lorsque des cas réels sont présentés dans des situations présentées à l'intérieur et à l'extérieur de la salle de classe. Ils considèrent que le développement de l'apprentissage basé sur les problèmes est plus important que l'éducation traditionnelle, où les étudiants doivent seulement mémoriser un certain nombre de connaissances qui ne sont pas placées dans un contexte réel, et ils considèrent que ce modèle ne devrait pas seulement être utilisé dans leurs classes, mais aussi dans d'autres contextes,

> C'est une base que nous devons mettre en pratique pour résoudre les problèmes réels auxquels nous sommes confrontés quotidiennement à l'intérieur et à l'extérieur de la salle de classe. C'est une réalité que nous devons résoudre avec des stratégies qui visent à intégrer et à interagir avec les enfants (L. Prada, vidéoconférence, 8 juin 2016).

Les arguments donnés par les étudiants montrent un haut degré d'acquisition de la stratégie PBL. Grâce à la relation avec les experts, ils ont généré et élargi des critères solides dans le développement de la question problématique proposée, de même qu'ils ont établi divers postulats encadrés dans le domaine pédagogique, où, grâce à l'utilisation d'outils technologiques, ils peuvent améliorer leurs interventions en matière d'enseignement et d'apprentissage dans leur futur travail professionnel.

> Je vous remercie d'avance et de la manière dont cette plateforme a été gérée avec les experts, également parce que les personnes avec lesquelles nous avons pu partager savent beaucoup de choses. C'est très bien parce que ce n'était pas seulement une expérience d'apprentissage pour ce sujet mais pour tous les autres sujets que les connaissances que nous avons acquises nous sont utiles (N. Valbuena, vidéoconférence, 8 juin 2016).

D'un autre point de vue, le tableau 26, qui enregistre le langage corporel/verbal, montre que ce groupe manifeste des gestes de satisfaction à l'égard des résultats obtenus dans le domaine de la formation. Cela s'exprime par des traits joyeux et émotionnels en réponse à leurs propres réponses et à celles de certains de leurs compagnons, ainsi que par l'interaction dans le chat, parallèlement à la vidéoconférence, des expressions de satisfaction et de joie sont observées par rapport à la conception et à la construction des objets proposés.

D'autre part, en ce qui concerne la participation aux différents espaces proposés pour l'acquisition et la création/construction de PBL, les étudiants montrent et soulignent avec émotion que les forums, les chats et les autres espaces de partage des connaissances, en particulier les forums organisés avec les experts invités, leur ont permis d'obtenir des connaissances non seulement sur l'apprentissage théorique, mais aussi d'obtenir des connaissances et de savoir comment celles-ci peuvent être mises dans des contextes réels et dans lesquels les étudiants s'identifient et leur permettent d'intérioriser ce qu'ils ont appris d'une manière plus efficace.

Comme dans la catégorie des environnements virtuels, les étudiants ont montré une certaine résistance dans la gestion des espaces de participation, car la compréhension de l'APP était nouvelle pour eux. Cependant, il est souligné que les résultats ont été très significatifs dans des aspects tels que l'obtention de connaissances, le développement d'outils technologiques et la pratique de l'apprentissage.

Si l'on poursuit avec la sous-catégorie de la construction/création, de la connaissance de l'apprentissage par problèmes, on peut affirmer que c'est dans cet aspect que se distinguent les résultats obtenus dans le développement du cours conçu avec le modèle de l'APP sur l'APV. Comme nous l'avons mentionné plus haut, la participation au cours était nouvelle pour la plupart des étudiants inscrits, deux d'entre eux ont déclaré qu'ils avaient entendu parler du modèle d'APP, trois l'avaient lu et les trois autres ont indiqué qu'ils ne connaissaient pas le modèle. Cela montre que les étudiants ont une faible connaissance de l'APP.

> C'est quelque chose de nouveau que je n'avais pas entendu au cours de mon diplôme, je n'en avais pas entendu parler et j'ai trouvé ça génial parce que nous luttons tous contre un problème et nous allons contribuer à une solution. (N. Zapata, visioconférence, 8 juin 2016).

D'après l'indicateur précédent, le discours sur le manque de compréhension des aspects pédagogiques et méthodologiques exposés dans le cours est constant, ce qui montre une certaine timidité dans le développement du cours, cependant, les comptes rendus des étudiants montrent comment, au cours du développement du cours, celui-ci est devenu l'un de leurs sujets les plus marquants et qu'ils aimaient plus que les autres.

Le fait de mettre en pratique ce qu'ils avaient appris pour pouvoir résoudre un problème réel rencontré dans leurs contextes, a encouragé les étudiants à développer le cours avec intérêt, puisqu'ils considèrent que " ...quand on doit résoudre un problème, c'est là qu'on apprend le plus " (M. Pinilla, vidéoconférence, 8 juin 2016).

La construction de la connaissance est évidente dans les moments proposés dans le cours pour le développement du VLE avec la méthodologie PBL. Ils ont dû acquérir des connaissances théoriques préalables qui leur ont permis de connaître les éléments conceptuels, méthodologiques, pédagogiques et techniques pour le développement d'un environnement d'apprentissage virtuel avec la méthodologie de l'EAV, dans lequel les étudiants ont réussi à imbriquer tous ces concepts en faveur de la résolution d'un problème exposé au début du champ de formation.

Les concepts abordés dans le cours ont non seulement permis aux participants de générer des solutions à des situations problématiques, spécifiques à l'objet d'étude des programmes qu'ils mènent, mais leur ont également permis de reconnaître dans l'APP une méthodologie pour aborder d'autres objets d'étude spécifiques à leur pratique professionnelle, démontrant ainsi l'exhaustivité de la méthode.

Un autre aspect pertinent est l'acquisition de nouveaux outils technologiques pour la construction d'environnements virtuels avec la méthodologie ABP, étant donné que les étudiants déclarent qu'ils sont un élément innovant dans l'éducation dans tous les domaines, l'utilisation de vidéos, de forums, de chats leur a permis de générer de nouveaux scénarios pour l'enseignement, tout cela en tant que structure de l'AVA, qui ne devrait pas être utilisée uniquement pour les domaines technologiques, mais dans tous, car ils génèrent du dynamisme et attirent l'attention de ceux qui apprennent et enseignent.

1.5 Discussion

Pour cette catégorie et après avoir analysé, à partir de l'approche quantitative, les niveaux de fréquence du pré-test et du post-test dans chacun des groupes (expérimental et de contrôle) et la vérification ultérieure de l'hypothèse, et à partir des récits des groupes de discussion, l'observation suivante est détaillée :

Dans le groupe expérimental utilisant le modèle ABP-AVA lors du pré-test initial, il a été observé que l'acquisition, la participation et la création/construction des connaissances dans cette catégorie différaient d'un étudiant à l'autre. Cela s'explique d'abord par le fait que seulement 50 % d'entre eux travaillaient (d'après les données du Bien-être universitaire de l'Université de Santo Tomás - VUAD) en tant qu'enseignants et que, par conséquent, l'approche de situations problématiques ou la gestion de stratégies pédagogiques impliquant l'apprentissage et l'enseignement par la résolution de problèmes n'étaient pas monnaie courante.

De même, il n'était pas habituel pour ce groupe d'étudiants de résoudre correctement les contenus de cette catégorie, malgré le fait que dans d'autres domaines de l'éducation, le travail avec des stratégies telles que l'APP serve de modèle pour l'approche et le développement des contenus.

Après avoir appliqué le post-test et validé l'hypothèse, les progrès sont significatifs, comme le confirment les résultats du groupe de discussion, ce qui peut s'expliquer par le fait que le domaine de formation Philosophie des environnements d'apprentissage virtuels utilise la stratégie pédagogique de l'APP comme un défi pour les étudiants, comme l'affirme Barell (2005) lorsqu'il dit que l'APP devrait être présentée comme un défi pour les étudiants afin qu'ils s'engagent pleinement dans la poursuite de la connaissance.

D'un autre point de vue, Araujo et Sastre (2008) affirment que l'APP offre une excellente base conceptuelle et pratique dans l'enseignement universitaire, coïncidant ainsi avec le travail que le groupe d'étudiants a réalisé grâce à cette stratégie, en observant les contenus de manière exhaustive et en renforçant en même temps l'objectif de l'APP, à savoir résoudre une situation problématique dans leur domaine de formation en intégrant différents domaines de connaissances que l'étudiant voit au cours de son processus de formation.

Un facteur qui a influencé les progrès significatifs dans cette catégorie est l'exigence que le travail avec le PBL impose aux étudiants, en demandant que leur capacité d'analyse et d'intégration des contenus vus pendant leurs études soit au service et au développement de la solution à la situation problématique posée. De même, le travail collaboratif et la gestion d'espaces d'intégration sociale des concepts permettent aux participants de mieux comprendre le problème posé et d'y réfléchir. À cet égard, Barell (2005) souligne que dans ce type de communauté, les participants s'écoutent les uns les autres, sont ouverts à différents points de vue et peuvent travailler en collaboration pour parvenir à des solutions raisonnables.

De ce point de vue, le travail avec le modèle ABP-AVA profite aux participants grâce au travail collaboratif et, conformément aux nouvelles méthodes d'apprentissage et d'enseignement, il est cohérent avec des modèles tels que le connectivisme, défini par Siemens (2004) comme une théorie de l'apprentissage pour l'ère numérique, qui préconise la configuration de nouveaux scénarios soutenus par les TIC pour la génération de connaissances.

Le groupe de contrôle dans cette catégorie montre un effet négatif lors de l'application initiale du pré-test et ensuite du post-test. On observe que les étudiants articulent moins bien que le groupe expérimental les concepts abordés dans le domaine de formation Philosophie des environnements d'apprentissage virtuels, ce qui peut s'expliquer par le fait que la stratégie pédagogique utilisée pour le développement des contenus ne permet pas d'articuler explicitement les autres domaines de formation qu'ils envisagent dans le cadre de leur carrière.

Un autre facteur qui influence l'effet négatif de cette catégorie est le développement d'activités qui se réfèrent exclusivement à la résolution de problèmes, en particulier dans le domaine de la formation, empêchant l'ouverture d'espaces de discussion dans d'autres domaines de la connaissance, ce qui, dans le cas spécifique du domaine de l'éducation, implique des domaines de formation dans des zones de recherche dans différents domaines de la connaissance.

Rodriguez et Fernandez (2000) soulignent que les composantes du monde moderne sont vastes et complexes : villes, gouvernements, entreprises, appareils ; en général, des structures sociales et techniques. C'est de ce point de vue que la stratégie PBL permet une position contraire à la formation traditionnelle, qui est travaillée dans le groupe de contrôle, et qui empêche d'aborder les problèmes sur la base d'attitudes dynamiques et avec la capacité de prendre des décisions.

1.6 Catégorie C : Acquisition, participation et création - connaissance des outils numériques. Analyse des fréquences.

Groupe expérimental avec le modèle ABP-AVA. A partir des catégories d'analyse considérées pour la construction de l'instrument, qui est basé sur les approches données par Sánchez (2009), dans la catégorie de l'acquisition, de la participation et de la création/construction de connaissances dans les outils numériques, il est composé de quinze questions, qui ont été appliquées à un groupe de vingt-trois étudiants ; après avoir appliqué le Pré-test et le Post-test (Tableau 22), on conclut en tenant compte de l'échelle suggérée par cet auteur (échelle de Likert) que :

Pré-test, on observe dans ces résultats qu'il y a une concentration dans les réponses données en Fortement d'accord (TA) qui représente 51,3% générant dans les autres pourcentages une dispersion de la manière suivante Fortement en désaccord (TD) 19,4% et Partiellement d'accord (PA) 16,2%, à la différence des catégories précédentes dans ce test initial il y a une fréquence significative avant de commencer le processus.

Les données obtenues permettent d'indiquer que les contributions à la construction des connaissances, dans plus de la moitié du groupe (TD 51,3%), sont significatives avant de commencer le travail dans le domaine de la formation, d'où l'on peut observer qu'ils relient les concepts abordés dans le domaine de la formation en philosophie des environnements d'apprentissage virtuels, et les appliquent dans d'autres domaines de connaissances, tandis qu'une proportion tout aussi importante (TD 19,4%) se limite à les appliquer uniquement dans le domaine de la formation actuelle.

Post-test, pour ce test final, il est important de souligner la concentration significative de trois réponses : Tout à fait d'accord (TA) qui représente 59,4% Partiellement d'accord (PD) 21,7% et Pas du tout d'accord (TD) 0%. Cette dernière réponse, contrairement aux résultats précédents (TD 19,4 %), est soutenue par les réponses précédentes, montrant un degré de satisfaction de plus de 80 %.

Sur la base de ce qui précède, on peut indiquer que l'acquisition, la participation et la création/construction de connaissances à l'aide d'outils numériques sont similaires chez la majorité des étudiants. On peut également affirmer qu'ils font le lien entre les concepts abordés dans le domaine de formation Philosophie des environnements d'apprentissage virtuels et qu'ils peuvent les appliquer à d'autres domaines de connaissance.

De ce point de vue, l'étude de cette catégorie d'acquisition, de participation et de création/construction d'outils numériques dans le groupe expérimental, montre, selon les preuves obtenues dans le Pré-test et le Post-test, que les étudiants à la fin du cours montrent des progrès significatifs dans ces niveaux, confirmant que les outils numériques avec lesquels ils ont travaillé pendant leur processus de formation leur ont permis de relier et de construire un produit final (AVA) qui visualise les réalisations en termes d'apprentissage dans ce domaine.

1.6.1 Groupe de contrôle sans ABP

Après avoir appliqué le pré-test et le post-test (tableau 22) et pris en compte l'échelle de Likert pour la classification, il a été observé que :

Dans le pré-test, on observe dans les premiers résultats une concentration dans les réponses données en Tout à fait d'accord (TA) 53,3% et une dispersion dans les réponses telles que Partiellement d'accord (PA) 20,0%, Tout à fait en désaccord (TD) 12,4% et Partiellement en désaccord (PD) 11,2% d'où il ressort qu'il y a un consensus défini par plus de la moitié du groupe (TA 53,3%) concernant la pertinence des outils numériques dans leur domaine de formation.

Il ressort de ce qui précède que l'acquisition, la participation et la création/construction de connaissances à l'aide d'outils numériques sont identiques pour plus de la moitié du groupe, ce qui permet de déduire que la grande majorité d'entre eux relient les concepts abordés dans le domaine de formation de la philosophie des environnements d'apprentissage virtuels et peuvent les appliquer à d'autres domaines de connaissances, tandis qu'un pourcentage tout aussi important (TD 12,4 %) est limité à l'utilisation de ces concepts dans le cadre de ce domaine de formation.

Post-test, dans ce test final, nous pouvons encore observer une concentration dans les réponses données en Tout à fait d'accord (TA) 50,6% mais dans les autres niveaux une dispersion et une augmentation dans certains d'entre eux, comme Partiellement d'accord (PA) 19,1%, Tout à fait en désaccord (TD) 17,9% et Partiellement en désaccord (PD) 10,0% observant une augmentation des niveaux de non-satisfaction (TD 17,9%) par rapport au test initial et donc la pertinence des outils numériques abordés dans leur domaine de formation.

Sur la base de ce qui précède, on peut indiquer que l'acquisition, la participation et la création/construction de connaissances dans les outils numériques ont été dispersées et qu'il existe des différences significatives chez chacun des membres du groupe, dans la manière de relier les concepts abordés dans le domaine de formation de la philosophie des environnements d'apprentissage virtuels, on observe également qu'il n'y a pas de perception et de connexion adéquates à l'utilisation des outils numériques.

A la fin de l'étude, dans la catégorie de l'acquisition, de la participation et de la création/construction de connaissances sur les outils numériques, dans le groupe de contrôle sans PBL, on observe que dans le pré-test et le post-test, les étudiants à la fin du cours montrent une diminution de l'acquisition, de la participation et de la création/construction de connaissances sur les outils numériques, par rapport au début de la formation.

1.6.2 Tests d'hypothèses

Ho : Il n'y a pas de différence significative dans les résultats produits par les deux méthodologies dans l'acquisition, la participation et la création de connaissances-construction d'outils numériques.

H1 : S'il existe une différence significative dans les résultats produits par les deux méthodologies dans l'acquisition, la participation et la création-construction de connaissances sur les outils numériques.

Tableau 33. Tests du chi-deux pour la catégorie des outils numériques.

Type de test		Valeur	gl	Signification asymptotique (bilatérale)
Post-test	Khi-deux			
	Rapport de vraisemblance de Pearson N de cas valides	$69,238^c$		0,000
		92,063		0,000
		675		

Pré-testChi-carré de Rapport de vraisemblance de Pearson			0,093
N de cas valides	7,948^d		0,091
	8,011 675		

Source : Élaboration propre.

Le tableau 32 montre que le résultat obtenu pour le chi-carré dans le post-test est de 0,00, ce qui est inférieur à 0,05 (probabilité avec laquelle SPSS fonctionne), donc *si Ho < 0,05*, Ho est rejeté, c'est-à-dire que H1 est accepté, ce qui indique qu'il y a une différence significative dans les résultats produits par les deux méthodologies dans l'acquisition, la participation et la création-construction de connaissances sur les outils numériques.

Dans cette perspective, il est vérifié pour la catégorie " Acquisition, participation et création-construction de connaissances dans les outils numériques " que le modèle ABP-AVA (Groupe Expérimental) est plus efficace que le modèle traditionnel VUAD (Groupe Contrôle), en termes de construction de connaissances dans cette catégorie.

Les résultats de la vérification des hypothèses pour cette catégorie corroborent les approches initiales de l'étude par niveaux de fréquence observés précédemment, identifiant dans le modèle ABP-AVA des différences significatives dans l'apprentissage, la gestion et la construction de produits numériques, qui dans le cas de ce domaine d'étude, la philosophie des environnements d'apprentissage virtuels, se concentrent sur la conception et la construction d'environnements virtuels.

1.6.3 *Groupe de discussion*

Dans la sous-catégorie de l'acquisition en relation avec les outils fournis par Internet dans les espaces collaboratifs, les étudiants expriment positivement leur utilisation, basée sur la reconnaissance de scénarios tels que les forums, les wikis, les chats et les vidéoconférences, qui ont permis l'interaction avec les camarades de classe, les experts et l'enseignant, dans les processus de rétroaction et de débat sur les propositions faites pour le développement de leurs activités et la complémentarité dans la relation avec les camarades de classe sur le cours.

Dans ce même sens, l'utilisation des blogs comme outil numérique pour la création d'environnements d'apprentissage virtuels développés par les étudiants dans ce domaine de formation, leur a permis de faire connaître et de diffuser les connaissances de leur domaine spécifique, affirmant qu'il est important d'avoir des espaces pour la publication de leurs connaissances et à partir desquels générer de nouvelles découvertes.

Dans le même ordre d'idées, en ce qui concerne l'acquisition d'outils numériques, les réponses données par les étudiants ont permis d'identifier des outils tels que : Calameo, infogramme et prezi, qui ont été exposés dans leurs APV, en tant qu'outils numériques pour la publication d'articles et d'explications sur les sujets des programmes qu'ils étudient, il peut être analysé que grâce à l'acquisition de ces outils, ils parviennent à identifier les fonctions du web 2.0, en termes de socialisation de l'information non seulement au niveau du cours, mais de toute la communauté virtuelle.

Cependant, dans cet aspect, bien que les étudiants identifient et fassent des démarches pour la publication des activités proposées dans le développement du cours, une certaine timidité est observée au moment d'aborder les publications de nature publique, ceci est identifié grâce aux observations faites sur les gestes faits par les étudiants, lorsque la question des futures publications sur le web est posée.

En ce qui concerne la sous-catégorie de la participation, les étudiants ont activement partagé les espaces proposés, certains d'entre eux regrettant de ne pas avoir pu participer à tous les espaces offerts par la plateforme, car ils les considèrent comme très importants, puisqu'ils affirment que ceux auxquels ils ont participé leur ont semblé très importants,

> J'ai assisté à deux vidéoconférences, car l'autre ayant été reportée, je n'ai pas pu y assister. Mais elles m'ont été d'une grande aide car elles ont permis de lever de nombreux doutes. Par exemple, je ne savais pas dans quel programme j'allais faire l'APV ou quels outils, donc le fait d'avoir mis en place cet outil a été formidable pour nous parce que nous avons pu résoudre nos doutes, nous avons pu faire l'APV. (J. Casas, vidéoconférence, 9 juin 2016)

Comme on peut le constater, il y a eu un haut degré de participation dans les espaces tels que les forums, les wikis, les chats, proposés dans la classe virtuelle. Comme mentionné ci-dessus, ces scénarios leur permettent de confronter leurs idées sous de nouveaux arguments, à la fois par des experts et par leurs pairs, dans les témoignages donnés par les étudiants montrent une réflexion constante, dans laquelle les déclarations sont identifiées comme la connaissance d'une nouvelle méthodologie et un nouveau scénario d'apprentissage comme les APV, la somme de ces éléments se traduit par des arguments tels que : "J'ai trouvé ça très cool, c'était une très bonne stratégie parce que ça nous aide plus tard dans d'autres cours ou quand nous sommes enseignants j'ai trouvé ça génial" "(J. Casas, vidéoconférence, 9 juin 2016)

En ce qui concerne la création et la construction d'outils numériques, tous les étudiants ont donné avec enthousiasme des réponses positives sur la pertinence de ces outils dans leur carrière professionnelle, en utilisant des adjectifs tels que innovant, important et contribuant à améliorer l'éducation, ce qui nous permet d'analyser le degré d'internalisation de ces scénarios, puisqu'ils ont appris à les faire fonctionner et à les utiliser dans des environnements éducatifs.

Un autre aspect à souligner est le degré de création/construction en ce qui concerne les cartes conceptuelles ; les étudiants affirment que lorsqu'on leur a parlé des cartes conceptuelles, il semblait que cela ne correspondait qu'à faire un résumé des lectures et à le capturer dans un tableau, ils déclarent que grâce à l'utilisation d'outils informatiques, ils ont reconnu qu'il existe différentes formes et ressources numériques pour le développement de leurs propres idées qui ont un sens, une signification. C'est aussi une nouvelle façon d'apprendre et une façon simple d'exprimer leurs propres concepts, ce qui a facilité le développement de leur APV.

De même, les étudiants reconnaissent non seulement l'importance de l'utilisation d'outils pour la construction de produits tels que les cartes mentales, mais aussi l'importance de développer leur propre APV, ils reconnaissent les outils du web 2.0 comme un élément de grande importance dans la création d'environnements virtuels, car ils leur permettent d'intégrer d'autres sujets qui, bien qu'ils puissent être spécifiques à leur domaine professionnel ou provenir d'autres domaines, les appliquent à l'objectif que l'enseignant en formation souhaite développer ; Cela se reflète dans les arguments des étudiants selon lesquels ils ont plus d'avantages dans leur performance au travail grâce au développement du cours, et en particulier avec le développement de la méthodologie basée sur l'apprentissage par problèmes.

1.6.4 *Discussion*

Pour ce faire, après avoir analysé, d'une part, les niveaux de fréquence du pré-test et du post-test dans chacun des groupes (expérimental et de contrôle) et la vérification ultérieure de l'hypothèse et, d'autre part, les récits des groupes de discussion, nous avons observé ce qui suit :

> Dans la catégorie acquisition, participation et création/construction de connaissances sur les outils numériques pour le groupe expérimental ABPAVA, après l'application du pré-test initial, il a été observé que le groupe d'étudiants a acquis et participé de manière dispersée dans cette catégorie, ce qui peut être dû au fait que la plupart d'entre eux utilisent ces ressources sans objectifs qui dépassent le concept seul, c'est-à-dire qui leur permettent de relier ce qu'ils ont appris et de le focaliser ou de le connecter à d'autres domaines de connaissances.

Dans la perspective précédente, Siemens (2004) suggère que l'apprentissage est un processus de connexion de nœuds ou de sources d'informations spécialisées, faisant allusion à la possibilité de relier différents concepts et outils afin de parvenir à une construction plus contextualisée. Dans ce sens, un autre facteur qui influence la dispersion lors de l'évaluation de cette catégorie dans le pré-test est le degré de connaissance que les membres du groupe ont sur les différents outils numériques et leur relation avec le domaine de formation, un élément qui a un impact significatif sur le développement et l'application des concepts et la résolution de problèmes impliquant des outils numériques.

Il convient de noter que dans de nombreux cas, les étudiants ont peu ou parfois pas de connaissances informatiques en termes d'outils numériques pour la construction de scénarios numériques à partir desquels ils peuvent améliorer leur apprentissage.

En appliquant le post-test, le résultat de la progression est significatif dans cette catégorie, ce qui peut être compris comme le fait que la grande majorité a perçu et articulé les outils informatiques vus pendant le stage et les a concentrés en faveur de la solution du problème, en reliant les concepts et en les mettant au service d'autres domaines de formation.

Sur la base de ce qui précède, Siemens (2004) définit le connexionnisme comme suit

(...) l'intégration des principes explorés par les théories du chaos, des réseaux, de la complexité et de l'auto-organisation, où l'apprentissage est un processus qui se produit dans des environnements flous d'éléments centraux changeants - qui ne sont pas entièrement sous le contrôle de l'individu" (p. 30).[11]

Cette perspective est conforme aux stratégies pédagogiques telles que l'APP, qui exige de l'étudiant qu'il construise des concepts dans différents domaines pour une approche cohérente de l'élaboration d'une question problématique.

De même, il est important de souligner qu'un progrès significatif peut être compris comme la possibilité de transcender les espaces communicatifs fournis pour l'approche et la construction de concepts, tels que les espaces comme les wikis ou les forums, qui dans ce scénario permettent d'aller au-delà d'une simple configuration de plateforme, recréant dans le modèle ABP-AVA des lieux de rencontre entre les étudiants, les enseignants tuteurs et les experts.

Dans le groupe de contrôle sans PBL, après avoir appliqué le pré-test initial, il a été constaté une dispersion dans l'acquisition, la participation et la création/construction des connaissances dans cette catégorie. Dans un premier temps, cela peut être compris comme une mauvaise conception de l'utilisation et de l'application des outils numériques dans leur rôle professionnel d'enseignant, l'acquisition de concepts de manière mécanique, qui ne sont généralement pas articulés avec d'autres domaines de connaissances, c'est-à-dire qu'ils restent dans le concept et ne vont pas au-delà de l'opérabilité.

Dans le post-test de ce groupe, la situation tend à être négative, ce qui peut être compris comme un développement uniquement à partir d'une posture pédagogique, dans laquelle les différents concepts abordés dans le domaine de la formation sont acquis sans s'arrêter à l'analyse appropriée que chacun des outils numériques doit posséder pour être articulé dans leurs autres domaines de connaissance.

La construction de la connaissance, comprise alors à partir des catégories indiquées par Sánchez (2009), telles que l'acquisition, la participation et la construction de la connaissance, n'est pas significative dans ce groupe car les étudiants ne relient pas de manière adéquate les éléments traités dans le domaine de formation de la philosophie des environnements d'apprentissage virtuels pour les représenter ensuite dans d'autres domaines de la connaissance.

1.7 Analyse des résultats finaux obtenus dans chacune des méthodologies

Les résultats finaux dans le groupe expérimental avec le modèle PBL-AVA montrent

---

[11] Traduction par l'auteur.

qu'il y a une différence significative par rapport au groupe de contrôle sans PBL. Cela nous permet d'analyser le rôle que joue la variable indépendante dans cette étude, le modèle ABP-AVA, qui permet aux étudiants de ce groupe (expérimental) de remettre en question de manière importante les connaissances acquises jusqu'à présent au cours de leurs études. La conception de l'environnement virtuel dans le cadre de ce modèle, comme mentionné ci-dessus, présente non seulement les activités de la plateforme Moodle, mais aussi des ressources qui ont été conçues spécifiquement pour cette expérience.

Pour ce groupe (expérimental) et spécifiquement pour certains d'entre eux, comme le montre l'étude, le degré de progrès est significatif, représenté dans les évaluations finales (Tableau 22 Evaluation moyenne groupe expérimental), pour d'autres le manque d'acquisition et de participation ne leur a pas permis une construction significative de connaissances en référence à leur rôle professionnel, cependant, cela peut être compris parce que l'évaluation dans ce domaine de formation se fait à partir de différentes perspectives, en prenant en compte l'évaluation du tuteur, l'auto-évaluation de l'étudiant et celle des différents experts qui ont guidé la solution du problème.

Dans chacun des moments abordés dans l'espace de formation, le groupe expérimental présente une moyenne comprise entre 4,0 et 4,3 par rapport aux fourchettes du groupe de contrôle qui oscillent entre 3,4 et 3,7, ce qui montre qu'il existe des différences importantes en termes de performance de chaque groupe en ce qui concerne l'approche, le travail et le partage de chacun des produits travaillés.

Les notes finales obtenues par le groupe de contrôle sans PBL permettent une analyse généralisée, dans laquelle il n'est pas possible d'observer les degrés d'acquisition, de participation et de création/construction des connaissances des différentes catégories étudiées, ce qui peut être compris comme une conception dans laquelle les différents concepts ont été abordés uniquement de manière pédagogique en remplissant des tâches spécifiques dans le domaine d'étude, bien que les notes présentent un plus grand degré d'homogénéité représenté en moyenne, on ne peut pas dire que la construction des connaissances a été significative.

CHAPITRE IV

CONCLUSIONS

L'application du modèle ABP-AVA dans le groupe expérimental ne permet pas de tirer des conclusions générales définitives, mais elle fournit des éléments pour sa mise en œuvre dans des scénarios de formation similaires. De même, des contributions peuvent être apportées au discours conceptuel dans la construction des connaissances sur les modèles éducatifs dans l'apprentissage à distance, à la fois pour les améliorer et pour préciser les éléments théoriques qui les soutiennent. De ce point de vue, le modèle ABP-AVA constitue un apport pour promouvoir les développements de la recherche et de l'innovation dans les processus d'apprentissage à distance accompagnés de l'utilisation de plateformes virtuelles à l'Université Santo Tomás dans sa modalité d'apprentissage ouvert et à distance.

Par rapport aux objectifs généraux énoncés au début de ce manuscrit, qui visaient à établir la portée dans la construction de la connaissance du modèle ABP sur AVA, dans l'enseignement à distance dans le domaine de la formation Philosophie des environnements d'apprentissage virtuel dans la Faculté d'éducation de l'Université de Santo Tomás - VUAD. En plus des objectifs spécifiques, qui visaient à caractériser la portée du type pédagogique, cognitif et pratique dans le modèle ABP-AVA qui générerait des connaissances dans le domaine de la formation en philosophie des environnements d'apprentissage virtuels, déterminer à travers les catégories acquisition, participation et création/construction de connaissances avec le modèle ABP sur l'AVA, appliqué dans le domaine de la formation en philosophie des environnements d'apprentissage virtuels. Et à son tour, évaluer également à travers une analyse comparative la construction de la connaissance dans le domaine de la formation Philosophie des environnements d'apprentissage virtuel, avec un cours conçu selon le modèle ABP sur AVA par rapport à un cours conçu avec la méthodologie traditionnelle dans la salle de classe virtuelle de la VUAD, pour finalement proposer un modèle pour la construction et la dynamisation de la salle de classe virtuelle dans des scénarios de formation analogues pour l'Université Santo Tomas, dans sa modalité ouverte et à distance, à partir des résultats obtenus avec l'application du modèle ABP - AVA dans le domaine de la formation : Philosophie des environnements d'apprentissage virtuels.

Après avoir appliqué le modèle ABP-AVA dans le groupe expérimental et l'AVA sans ABP (modèle traditionnel VUAD) dans le groupe de contrôle, et après avoir observé les portées pédagogiques, cognitives et pratiques de la construction des connaissances selon les catégories d'acquisition, de participation et de création/construction, Sanchez (2009) comme dispositifs pour que cela se produise, il est conclu que : il existe des différences significatives, selon l'approche quantitative appliquée dans la recherche, entre le groupe expérimental et le groupe de contrôle par l'application du pré-test et du post-test, dans le groupe de discussion et dans le groupe expérimental., Il est conclu qu'il existe une portée significative des catégories, Acquisition, Participation et Création/Construction, de la connaissance dans les environnements d'apprentissage virtuels, l'apprentissage basé sur les problèmes et les outils numériques. Le modèle ABP-AVA proposé pour l'approche et la dynamisation des contenus dans le domaine de la formation en philosophie des environnements d'apprentissage virtuels a généré des processus de réflexion pédagogique par rapport au modèle VUAD traditionnel pour l'apprentissage et l'enseignement à distance avec le soutien de plates-formes virtuelles.

Ces réflexions sont évidentes dans des espaces tels que les forums, les wikis et les vidéoconférences, qui vont au-delà des activités configurées sur la plateforme à des fins de communication. Il s'agit d'établir une connaissance intégrale, basée sur la collaboration de tous les membres du cours, qui impliquent les étudiants, les experts et l'enseignant/tuteur. Les résultats quantitatifs de l'étude démontrent la nécessité d'enrichir l'épistémologie de la pédagogie dans ces scénarios.

Une contribution en ce sens à travers le modèle ABP-AVA, est le rôle du pédagogue qui guide le champ de formation, qui à partir de son travail dans les espaces de discussion synchrones et asynchrones guide l'étudiant dans la construction d'Environnements d'Apprentissage Virtuels enrichis avec le support d'outils tels que Moodle et améliorés avec des stratégies pédagogiques telles que l'Apprentissage par Problème qui génère des connaissances pratiques. En ce sens, les résultats génèrent des indices sur les nouvelles relations qui sont tissées dans le réseau entre les enseignants et les étudiants pour obtenir des produits conceptuels en collaboration, l'un des éléments qui émerge de cette interaction est le niveau de proximité (synchrone et asynchrone) nécessaire pour que cela se produise. Comme ils l'ont déclaré dans le groupe de discussion, l'un des éléments qui a le plus attiré leur attention dans l'espace numérique médiatisé par le modèle ABP-AVA est le niveau de participation des étudiants, des experts et des enseignants-tuteurs, ces relations qui semblent perdre leur légitimité lorsqu'elles ne sont pas développées en personne, trouvent un scénario qui permet des niveaux plus élevés de proximité et de guidage dans la dimension du travail collaboratif et autonome.

En ce sens, les connaissances pratiques du modèle ABP-AVA, mises en évidence dans la formation des diplômés comme dans cette étude, nous ont permis d'observer la capacité à réfléchir à la situation problématique, en reliant les intérêts, les besoins et les particularités de leur domaine de formation, à partir desquels des actions concrètes ont été générées pour faire passer leur hypothèse à la réalité, à des espaces concrets de transformation qui, dans le cas du groupe, sont liés à leur rôle en tant qu'enseignants en formation.

Sur la base de ce qui précède, le processus éducatif génère une transition d'un paradigme d'acquisition à un paradigme de construction des connaissances, établissant une approche alternative de la gestion et de la dynamisation des espaces virtuels qui sont actuellement utilisés à l'Université Santo Tomás dans sa modalité ouverte et à distance. Le modèle ABP-AVA constitue un scénario dans lequel le changement de paradigme devient évident dans l'intégration de stratégies pédagogiques telles que l'ABP, qui sont en accord avec la formation de l'homme à partir de différentes dimensions et qui est compris comme n'ayant pas de limite définie et étant en construction permanente.

C'est ainsi que l'entend la définition de l'enseignement à distance présentée par l'université, qui le projette comme une modalité éducative dont le centre et le protagoniste est l'étudiant, exigeant un nouveau paradigme pédagogique, centré sur une conception de l'enseignement, de l'apprentissage et de la connaissance qui met l'accent sur l'apprentissage autonome et sur la gestion dynamique du temps, de l'espace, de la capacité d'apprentissage de l'étudiant et des nouveaux moyens et médiations pédagogiques.

De ce point de vue, le modèle ABP-AVA est concluant dans ses contributions à ce changement de paradigme et présente des pistes pour que les études ultérieures dont l'objet de recherche est la construction de connaissances dans des environnements médiatisés par la technologie puissent obtenir des résultats en accord avec la dynamique communicative du réseau. Ceci est mis en évidence par le travail collaboratif pour la conception de produits conceptuels, d'idées, de notions, de cartes mentales, de cartes conceptuelles, qui permettent la construction d'hypothèses concernant le problème posé. En ce sens, le travail collectif de cette étude va au-delà de l'interaction. Il s'agit de partager des objets et de les rendre autonomes à partir des idées de tous (étudiants, experts et enseignant tuteur), en s'appuyant sur l'utilisation des TIC.

L'étude est également concluante en ce qui concerne les croyances sur l'apprentissage, qui montrent des étudiants dont l'orientation vers ce processus est uniquement celle de l'acquisition, mais où il existe des attitudes positives envers de nouvelles façons d'apprendre, qui leur permettent de se rapprocher de l'expérience et de l'orientation de la connaissance dans des situations concrètes. Ce qui précède suggère que les étudiants ont l'impression d'être orientés vers la réception de nouvelles postures éducatives, ce qui est démontré dans leurs interventions et déclarations dans chacun des espaces.

L'analyse des données nous permet de conclure que le modèle ABP-AVA favorise de nouvelles façons d'apprendre, d'enseigner et de relier les concepts. Ceci est soutenu par les conditions générales de la plateforme, qui favorisent l'interaction, le contact avec les experts, la création de petits groupes d'étude, qui à leur tour font partie de communautés de pratique et d'apprentissage. Ce processus se déroule grâce à l'organisation et à la présentation de chacun des moments de l'espace virtuel (prise de conscience, fondement, présentation de l'hypothèse, étayage de l'hypothèse), qui ne nécessite pas d'ordre pour l'approche ou de connaissances préalables. Le processus d'acquisition, de participation et de création/construction se fait spontanément par chacun des étudiants au moment où il se sent le plus à l'aise, d'un point de vue conceptuel et pédagogique.

D'un autre point de vue, les espaces synchrones et asynchrones susmentionnés de la classe virtuelle permettent au tuteur et aux experts d'observer l'évolution des idées, des discussions et des débats, et de percevoir d'importants changements cognitifs chez la majorité des participants au cours. Ces modifications cognitives sont liées à la relation entre l'artefact conceptuel, c'est-à-dire l'environnement d'apprentissage virtuel en tant que produit final, et l'idée de le construire.

Dans la recherche, on peut voir comment cette idée de construction du produit conceptuel change sa dimension initiale et, à travers les scénarios de dialogue avec les tuteurs et leur propre recherche, de nouveaux éléments sont configurés, avec lesquels il est possible d'approcher et de comprendre d'autres façons de communiquer la connaissance. L'étude montre clairement que ces changements sont dus à la dynamique de l'espace, mais aussi à des facteurs tels que la pertinence du problème à résoudre par rapport à leur domaine de formation en tant qu'enseignants.

De cette manière, l'avancement des idées et leur évolution ultérieure en faveur de la génération d'éléments conceptuels, permet la formulation de considérations alternatives, de sorte qu'elles peuvent être réalisées dans des espaces numériques, comme dans le cas de cette recherche. La perspective des moments (Prise de conscience, Fondement, Présentation de l'hypothèse, Justification de l'hypothèse) permet à l'apprenant et à l'enseignant de clarifier le processus d'avancement des idées, bien que, comme indiqué précédemment, elle n'exige pas d'ordre pour leur approche. Il permet un scénario de suivi pour leur maturation, ce qui, dans le cas de cette recherche, est lié à la présentation de l'hypothèse.

Dans cette même perspective, la résolution de problèmes en tant que générateur de discussions, d'arguments, de débats et leur socialisation ultérieure, comme l'une des conditions de la génération de connaissances, nous permet de conclure dans la recherche actuelle que le modèle ABP-AVA présente des approches importantes pour la possibilité d'améliorer les idées basées sur l'approche problématique. L'une des stratégies activées et qui a donné les meilleurs résultats a été de déléguer à l'étudiant le processus de réflexion et, par conséquent, ses moments d'avancement ou peut-être de régression à travers les moments soulevés dans le cours.

Au début, ce changement dans le rôle de l'étudiant dans le processus d'apprentissage est complexe, pour certains d'entre eux il est difficile de comprendre que maintenant ils sont ceux qui régulent leur processus et que le tuteur et les experts attendent leur performance, mais après le processus de sensibilisation, les résultats montrent qu'il était agréable pour eux de sentir qu'ils faisaient partie d'une communauté où ils pouvaient s'adresser à leurs pairs à tout moment pour débattre, clarifier ou renforcer leurs hypothèses et surtout pour avancer à leur propre rythme.

La construction collaborative de la connaissance pour le modèle ABP-AVA n'est pas centrée sur les activités qui sont configurées sur la plateforme, car celles-ci sont constituées en un dispositif didactique pour qu'elles se produisent, comme la modération et la dynamisation du tuteur, ainsi que celle des experts, qui, à travers les différents scénarios qui constituent le collectif. En ce sens, il montre leur appropriation et leur cohérence avec la proposition, qui reflète l'appropriation des connaissances techniques concernant l'utilisation des outils numériques, qui articule les modèles et les stratégies avec leurs propositions éducatives.

Les discours, analysés au chapitre 6, nous permettent de conclure que la portée pratique du modèle ABP-AVA conduit les étudiants à concentrer leur apprentissage sur la conception et la construction d'artefacts conceptuels qui renforcent ou génèrent de la profondeur dans leur domaine de formation. Par conséquent, il convient de noter que le groupe expérimental comprenait des étudiants issus de différents programmes d'études, ce qui implique une conception méthodologique et pédagogique qui en tient compte.

De ce point de vue, le modèle ABP-AVA tient compte de ces particularités et ne focalise pas son attention sur des domaines de formation spécifiques. Il recrée plutôt un scénario qui guide l'étudiant dans l'élaboration de produits qui ratifient ou remettent en question ses connaissances, et surtout génèrent plus d'inconnues, face à la présentation d'une position ou d'une hypothèse, comme on peut le voir dans les espaces de la vidéoconférence avec des experts, où l'enseignant présente une position sur ses connaissances disciplinaires, ce qui pourrait bien être Pédagogie et didactique des environnements d'apprentissage virtuels. Les outils numériques pour la construction d'EAV, les techniques de représentation des connaissances et les techniques de soutien sont ceux qui permettent à l'étudiant de décider quelles connaissances seront utiles pour sa conception finale, dans laquelle il est question de sa présentation d'un environnement d'apprentissage virtuel pour son domaine de formation.

Les idées, les concepts et la présentation des hypothèses sont des produits qui ont été mis en évidence dans le groupe expérimental avec le modèle ABP-AVA, d'où la conclusion de l'étude. À partir des déclarations obtenues, il a été possible de

a souligné l'importance d'apprendre à écouter l'autre participant et d'avoir la possibilité de se connecter à l'autre de manière spontanée, sans avoir recours à la réunion traditionnelle programmée. De telles réunions encouragent la construction d'idées ou de concepts, qui à leur tour conduisent à la construction de nouvelles connaissances.

1. Contribution à l'état de la recherche

Les approches de l'état de l'art ont permis de préciser certains critères concernant l'approche des propositions pédagogiques médiatisées par les TIC, comme c'est le cas d'une recherche comme celle de Salmerón et al. (2010), qui met l'accent sur l'apprentissage collaboratif-coopératif comme outil de construction collective, à partir duquel des modèles comme ABP-AVA s'accordent, en promouvant et en générant ce type de scénario dans tous les moments proposés. Une des conclusions abordées par l'étude consiste en la génération d'espaces synchrones et asynchrones pour l'apprentissage et l'enseignement, mais au-delà, elle réside dans l'apport de la création de scénarios numériques avec des revendications plus contextualisées sous les outils numériques actuels, qui émergent tout au long de cette étude en formant une triade pour la construction de la connaissance.

Dans cette perspective, les auteurs Morales-López, et al. (2016), présentent une recherche dont les éléments sont considérés comme fondamentaux dans le modèle ABP-AVA. Il s'agit de créer des scénarios permanents d'accompagnement et de motivation tout au long du processus, qui font partie des éléments concluants du processus de construction des connaissances dans le groupe expérimental, comme le corroborent les données statistiques et les récits concernant le processus vécu, où les étudiants argumentent (par rapport au processus vécu) la réussite du travail grâce à l'accompagnement permanent du tuteur et des experts. C'est l'une des conclusions les plus importantes concernant le processus de formation avec des stratégies telles que l'APP, dans lesquelles l'accompagnement du tuteur ne suffit pas, mais où il est nécessaire de travailler avec des experts qui guident et renforcent le processus. La question qui se pose alors est la suivante : "L'université de Santo Tomás, dans son mode ouvert et à distance, est-elle prête à assumer les coûts (personnel enseignant, infrastructure, temps) pour offrir au stagiaire diplômé un apprentissage et un enseignement qui permettent de poser des questions et de vivre des expériences dans un contexte dépassant les niveaux d'acquisition, pour passer aux niveaux de création/construction, à partir desquels ce travail s'inscrit ?

Pour répondre à cette question, il est nécessaire d'examiner dans la recherche actuelle les portées pédagogiques, cognitives et pratiques, et leur transcendance dans les processus de formation actuels, ce qui peut générer des indices importants pour le changement de paradigme dans l'enseignement à distance à l'Université Santo Tomás VUAD, qui suggère dans cette recherche, de passer du paradigme de l'acquisition à la création/construction de la connaissance, dans la formation des diplômés.

2. Pertinence de la méthodologie

L'importance des données recueillies dans le cadre de cette recherche et à partir desquelles les conclusions ci-dessus ont été exprimées, réside dans la manière dont elles permettent d'adopter une position alternative sur les méthodes de recherche dans le domaine de l'éducation. En entrant en dialogue avec le paradigme quantitatif pour l'approche du problème de recherche et sa solution ultérieure, elles contribuent d'une certaine manière à la discussion sur le travail avec cette méthodologie dans la vérification ou la réfutation des hypothèses, qui, dans le cas de cette recherche, obéit à la conception expérimentale de Cusie appelée groupe de contrôle non équivalent, qui a permis d'élucider la question de recherche, soutenue par l'application du Focus Group, ce qui est significatif pour ce travail dans la construction de la connaissance du modèle ABP sur l'AVA dans l'éducation à distance, dans le domaine de formation Philosophie des Environnements d'Apprentissage Virtuels à la Faculté d'Education de l'Université de Santo Tomás - VUAD.

L'objectif de ce travail est de contribuer à la recherche future sur les processus d'apprentissage à distance médiatisés par les technologies, en tenant compte d'une approche méthodologique quantitative et des résultats qui en découlent, permettant à ceux qui prennent cette recherche comme référence d'orienter les propositions méthodologiques avec des caractéristiques similaires à celles formulées ici.

Bien que la conception quasi-expérimentale ait permis à cette étude de répondre aux besoins d'organisation et de visualisation des résultats d'une manière cohérente sur la base des objectifs formulés, il est important de souligner que les conceptions quantitatives soutenues par des techniques de collecte de données telles que le groupe de discussion sont un scénario qui reste à explorer. Cette recherche contribue à ce domaine en formulant, à partir du paradigme quantitatif, une conception telle que le groupe de contrôle non équivalent, qui guide le chercheur dans les conclusions de l'ordre statistique, mais qui, en même temps, est vérifiée par les déclarations et les interactions réalisées dans le groupe de discussion. Cette position peut offrir des indices pour la génération de nouveaux scénarios méthodologiques qui, comme dans le cas de cette recherche, sont proposés pour corroborer ses résultats.

3. Ce qu'il reste à faire

En comparant les résultats entre le groupe expérimental avec le modèle ABPAVA et le groupe de contrôle sans ABP, on conclut que le groupe expérimental a présenté des niveaux significatifs dans la construction des connaissances dans les trois catégories envisagées dans cette étude par rapport au groupe de contrôle ; cependant, l'étude est également concluante en ce qui concerne les faiblesses pratiques et théoriques qui doivent être renforcées afin d'appliquer l'expérience acquise dans ce travail à d'autres scénarios de formation.

De ce point de vue, bien que le cadre théorique constitue le fondement de base de l'étude, une exploration plus large est nécessaire dans les domaines d'étude qui envisagent des perspectives et des alternatives pour l'apprentissage et l'enseignement. Ainsi, il est nécessaire d'approfondir les approches cognitives comme base pour la conception et la construction de matériel éducatif avec le soutien des TIC, ce qui permettrait, dans des études ultérieures, d'éventuelles réplications de ce travail dans divers scénarios de formation, qui pourraient ainsi être extrapolés à des espaces entièrement orientés en ligne : la formation en ligne.

Dans le cas de l'Université Santo Tomás, dans sa modalité ouverte et à distance, ces explorations pourraient contribuer à générer des études similaires à la Faculté des sciences et de la technologie, qui considère les environnements d'apprentissage virtuels pour la formation dans tous ses programmes, comme un scénario de rencontre et de dynamisation des contenus.

De même, l'étude considère le paradigme constructiviste comme le modèle pédagogique sur lequel se base la recherche, bien que les approches dans ce domaine pour le développement du travail permettent de rendre compte des objectifs proposés, son exploration s'avère limitée. Il est nécessaire de le reprendre dans des études ultérieures et d'alimenter ses résultats en termes de nouveaux paradigmes d'apprentissage qui en émergent, bien que dans cette recherche nous travaillions sur le connectivisme comme théorie qui valorise les modes d'apprentissage et d'enseignement en réseau, il est important d'approfondir les nouveaux courants de construction de la connaissance avec le soutien des TIC.

Les théories de l'enseignement, en tant que perspectives pédagogiques incluant des fondements cognitifs et constructivistes pour l'approche et la navigation dans les espaces numériques, sont importantes, par exemple dans la gestion des scénarios d'apprentissage virtuels. Cela nécessite une exploration plus approfondie dans les travaux futurs, qui envisagent, comme dans cette recherche, l'application de stratégies pédagogiques enrichies de scénarios multimédias et d'une interaction constante.

En ce sens, les résultats de l'étude montrent que le groupe expérimental, lorsqu'il a abordé pour la première fois la nouvelle plate-forme et, par conséquent, les nouveaux modes d'accès au contenu et à l'information, l'a trouvée confuse et complexe, compte tenu des scénarios habituellement configurés à la faculté d'éducation dans son mode ouvert et à distance, qui ne disposent pas d'une interface enrichie d'éléments multimédias.

Dans cette perspective, l'étude constate qu'une préparation initiale au processus est nécessaire, bien qu'il existe une première étape appelée "Sensibilisation", qui vise à fournir des orientations sur la nouvelle méthodologie. Les processus pédagogiques nécessaires à une navigation efficace dans chacun des espaces présentent des faiblesses. Dans cette même direction, la sensibilisation nécessite une approche conceptuelle qui oriente le groupe d'étudiants dans la nouvelle dynamique de construction des connaissances, qui leur permet de passer du paradigme de l'acquisition à celui de la création/construction.

Les résultats suggèrent l'orientation initiale vers le travail collaboratif en tant que scénario pour la création d'idées ou de concepts, ce qui implique qu'au moment de l'approche, appelé "Prise de conscience", il est nécessaire d'envisager des mécanismes pour la reconnaissance et la revitalisation des communautés d'apprentissage et de pratique, en tant que scénarios pour la construction collective d'artefacts, qui, dans le cas de cette recherche, sont traduits en idées ou concepts qui donnent lieu au développement de scénarios d'apprentissage virtuel.

La recherche sur les environnements virtuels d'apprentissage dans l'enseignement supérieur, soutenue par des modèles de construction de la connaissance, représente un chemin encore à parcourir. Ce travail se concentre sur la formation des diplômés à distance dans l'espace de travail, la philosophie des environnements d'apprentissage virtuels, cependant, ce sont des recherches complémentaires qui renforcent les résultats en termes de relations qui se produisent en dehors de l'espace de formation, c'est-à-dire, les processus de construction de la connaissance au-delà de la classe virtuelle, à partir de laquelle les travaux futurs peuvent être orientés.

Enfin, le travail suggère pour l'Université Santo Tomás, dans sa modalité ouverte et à distance, et en particulier pour la Faculté d'éducation, une conception pédagogique et technologique, telle que celle présentée dans cette étude avec le modèle ABP-AVA, qui permet des environnements d'apprentissage virtuels qui renforcent les processus d'acquisition et de participation des connaissances, en guidant de manière plus cohérente les concepts abordés dans leurs différents domaines de formation, mais aussi en parvenant à migrer vers des paradigmes de création/construction des connaissances, comme c'est le cas dans la présente étude. De cette manière, ils reconnaissent des éléments de leur formation (en tant que diplômés) et les relient à des domaines tels que les TIC et leurs multiples possibilités éducatives.

RÉFÉRENCES

Aigneren, M. (2006). *La technique de collecte d'informations par le biais de groupes de discussion.* Consulté le 12 janvier, http:// ccp.ucr.ac.cr/bvp/texto/14/grupos_focales.htm

Alarcón, D. C., Predas, A. C. et Pais, J. D. A. (2005). La innovación a través de entornos virtuales de enseñanza y aprendizaje (L'innovation à l'aide d'environnements virtuels pour l'enseignement et l'apprentissage). *Revista Iberoamericana De Educación a Distancia, 8*(1), 105-125. Récupéré de

http://search.proquest.com/docview/1197261991 ?accountid=50441. (03/07/2015)

Álvarez Cadavid, G. et Álvarez, G. (2012). Analyse des environnements d'apprentissage virtuels à partir d'une proposition sémiotique intégrale. *Electronic journal of educational research, 14*(2), 73-88.

Araujo, U. et Sastre, G. (2008). *El aprendizaje basado en problemas, una nueva perspectiva de la enseñanza en la universidad* (Barcelone, Espagne : Gedisa.

Barabási, A. L., (2002). *Linked : The New Science of Networks.* Cambridge, MA : Perseus Publishing.Barell, J. (2005). *El aprendizaje basado en problemas : Un enfoque investigativo,* Editorial Manantial SRL, Buenos Aireas, Argentina.

Bartolomé, A. (2011). *Connectivismo : aprender em rede e na rede. Dans Marcelo Brito Carneiro Leao : Tecnologias na Educacao : Uma abordagem crítica para uma atuacao práctica.* Recife, Brésil : UFRPE

Batista, M. Á. H. (2011). Considérations pour la conception didactique des environnements d'apprentissage virtuels : une proposition basée sur les fonctions cognitives de l'apprentissage. *Revista Iberoamericana de Educación, 38*(5), 2 - 35.

Bautista Pérez, G., Borges Sáiz, F. et Forés i Miravalles, A. (2012). *Didáctica universitaria en entornos virtuales de enseñanza-aprendizaje.* Madrid : Narcea ediciones.

Beck, M., Bryman, A. et Futing, L. (2004). *The Sage Encyclopedia of Social Science Research Methods (Encyclopédie Sage des méthodes de recherche en sciences sociales).* New Delhi : SAGE PublicationsBell, F. (2011). Connectivism : its place in Theory-Informed Research and Innovation in Technology-Enabled Learning. *International Review of Research in Open and Distance Learning, 12*(3), 98-118.

Bien-être universitaire (2008). *Caractérisation de la population étudiante dans les programmes d'enseignement à distance de l'Universidad Santo Tomás.* Bogotá : Universidad Santo Tomás VUAD. (pp. 3 - 25)

Boucher, F. (2003). *Propuesta de una campaña publicitaria para equipos de fútbol* [Degree thesis]. Puebla : Universidad de las Américas

Briones, G. (2002). *Méthodologie de la recherche quantitative en sciences sociales.* Bogotá : Edit. ARFO Editores e Impresores Ltda.

Briones, G (2009). *Épistémologie et théories des sciences sociales et de l'éducation.* Mexique : Edit. Trillas.

Brea, J (2007). *Cultura_RAM mutations de la culture à l'ère de la distribution électronique.* Barcelone : Editorial Gedisa. Première édition.

Boud D. & Felleti, G. (1997). *The challenge of problem based learning (Le défi de l'apprentissage par problèmes).* Londres : Kogan Page.

Campbell, D. & Stanley, J. (1995) *Experimental and quasi-experimental designs in social research.* Buenos Aires : Editorial Color Efe.

Cano, E., Garrido, J., Graván, P. & López-Meneses, E. (2015). *Conception et développement du modèle pédagogique de la plateforme éducative "Quantum University Project".* Espagne : Campus Virtuales.

Caro, L. A., Rivas, O., Velandia, C. A. et Angel, A. L. (2006). *Conception, construction et mise en œuvre de cours virtuels.* Bogotá : Fundación Universitaria del Área Andina.

Caro, L. A., Velandia, C. A., Ruiz, W. B. et Álvarez, C. A. (2004). *Conceptions éducatives contemporaines et scénarios d'apprentissage virtuel.* Bogota, Colombie : Kapra.

Chen, S. Y. et Paul, R.J. (2003). Individual differences in web-based instruction-an overview. *British Journal of EducationalTechnology. 34*(4), 385-392.

Clifton, C. (2001). La psychologie de l'apprentissage de l'approche constructiviste. *Latin American journal of educational studies (*2) 45-56.

Cuero, R. (2005). L'éducation contemporaine doit développer la culture de la créativité en vue de la durabilité. *Debates Magazine,* (61), 2-7.

Dahle, L., Forsberg, P., Hard, S., Wyon, Y. et Hammar, M. (2008). "L'apprentissage par problèmes, une nouvelle perspective sur l'enseignement à l'université". In U. Araujo & G. Sastre Villarrasa. *El aprendizaje basado en problemas, Una nueva perspectiva de la enseñanza en la universidad* (pp. 15-16). Barcelone : Gedisa.

Département administratif national des statistiques. [DANE] (2003). *Mesure des technologies de l'information et de la communication.* Résumé exécutif. Agenda pour la connectivité, (p.13.)

Downes, S. (2005). *An introduction to connective knowledge* (pp. 12-12).

Extrait de http://www.downes.ca/post/33034

Enemark, S. et Kj^rsdam, F. (2008). ABS in theory and practice : The Aalborg experience of project innovation in university education. Dans U. Araujo, & G. Sastre. *El aprendizaje basado en problemas, Una nueva perspectiva de la enseñanza en la universidad* (pp. 67-91). Barcelone : Gedisa.

Engestrom, X. (1987). *Learning by expanding : An activity-theoretical approach to developmental research.* Helsinki : Orienta-Konsultit Oy.

Felder, R. (1993). Reaching the Second Tier : Learning and Teaching Styles in College Science Education. *J. College ScienceTeaching, 23*(5), 286-290.

Freire, P. (1967). *Papel da educacao na humanizacao.* Obra de Paulo Freire ; Série Artigos.

Fontalvo, H., Iriarte, F., Domínguez, E., Ricardo, C., Ballesteros, B., Muñoz, V. et Campo, J. D. (2007). Conception d'environnements d'apprentissage virtuels et de systèmes hypermédias adaptatifs basés sur des modèles de style d'apprentissage. *Zona Próxima,* (8) 36-58. Consulté sur http://search.proquest.com/docview/1435673820?accountid=50441 (03/07/2015)

Garmendia, M., Barragués, J. I., Zuza, K. et Guisasola, J. (2014). Projet de formation des enseignants universitaires en sciences, mathématiques et technologie à l'apprentissage par problème et aux méthodologies d'apprentissage par projet. *Enseñanza De Las Ciencias, 32*(2), 113-129. Consulté à l'adresse suivante : doi:10.5565/rev/sciences.911.

Gibb, A. (1997). Focus group. *Social Research Update, 5*(2), 1-8. Récupéré de sru.soc.surrey.ac.uk/SRU19.html - 23k

Gleick, J., (1987). *Chaos : The Making of a New Science.* New York, NY, Penguin Books.

Gómez, S. M., Rojo, E. G., Lorenzo, C. M. et Fernández, N. V. (2012). Los nuevos modelos de aprendizaje basados en tecnologías de información y comunicación en los grados de administración y dirección de empresas y su aplicación en la universidad ceu san pablo/les nouveaux modèles d'apprentissage basés sur les technologies de l'information et la communication dans les diplômes de gestion d'entreprise et son application à l'université CEU San Pablo. *VivatAcademia, 14*(117),934-953. Tiré de

http://search.proquest.com/docview/1022699046?accountid=50441.

Guardini, R. (1973). *El fin de los tiempos modernos*. Buenos Aires : Editorial Sur.

Gutiérrez, F. (2004). *Théories du développement cognitif.* Espagne : McGRAW-INTERAMERICANA DE ESPAÑA.

Habermas, J. (1994). *Connaissance et intérêt.* Madrid, Espagne : Taurus.

Hernández, S. (2014). *Metodología de la Investigación sexta edición.* Mexico D.F. : Editorial McGRAW-HILL.

Hernández, R., Fernández, C., & Bautista, P. (2014) *Research Methodology.* Mexico D.F. : Editorial Mcgraw-Hill.

Hueso, A. et Cascant, M. J. (2012). *Méthodologie et techniques de recherche quantitative.* Valence : Universitat Politécnica de Valéncia.

Human Castro, M. et Cueto, J. (2014). Premier MOOC au Pérou : expérience et résultats d'une nouvelle façon de générer des connaissances avec une approche 267.

pédagogie connectiviste à l'Université de San Martín de Porres. *Magazine EduTicInnova 13*(1) 1-22.

Johnson, L., Adams Becker, S., Estrada, V. et Freeman, A. (2014). *NMC Horizon Report : 2014 Higher Education Edition.* Texas : The New Media Consortium.

Juliao, C. (2011). *L'approche praxéologique.* Première édition. Bogotá D.C. : Editorial Corporación Universitaria Minuto de Dios - UNIMINUTO.

Kaplún, M. (1998). Processus éducatifs et canaux de communication. *Comunicar, 11*,158- 165.

Kitzinger, J. (1995). Education and debate Qualitative Research : Introducing focus groups. *Sociologie de la santé, 311*, 299-302.

Lafuente, J.V., Escanero, J.F., Manso, J.M., Mora, S., Miranda, T., Castillo, M., ... Mayora, J.. (2007). *Competency-based curriculum design in medical education : impact on professional training.* Medical Education, *10*(2), 8692.

Lévy, P. (1999), *Qu'est-ce que le virtuel ?* Barcelone : Paidós Iberoamérica.

Londoño, O., Maldonado, L. et Calderón, L. (2014). *Guía para construir estados de arte.* Bogota : Société institutionnelle sur les réseaux de connaissances.

López, D., Patiño, F., Céspedes, N., Quiroga, A. et Pinilla, C. (2015). *Manual De Buenas Prácticas De Aulas Virtuales Vuad.*

Marcel, G. (1967). *A la recherche de la vérité et de la justice.* Éditeur : Editorial Herder Margetson, D. (1997). Why is Problem-based Learning a Challenge' dans D. Boud & G. Feletti. *The Challenge of Problem-based Learning.* 2nd (pp. 36-44). Londres : Kogan-Page.

Majmutov, M. I. (1983*).* La enseñanza problémica. La Havane : Ed. Pueblo y Educación.

Marin, J. (2012). *LA INVESTIGACIÓN EN EDUCACIÓN Y PEDAGOGÍA : "Sus fundamentos epistemológicos y metodológicos"* Bogotá, Bogotá : Ediciones USTA.

Martínez-González, A., Cabrera-Valladares, A., Morales-López, S., Petra, I., Rojas-Ramírez, J.A., & Piña-Garza, E. (2001). Problem-based learning : a pedagogical alternative in undergraduate studies at the Faculty of Medicine, UNAM (Apprentissage par problèmes : une alternative pédagogique dans les études de premier cycle à la faculté de médecine de l'UNAM). *RESU, 117*, 1-12.Merino, J. V. (2005). L'éducation en dehors du système éducatif. Dans A. Monclús (coord.) : *Las perspectivas de la educación actual.*

Salamanque : Tempora.

Morales, P. (2013). *Distance Education Methodology (Méthodologie de l'enseignement à distance)*. Récupéré

à partir de http://soda.ustadistancia.edu.co/enlinea//eduvirtual/Libros/MedEduDistan cia/files/assets/downloads/publication.pdf

Morales-López, S., Muñoz-Comonfort, A., & Fortoul-van de Goes, T. I. (2016). Évaluation du tuteur dans l'application de la stratégie d'apprentissage par problème dans les sujets de l'intégration clinique de base I et II. *Research in Medical Education, 5*(17), 40-48.

Namakforoosh, M. (2006). *Méthodologie de la recherche*. 2 ed. Mexico : Limusa

Onrubia, J. (2015). Apprendre et enseigner dans des environnements virtuels : activité conjointe, aide pédagogique et construction de connaissances. *Revista de Educación a Distancia.*

http://www.um.es/ead/red/M2/conferencia onrubia.pdf

Pérez, A. (1993) : La interacción teoría-práctica en la formación docente.

Peters, R. S. (1959). Must an educator have an aim ? Dans R. S. PETERS, *Autlhority, Responsibility and Education*. Londres, George Allen and Unwin.

Piaget, J. (1977). *Études de psychologie*. Barcelone : Editorial Seix Barral.

Piaget, J. (1978). *L'équilibre des structures cognitives*. Madrid : Siglo XXI

Piaget, J. (1983). Piaget's theory. In P. Mussen (Ed.), *Handbook of child psychology*, Vol. 1, New York : Wiley.

Powell, R. et Single, H. (1996). Focus groups. *International Journal for Quality in Health Care, 8*(5), 499-509.

Puente, R. M. T. (2006). La educación a distancia en la formación inicial y continua de la facultad de educación de la pontificia universidad católica del perú (l'éducation à distance initiale et en service à la faculté d'éducation de la Pontificia Universidad Catolica Del Perú). *Revista Iberoamericana De Educación a Distancia, 9*(1), 257-281. Récupéré de :

http://search.proquest.com/docview/1152022839?accountid=50441. (03/07/2015)

Rescorla, R. A. et Wagner, A. R. (1972). A theory of Pavlovian conditioning : Variations in the effectiveness of reinforcement and nonreinforcement. Dans A. H. Black & W. F. Prokasy (Eds.), *Classical conditioning II : Current research and theory*, (64-99). New York : Appleton-Century-Crofts.

Rivera, L.I. (n.d.). Le rôle de l'enseignant en tant que manager dans le contexte actuel. *Universidad Cristóbal Colón Magazine* (17-18), 117-123. Extrait de www.eumed.net/rev/rucc/17-18/

Rodríguez, M & Fernández, J. (2000). *Creatividad para resolver problemas*. Mexico D.F. : Editorial Pax.

Roig, A. E., & Martí, M. M. (2012). Indicadores de análisis de procesos de aprendizaje colaborativo en entornos virtuales de formación universitaria/Indicators of analysis of collaborativelearningprocesses in university virtual environments/Indicateursd'analyse de processusd'apprentissagecollaboratifdans des environnementsvirtuels de formationuniversitaire. *Teaching & Teaching, 30*(1), 85-114. Consulté sur http://search.proquest.com/docview/1511802810?accountid=50441. (03/07/2015).

Romero, M. (2011). *Design of Virtual Learning Environments (VLE), with Problem Based Learning (PBL) methodology : "A model for approaching content and knowledge construction in VLE"* Bogotá, Bogotá : Editorial Kimpres Ltda.

Salmerón, H., Rodríguez, S. et Gutiérrez, C. (2010*).* Metodologías que optimizan la comunicación en entornos de aprendizaje virtual/Methodologies to improve communication in virtual learning environments. *Comunicar, 17* (34), 163-171. Récupéré de http://search.proquest.com/docview/748919559?accountid=50441 (05/07/2015)

Sánchez, J. (2009). *Conditions pour le développement de communautés de construction de connaissances avec le soutien du Knowledge Forum dans les environnements d'enseignement supérieur.* Espagne : Université de Barcelone.

Siemens, G, (2004). Le *connectivisme : une théorie de l'apprentissage pour l'ère numérique.* Récupérée de https://docs.google.com/document/d/1ZkuAzd-x119lDgcC1E_XSmPTOk6Gu1K2SEvXtduG3gc/edit?pli=1

Siemens, G. (2006a). Le *connectivisme : théorie de l'apprentissage ou passe-temps de ceux qui s'amusent.* Manitoba, Canada : Centre des technologies de l'apprentissage.

Siemens, G. (2006b). *Connaître la connaissance.* Extrait de http://www.elearnspace.org/KnowingKnowledge LowRes.pdf

Siegel, S. (2009). *Statistiques non paramétriques : appliquées aux sciences du comportement.* Editorial Trillas, Barcelone, Espagne

Silva, J. (2011). *Conception et modération d'environnements d'apprentissage virtuels (EVA),* Editorial UOC, Barcelone, Espagne.

Sobrino, Á. (2014). *Contributions du connectivisme comme modèle pédagogique post-constructiviste.* Buenos Aires : Propuesta educativa.

Solarte, F. (2009). *Blog académique virtuel.* Outils pédagogiques virtuels. Tiré de : http://ambientesvirtualesdeaprendizajeava.blogspot.com.co/

Svedin, C. G. & Koch, M. (1990). Medical education at the Health University in Ostergotland : contact with patients, the holistic view and the art of conversation. *Lakartidningen, 87*(32-33), 2471-2473.

Tobón, M. I. (2007). *Instructional design in an open learning environment (Conception pédagogique dans un environnement d'apprentissage ouvert).* Pereira : Universidad Tecnológica de Pereira.

Université de Santo Tomás (2004). *Proyecto educativo institucional.* Bogotá, Colombie : Editorial USTA,

Universidad Santo Tomás [USTA] (2011). *Modèle pédagogique d'éducation Universidad Santo Tomás.* Bogotá, Colombie : Editorial USTA.

Universidad Santo Tomás [USTA] (2015). *Manuel de bonnes pratiques des classes virtuelles VUAD.* Bogota, Colombie : USTA - VUAD.

Uribe, M.A. (2014), *How virtual are virtual learning environments ? Une réflexion de Pierre Lévy et Edgar Morin* (Mémoire de Master). Repositorio Universidad Militar Nueva Granada.

Vizcarro, C. et Juárez, E. (n/d). Qu'est-ce que l'apprentissage par problèmes et comment fonctionne-t-il ? Dans *Universidad de Murcia* (Ed.) *La metodología del Aprendizaje Basado en Problemas* (9-32). Murcie : Université de Murcie. Extrait de http://www.ub.edu/dikasteia/LIBRO MURCIA.pdf

Vygotsky, L. (1979). *Le développement des processus psychologiques supérieurs.* Barcelone : Critica/Grijalbo.

Wenger, E. (1998). *Communautés de pratique : apprentissage, sens et identité.*
New York, NY : Cambridge University Press.White B., H. (2004). *The power of problem-based learning (Le pouvoir de l'apprentissage par problèmes).* Lima : Pontificia Universidad Católica del Perú.

Participants aux groupes de discussion

Non	Étudiant	Programme
1	Andrea Paola Ortegón Pena	Licence en informatique éducative
	DoraYuliethIbáñez Roncancio	Licence en informatique éducative
	Edna Karina Hernández Porras	Licence en éducation de la petite enfance
	Elsy Nathali Vargas Vargas Vargas	Licence en langue et littérature espagnoles Littérature
5	Gilberto Iván Velandia Robayo	Licence en langues étrangères : anglais
	Ingrid Johanna Espejo Canon	Licence en langues étrangères : anglais
	Jessika Yuliana Casas Delgadillo	Licence en informatique éducative
8	José Alfredo Mancera	Licence en philosophie et en sciences de l'éducation
	Martinez	Religieux
1	Karoth Juliana Sánchez Ávila	Licence en biologie avec spécialisation en Éducation à l'environnement
	Kimberhly Andrea Prieto Castañeda	Licence en langues étrangères : anglais
	Laura Carolina Prada Rodriguez	Licence en éducation de la petite enfance
	Leidy Johana García Rivera	Licence en langues étrangères : anglais
5	Lenin Orlando Suarez Mejía	Licence en informatique éducative
	Leydi Vargas Ariza	Licence en langue et littérature espagnoles Littérature
	Lina Julie Porras Bustos	Licence en philosophie et en sciences de l'éducation Religieux

8	María Margoth Pinilla Vega	Licence en langues étrangères : anglais
1	María Paola Acosta Rincón	Licence en langue étrangère : anglais
	Mónica Liliana Arias Buitrago	Licence en éducation de base, avec un accent mis sur Sciences humaines
	Nancy Yaneth Zapata Pachón	Licence en langue étrangère : anglais
	Nathaly Amado Ayala	Licence en biologie avec spécialisation en éducation Environnement
5	Nelcy Yadira Valbuena Bustos	Licence en langue étrangère : anglais
	Tania Burgos González	Licence en biologie avec spécialisation en éducation Environnement
	Yudy Estella Correa Rojas	Licence en biologie avec spécialisation en éducation Environnement

Casas, J. (2016, 9 juin). Focus group 3 (Alexander Romero) [vidéoconférence].
Extrait de http://usantotomas.adobeconnect.com/p9gclr0dbzn/

Espejo I.(2016, 7 juin). Focus group 1 (Alexander Romero) [vidéoconférence].
Récupérée de : usantotomas.adobeconnect.com/p3cktncl4yl/

Ibañez D. (2016, 7 juin). Focus group 1 (Alexander Romero) [vidéoconférence].
Récupérée de : usantotomas.adobeconnect.com/p3cktncl4yl/

Pinilla M. (2016, 8 juin). Focus group 2 (Alexander Romero) [vidéoconférence].
Récupérée de : usantotomas.adobeconnect.com/p3cktncl4yl/

Porras L. (2016, 7 juin). Focus group 1 (Alexander Romero) [vidéoconférence].
Récupérée de : usantotomas.adobeconnect.com/p3cktncl4yl/

Preda L. (2016, 8 juin). Focus group 2 (Alexander Romero) [vidéoconférence].
Récupérée de : usantotomas.adobeconnect.com/p3cktncl4yl/

Prieto K. (2016, 7 juin). Focus group 1 (Alexander Romero) [vidéoconférence].
Récupérée de : usantotomas.adobeconnect.com/p3cktncl4yl/

Valbuena N. (2016, 8 juin). Focus group 2 (Alexander Romero) [vidéoconférence].

ANNEXES

ANNEXE A. GUIDE D'ENTRETIEN AVEC LES GROUPES DE DISCUSSION

OBJECTIF DE LA RECHERCHE

Établir la portée de la construction des connaissances du modèle ABP sur l'AV dans l'enseignement à distance, dans le domaine de la formation Philosophie des environnements d'apprentissage virtuels, à la Faculté d'éducation de l'Université de Santo Tomás - VUAD.

CATÉGORIE D'ANALYSE

Acquisition, participation et création de connaissances/construction d'**environnements d'apprentissage virtuels.**

Identification

Questions

Sous-catégorie : Marchés publics
L'utilisation de plateformes d'apprentissage virtuelles vous permet-elle d'approfondir d'autres matières dans le cadre de votre diplôme ?   *Peut-on affirmer que l'utilisation appropriée des ressources de la plateforme, telles que l'accès à d'autres sites web, les vidéos, les cartes conceptuelles, facilite l'apprentissage de certaines matières de votre diplôme ?*

Sous-catégorie : Participation
Les différentes tâches présentées dans la classe virtuelle VUAD vous invitent-elles à plusieurs reprises à visiter les sites proposés et à participer aux activités ?   *La plateforme Moodle vous permet-elle d'interagir directement avec les autres participants ?*   *Le partage de concepts avec des pairs est-il facilité par l'utilisation d'activités de plateforme telles que le journal, les forums, le chat et les wikis ?*

Sous-catégorie Création/construction
La dynamique d'un forum dans une classe virtuelle contribue-t-elle à la clarification des doutes, permettant une compréhension plus profonde d'un certain sujet ? L'utilisation des activités propres à la plate-forme telles que les journaux, les forums, le chat, le wiki vous a-t-elle aidé à partager vos concepts avec vos camarades de classe ?

ANNEXE B. GUIDE D'ENTRETIEN AVEC LES GROUPES DE

DISCUSSION

OBJECTIF DE LA RECHERCHE
Établir la portée de la construction des connaissances du modèle ABP sur l'AV dans l'enseignement à distance, dans le domaine de la formation Philosophie des environnements d'apprentissage virtuels, à la Faculté d'éducation de l'Université de Santo Tomás - VUAD.

CATÉGORIE D'ANALYSE
Acquisition de connaissances, participation et création de connaissances/construction de l'espace de liberté et de sécurité. **Apprentissage par problèmes.**

Nom de l'observateur
Nom du rapporteur

Participants aux groupes de discussion

Questions

Sous-catégorie : Marchés publics
La stratégie pédagogique de l'apprentissage par problèmes contribue-t-elle à l'approfondissement des concepts acquis dans votre matière ? *Le succès de la résolution du problème repose-t-il sur la participation d'experts en tant que ressource de la stratégie pédagogique PBL ?*

Sous-catégorie : Participation
Le PBL en tant que stratégie de développement d'une matière augmente-t-il son intérêt par rapport à d'autres méthodologies parce qu'il permet au groupe d'étudiants de se confronter à des situations de leur vie professionnelle ? *L'une des ressources utilisées par la stratégie pédagogique PBL est la participation d'experts. Celle-ci contribue-t-elle à la résolution du problème posé ?*

Sous-catégorie : Création/construction

L'apprentissage par problèmes est-il une stratégie pédagogique qui permet à un étudiant de mettre en pratique les concepts acquis dans la résolution d'un problème lié à sa profession ?

En ce qui concerne l'expression "PBL dans le domaine de la pédagogie représente une percée dans l'enquête sur les connaissances acquises et renforce les connaissances qui ont été reléguées à la pratique", vous seriez ?

Les concepts abordés dans le domaine de formation Philosophie des environnements d'apprentissage virtuels répondent-ils aux besoins de votre domaine d'activité ?

ANNEXE C. GUIDE D'ENTRETIEN AVEC LE GROUPE FOCAL DU GROPO

OBJECTIF DE LA RECHERCHE
Établir le champ d'application de la construction des connaissances du modèle PBA.
sur l'APV dans l'enseignement à distance, dans le domaine de la formation Philosophie de l'éducation et de la formation tout au long de la vie
Environnements d'apprentissage virtuels, à la Faculté d'éducation de l'Université d'Amsterdam.
Université de Santo Tomás - VUAD
CATÉGORIE D'ANALYSE
Acquisition de connaissances, participation et création/construction de connaissances dans le domaine de la santé publique **Outils informatiques.**

Identification

Nom du modérateur
Nom de l'observateur
Nom du rapporteur

Participants aux groupes de discussion

Questions

Sous-catégorie : Marchés publics

Les blogs nous permettent-ils de faire connaître notre point de vue sur une question sur le Web ?

Les outils numériques utilisés dans la construction d'environnements virtuels contribuent-ils à rendre le message que vous souhaitez faire connaître plus attrayant pour le spectateur, par le biais d'animations, de sons, d'hyperliens, entre autres ?

Les outils du Web 2.0 nous permettent-ils d'organiser de manière simple et rapide les idées et les concepts que vous souhaitez faire connaître dans votre espace de formation, en permettant à ceux qui interagissent de comprendre l'objectif du scénario ?

Sous-catégorie : Participation

La participation des experts au sein de la classe virtuelle invite-t-elle à la réflexion sur le cas présenté au début du cours, à d'éventuelles discussions avec les autres étudiants ?

Dans la classe virtuelle, les espaces de communication tels que les forums, les journaux, les wikis, les chats, utilisés par vous et vos camarades de classe, sont-ils visités en permanence parce que vous y trouvez des espaces de réflexion et d'apprentissage permanent ?

Trouvez-vous dans le cours en classe virtuelle des éléments qui vous invitent à approfondir les concepts et à en apprendre de nouveaux ?

Considérez-vous la classe virtuelle comme un moyen de communiquer vos attentes et vos suggestions concernant les concepts acquis jusqu'à présent ?

Sous-catégorie : création/construction

La classe virtuelle présente-t-elle des concepts de votre niveau académique et est-elle pertinente pour le développement des connaissances que vous avez acquises jusqu'à présent dans votre carrière ?

Les cartes conceptuelles aident-elles à mieux apprendre les concepts et à les organiser correctement afin de construire ses propres structures cognitives ?

Les pages web, les vidéos, les cartes conceptuelles, en tant que ressources de la classe virtuelle, facilitent-elles l'apprentissage de certains sujets spécifiques à votre carrière ?

Les outils du web 2.0 vous permettent-ils d'intégrer les connaissances acquises dans d'autres matières afin d'améliorer vos performances personnelles et professionnelles ?

Milton Keynes UK
Ingram Content Group UK Ltd.
UKHW020844180124
436254UK00001B/154